洛阳伽蓝记选译

修订版

译注 韩结根
审阅 章培恒

古代文史名著选译丛书

主编 章培恒 安平秋 马樟根

凤凰出版传媒集团 凤凰出版社

图书在版编目（CIP）数据

洛阳伽蓝记选译 / 韩结根译注. --南京：凤凰出版社，2011.5
（古代文史名著选译丛书）
ISBN 978-7-5506-0362-2

Ⅰ．①洛… Ⅱ．①韩… Ⅲ．①寺院－史料－中国－北魏②洛阳市－地方史－史料－北魏（439～534） Ⅳ．①K928.75②K296.13

中国版本图书馆CIP数据核字（2011）第042184号

书　　名	洛阳伽蓝记选译
译注者	韩结根
责任编辑	王　剑
出版发行	凤凰出版传媒集团
	凤凰出版社（原江苏古籍出版社）
	南京市中央路165号　邮编 210009
	发行部电话 025-83223462
集团网址	凤凰出版传媒网　http://www.ppm.cn
照　　排	江苏凤凰制版有限公司
印　　刷	江苏凤凰通达印刷有限公司
	南京市六合区冶山镇　邮编 211523
开　　本	960×1304毫米　1/32
印　　张	10.625
字　　数	172千字
版　　次	2011年5月第1版　2011年5月第1次印刷
标准书号	ISBN 978-7-5506-0362-2
定　　价	22.00元

（本书凡印装错误可向承印厂调换，电话：025-57572508）

《古代文史名著选译丛书》编委会

顾 问

周 林　　邓广铭　　白寿彝

主 编

章培恒　　安平秋　　马樟根

编 委

（均按姓氏笔划多少排列）

马樟根　平慧善　安平秋　刘烈茂　许嘉璐

李国祥　金开诚　周勋初　宗福邦　段文桂

董治安　倪其心　黄永年　章培恒　曾枣庄

（以上为常务编委）

王达津　吕绍纲　刘仁清　刘乾先　李运益

杨金鼎　曹亦冰　常绍温　裴汝诚

（以上为编委）

《古代文史名著选译丛书》修订版
出版说明

  呈献在读者面前的这套《古代文史名著选译丛书》是 2011 年的修订版。全书共 134 册,包括了中国从先秦至清末两三千年间的著名典籍。每部典籍都选其精粹(《论语》《老子》则全文收录),收录原文,加以简明的注释,力求准确地译为现代汉语,并于每一篇之前写有对该文的提示性说明。这是近一个世纪以来,规模最大、收录种类相对齐全、译注质量较高的一套普及传统文化的今译丛书。

  这套丛书,原在 1992 年—1994 年由巴蜀书社分三批出齐,印行过万套;不久,又由台湾的出版机构买去海外版权在台湾及海外发行,可见这套丛书当年在两岸受欢迎的程度。时隔 17 年,丛书编委会决定重新修订，改由江苏凤凰出版集团所属的凤凰出版社出版。

这套丛书是由教育部属下的全国高等院校古籍整理研究工作委员会（简称古委会）于1985年策划的。古委会组织了全国18所大学的古籍整理研究所的所长任编委会编委，由我们三人任主编，在全国范围内选请学有专长的学者承担各书的译注。从1986年—1992年，历时7年完成。当时，编委会制订了严明、可行的体例和细则，译注者按要求完成书稿。每部书稿完成后，都在全国范围内请编委会之外的专门研究这一学术领域的两位专家初审，合格后再请两位编委参照初审意见审改，然后退还原译注者改正。待原译注者改正后，再由编委会集中常务编委和部分编委、相关专家在一地将每部书稿从头至尾审改。这样的集中审稿会一般都在8—15天，7年中开了12次审改会。审改后，三位主编再集中在一起逐一审定，交付出版社。这一工作程序，使得这套丛书的译注质量有了一定的提高。所以，这套丛书，在一定程度上是个人与多人合作的结果。关于这套丛书的编纂始末，我们曾在1992年4月全书交稿后写有一篇文章，这次附在修订版书末，便于读者了解。

这次修订,是交由原译注者自己修改。少数译注者已去世,则书稿一仍其旧。个别译注者已联系不上,也保持原貌。

1992年—1994年出版时,书前有当时古委会主任周林先生写的序。周林先生是这一丛书的发起者。他已于1997年6月去世,至今已14年了。为了尊重历史,也为了纪念他,修订版仍用他的序。

我们三人在1985年—1992年主持这套丛书工作时,年龄大的是从51岁到58岁之间,年龄小的是从44岁到51岁之间,那时尚有精力组织、参与这一工作,今天我们都已年逾古稀。全书修订版出版之际,心情似乎比当年更惴惴不安地期待着读者的评头品足,期待着不要对读者贻误太多。

回想这套丛书,真应该感谢我们的祖先为我们留下了这样深厚、丰富的思想、文化遗产,使我们今天仍然受用无穷。应该感谢这套丛书的全体译注者、审阅者、编委和当年的出版者巴蜀书社、今天的出版者凤凰出版社,是他们的学识、辛勤与真诚使得这套丛书得以面世。

章培恒　马樟根　安平秋
2011年3月15日

序

　　《古代文史名著选译丛书》与广大读者见面了。这是丛书编委会的同志与众多专家学者通力协作、辛勤耕耘的结果。

　　中华民族在五千年漫长的岁月里，创造了光辉灿烂的文化，给人类留下了丰富的精神财富。"观今宜鉴古，无古不成今"。今天，以马克思主义的科学理论为指导，整理研究我国古代文化典籍，做到汲取精华，剔除糟粕，古为今用，推陈出新，使人们在正确认识民族历史的同时，得到爱国主义的教育，陶冶道德情操，提高全民族的文化素质，促进社会主义文化的繁荣，使文明古国的历史遗产得以发扬光大，这是我们每个炎黄子孙的责任。而要做到这样,对古籍进行整理与研究是重要的基础工程。但是,整理与研究古籍仅作标点、校勘、注释、辑佚还不够,还要有今译,使老年人、中年人、青年人都愿意去读,都能读懂,以便从中得到教益。

基于以上认识,全国高等院校古籍整理研究工作委员会于1986年5月组成了以章培恒、安平秋、马樟根三位同志为主编的《古代文史名著选译丛书》编委会,确定了以全国十八所大学的古籍整理研究所为主力承担这一看似轻易、实则艰巨的今译任务。在第一次编委会议上,拟定了《凡例》、《编写与审稿要求》、《文稿书写格式》和一百余种书目。以每一种书为十万至十五万字计算,这套丛书大约有一千余万字,应该说是一项大工程。经过一年的努力,完成了第一批三十六部书稿的译注任务。在各研究所的专家与所长把关的基础上,于1987年5月和7月,先后在复旦大学、北京大学召开了部分编委参加的审稿会,通过了二十五部书稿,作为《古代文史名著选译丛书》与广大读者见面的第一批作品。与此同时,在1987年7月6日,邀请了在京的十几位专家教授与编委会十几位编委一起座谈这套丛书与古籍今译的问题。专家们肯定了今译工作的必要性与深远意义,并以他们数十年的教学科研和创作的经验,说明今译是一项难度很大的工作,是培养人才,使之打下坚实基本功的一种有效方法;专家们还对《古代文史名著选译丛书》提出了宝贵的建议,这对当时的审稿工作和保证《丛书》的质量起了很好的作用。

实践证明,古籍的今注不易,今译更难。没有对作品的深入、透彻的研究,没有准确、通俗、生动的语言表达能力,要想做好今译是不可能的。两年多来,全国高等院校古籍整理研究工作委员会在探索古籍的今注、今译的道路上,做了一些工作。这部丛书的出版,是系统今译的开始,说明古籍整理研究工作有了新的进展。更可喜的是,一批中青年学者参加了今注今译工作,为古籍整理增添了新生力量,相信他们会在实践中,在学习中,成长成熟。我希望,这套丛书的编委会和高校各古籍整理研究所要敞开大门,加强同国内外专家学者的联系,征求他们和广大读者的意见,并向有真才实学而又适宜做今译工作的专家学者约稿,以提高古籍译注的水平,使《古代文史名著选译丛书》的第二批、第三批作品的质量更上一层楼。

这是一套以文史为主的大型的古籍名著今译丛书。考虑到普及的需要，考虑到读者对象，就每一种名著而言，除个别是全译外，绝大多数是选译，即对从该名著中精选出来的部分予以译注，译文力求准确、通畅，为广大读者打通文字关，以求能读懂报纸的人都能读懂它。我希望这套丛书能成为中小学教师的语文、历史教学的参考书，成为大专院校学生的课外读物，成为广大文史爱好者的良师益友。由于系统的古籍今译工作还刚刚起步，这套丛书定会有不少缺点、错误，也诚恳地希望读者批评指正。

巴蜀书社要我为这套丛书写序，我欣然接受了。我相信这套丛书不仅会使八十年代的人们受益，还将使子孙后代受益，它将对祖国的繁荣昌盛起到点滴的作用。最后借此机会向曾给予我们支持、帮助的专家学者和巴蜀书社的同志表示衷心的感谢！并殷切地希望台湾同胞、港澳同胞、海外侨胞和我们一同做好祖先留给我们的文化遗产的整理工作，为中华民族灿烂的文化再放异彩而努力！

周　林
1987年10月于北京

目 录

前言 …………………………………………… 001
永宁寺 ………………………………………… 001
长秋寺 ………………………………………… 043
瑶光寺 ………………………………………… 046
景乐寺 ………………………………………… 052
昭仪尼寺　愿会寺　光明寺 ………………… 056
景林寺 ………………………………………… 062
龙华寺 ………………………………………… 071
崇真寺 ………………………………………… 075
景兴尼寺 ……………………………………… 082
秦太上君寺 …………………………………… 091
正始寺 ………………………………………… 099
景宁寺　建中寺　宝明寺　归觉寺 ………… 110

景明寺 …………………………………… 127

秦太上公二寺 …………………………… 137

报德寺 …………………………………… 142

正觉寺 …………………………………… 146

龙华寺　追圣寺 ………………………… 154

菩提寺 …………………………………… 163

高阳王寺 ………………………………… 168

宣忠寺 …………………………………… 176

白马寺 …………………………………… 184

法云寺 …………………………………… 189

寿丘里 …………………………………… 203

追先寺 …………………………………… 214

永明寺 …………………………………… 222

凝玄寺 …………………………………… 231

闻义里 …………………………………… 234

后　记 …………………………………… 282

编纂始末 ……………………………… 001

丛书总目 ……………………………… 001

前　言

《洛阳伽蓝记》，向来与《水经注》一道被人们誉为中国北朝散文著作的双璧。《水经注》是一部以记载水道为主的地理性质的著作，而《洛阳伽蓝记》则是以记佛寺为纲的具有文学价值的历史文献。所以，在介绍这部书之前，有必要简单谈谈当时佛教发展与佛寺修建的有关情况。

印度佛教自东汉传入中国，汉明帝在洛阳建立白马寺，经过魏晋到南北朝时期，佛教的繁衍和佛寺的众多达到了空前绝后的程度。"南朝四百八十寺，多少楼台烟雨中。"唐代著名诗人杜牧《江南春》中的名句，为我们约略勾画出当时南朝佛寺的兴旺景象，而当时北朝佛寺之多则更为惊人。北魏信佛以建功德求福为主要特征,早在公元五世纪初北魏建都平城(今山西大同)时,便已在云冈大量修建庙宇,雕塑佛像。太和十八年(494),魏孝文帝为了摆脱鲜卑贵族保守思想的影响,加强对中原人民的统治,把都城从平城迁到洛阳,并以此为契机进行了一系列的改革。由于生产力的提高与社会经济的发展,社会财富大量积累,佛教寺院更是大规模兴建起来。据史书载,到公元536年东魏分裂、孝静帝迁都邺城之前,全国僧尼已达二百万,佛寺三万余所,仅洛阳城内外就有佛寺一千三百七十六所,"寺夺民居,三分且一"。

　　北魏统治者兴建那么多寺院,大多尽一切财力物力而为之。一方面,它们是广大劳动人民智慧的结晶,是庄严富丽的建筑物与风景优美的园林;另一方面,它们的建成又是当时社会风气的反映,是北魏中后期社会生活的侧影。正如恩格斯所说:"政治、法律、哲学、宗教、文学、艺术等的发展,是以经济发展为基础的。"北魏中后期佛教的兴盛,寺院的大量兴建,是跟孝文帝改革带来的经济繁荣密切联系在一起的。所以,当北魏统治阶级内部爆发了尖锐矛盾,从建义元年(528)起连续发生大规模战乱以后，经济遭受严重破坏，佛寺也就萧条了。

《洛阳伽蓝记》的作者杨衒之（有的书中"杨"误作"羊"，也有写作"阳"的，都不可作为依据），《魏书》、《北史》均不立传，生平事迹不甚可考，有的说他曾任期城郡（今河南泌阳县西北）太守，也有的说他官至秘书监，都不知道确否。不过从本书卷首署名及卷中自述来看，作者曾任北魏抚军司马，担任过奉朝请，并且亲身经历北魏中后期的全盛与变乱。东魏孝静帝武定五年（547），杨衒之因有事重经洛阳，看到"城郭崩毁，宫室倾覆，寺观灰烬，庙塔丘墟"（《洛阳伽蓝记》原序），昔日金碧辉煌、鳞次栉比的寺院宫观都成了鸟兽出没之所与牧童野老往返之地，于是作者抚今追昔，感慨之余，写下了《洛阳伽蓝记》一书。伽（qié）蓝，梵文 Saṃghârāma（僧伽蓝摩）音译的略称，意思是"众园"或"僧院"，即佛教寺院。他之所以写这部书，不单是为了记录北魏佛教全盛时期的概貌，也是为了记叙当时社会的富庶，追溯祸乱的由来，悲慨繁华的消失。因此，这绝不仅仅是一部关于北魏佛寺的书，而且包含了丰富的社会史料，对于我们了解当时社会生活的各个方面都很有价值。

当然，正如其书所显示的，作者的记述是以洛阳的寺院为纲。全书共分城内、城东、城南、城西、城北五卷。作者先从城内开始，由里及外，并且表列门名，兼记远近市里、官署、道路、桥梁、时人第宅与名胜古迹。全书记载了洛阳大大小小八十多所寺院（按，此指洛阳城内外寺院，《闻义里》篇中所记西域寺院不包括在内）。记寺院先记立寺人、立寺时间、寺院方位，再记建筑结构、周围环境并其兴废沿革。市里、官署、道路、桥梁、时人第宅及名胜古迹等也多交待其地理位置。这些记载都是有条不紊，井然有序，根据它我们完全可以正确地绘出一张北魏时期京城洛阳地理图。而且，作者特别对那些较大的寺院建筑作了详细的描绘渲染。这些描写既有微观的，也有宏观的；有立体的，也有平面的；有单个的建筑，也有综合的建筑群。它不仅使我们领略到了一千多年前那宏丽优美的宗教建筑艺术，更使我们通过它想见到北魏盛时佛教的繁荣兴旺景象。书中对《永宁寺》宝塔的描写，对《瑶光寺》中西游园的描写，对冲觉寺寺塔佛殿的描写，以及景林寺、河间寺园林的描写等就是很好的例证。至于书中所写景明寺四月八日的法会，更把人们带入一个动态的宗教氛围之中，使我们看到了当时从皇帝到王公大臣，从僧侣到庶民百姓，其信佛达到何等狂热的地步！

《洛阳伽蓝记》在记录北魏寺院的盛况时，还叙述了中外佛教文化的交流。《永宁寺》中就曾提到后来被尊为中国禅宗始祖的波斯国菩提达摩曾经到过洛阳，法云寺专门记载了乌场国沙门昙摩罗在洛阳收徒授法之事。而《永明寺》篇则集中反映了当时外国僧人来华盛况，当时住在永明寺里的异国沙门有三千多人，他们当中最远的西至古罗马帝国，南至今天的马来半岛，甚至一些"世不与中国交通"的国家僧人也来了。北魏佛教的发展，不仅吸引佛徒东来，也引起了僧侣西行求法的要求。卷五《闻义里》就是一篇专门记载沙门惠生与敦煌人宋云往西域求取佛经的文字。宋云与惠生往西域求法在晋法显后而在唐玄奘以前，沿途经历凡二十七国，历时两年多，是中国佛教史（也是中外文化交流史）上的一件大事。《伽蓝记》中的记载为我们研究中外文化交流提供了宝贵的文献。

这些有关佛教文化交流的记载中还记录了交往各国的社会政治、风土人情、物产出品等。如《永明寺》中就提到大秦国"耕耘绩纺,百姓野居,邑屋相望;衣服车马,拟仪中国",扶南国"出明珠金玉及水精珍异,饶槟榔"。《闻义里》则记于阗国"其俗妇人裤衫束带,乘马驰走,与丈夫无异。死者以火焚烧,收骨葬之";乌场国中"假有死罪,不立杀刑,唯徙空山,任其饮啄。事涉疑似,以药服之,清浊则验"等等。这些记载都反映了当时人对那些国家的了解,实际上也正显示了对外文化交流的水平。

可以说,佛教文化的交流并不是一种孤立的现象,而是整个对外交流的一个组成部分。作者在《龙华寺 追圣寺》篇关于"四夷馆"与"四夷里"的记载中告诉我们,当时那里住着一万多户外来人口,除了江南人外,西域外商长住洛阳的也不少,所谓"自葱岭以西,至于大秦,百国千城,莫不款服,商胡客贩,日奔塞下。所谓尽天地之区已。……天下难得之货,咸悉在焉"。虽然有些过甚其词,但确可窥见对外贸易发达之一斑。没有这样兴盛的对外贸易,也就不可能有高度发达的文化交流。

当然繁盛的对外贸易又必然以本国的经济繁荣为基础。北魏中期,经过孝文帝改革后,社会经济有了明显的发展,特别是朝廷放松了对伎作户的控制后，民间的手工业与商业日益活跃起来。《洛阳伽蓝记》描绘佛寺的盛况，也为我们提供了这方面的材料。如作者在《法云寺》篇记载洛阳大市东西南北四市时写道："市东有通商、达货二里，里内之人尽皆工巧、屠贩为生，资财巨万。""市西有延酤、治觞二里，里内之人多酝酒为业。""市北有慈孝、奉终二里，里内之人以卖棺椁为业，赁辆车为事。""别有阜财、金肆二里，富人在焉。凡此十里，多诸工商货殖之民。"作者描绘他们的居住与生活情况是："千金比屋，层楼对出，重门启扇，阁道交通，迭相临望。金银锦绣，奴婢缇衣；五味八珍，仆夫毕口。"手工业的发展与人们生活的富裕，也使交换关系活跃起来。如书中写到富商刘宝，他在州郡都会之处都立宅养马以通行情，以致各地所卖盐粟货物价格他都能掌握。

　　工商业的发达必然导致城市生活的丰富多彩，《洛阳伽蓝记》所记载的当时民间杂技百戏之盛，也正是城市生活丰富多彩的一个侧面。《长秋寺》载，四月四日出像时，"辟邪师子，导引其前"，艺人们"吞刀吐火，腾骧一面；缘幢上索，诡谲不常。奇伎异服，冠于都市"。《景乐寺》载："召诸音乐，逞伎寺内。奇禽怪兽,舞抃殿庭。飞空幻惑,世所未睹。异端奇术,总萃其中。剥驴投井,植枣种瓜,须臾之间,皆得食之。士女观者,目乱精迷。"至于秦汉的角抵戏,到北魏也继续有所发展,《禅虚寺》:"有羽林马僧相善角觝戏,掷戟与百尺树齐等。虎贲张车渠,掷刀出楼一丈。帝亦观戏在楼,恒令二人对为角戏。"从这些记载看,当时表演的节目形形色色,场面相当阔大,情节精彩纷呈,观众上自帝王,下至普通青年男女,它充分体现出北朝民间伎艺配合城市经济繁荣所获致的高度发展,是我们研究早期杂技史、戏剧史以及城市生活的重要资料。

　　经济的繁荣、文化的发达、生活的富裕都离不开人才。《洛阳伽蓝记》以佛寺为线索,还描写了许许多多的人物,其中有不少是作者所赞赏的人物。如有"学极《六经》,说通百氏"的卢白头,有"清尚卓逸"、口若悬河的杨元慎,有被誉为"文宗学府,腾班马而孤上;英规胜范,凌许郭而独高"的邢子才,有先在南朝为官,后投奔北魏,因博通旧事而深得孝文帝赏识的王肃,还有风度翩翩、辨慧清悟的元氏诸王元彧、元略等等。作者不仅交待他们的生平、爵里,有的还花费大量笔墨记其佚事。虽然作者意在反映北魏人才之盛,然我们也可从中窥见当时北方士人与贵族的风貌。特别是有些人史书未载,更可补史书之阙。

《洛阳伽蓝记》的作者是站在眼前的废墟上憧憬着昔日繁华的影子,作为一个亲身经历者,他当然没有忘记写故国由盛转衰乃至灭亡的原因及其过程。北魏后期世宗元恪死时,肃宗年幼,母亲胡太后临朝称制。后肃宗渐长,母子争权,屡生嫌隙。肃宗十九岁暴亡,胡太后为继续掌权,立临洮王三岁之子元钊为帝。因此时论以为,肃宗之死系胡太后贪秉朝政所致。于是北秀容胡契部落酋长尔朱荣趁机起兵,终至引发大规模长时期的内乱,北魏衰亡。胡太后专政所引发的尔朱荣之乱是北魏由盛转衰的关键性事件,所以作者再三致意,他不仅以永宁寺为横线系统地记叙了这一变乱的详细情况,而且在记载其他佛寺时也多次提到这次变乱及其影响,并且对发动变乱的罪魁祸首尔朱荣及其一伙进行了抨击,同时也对胡太后有所讽刺。

北魏衰亡虽主要是由于尔朱荣之乱,而诸王腐化也是其中一个因素。北魏统治者是无比荒淫的游牧贵族,孝文帝改革以后,社会经济有了发展,获得财富更加容易,这就更助长了他们养成奢侈的习惯。《伽蓝记》中所反映的元氏诸王奢侈腐化的生活面貌是空前的。如《高阳王寺》中写到高阳王元雍"贵极人臣,富兼山海。居止第宅,匹于帝宫"。又说他"厚自奉养,一食必以数万钱为限。海陆珍馐,方丈于前"。如果说元雍的豪奢还只能代表个别情况的话,那么作者在《寿丘里》中则借这一皇宗聚居地的典型环境,为我们揭示出当时整个帝室王族穷奢极欲的生活面貌:"于时帝族王侯,外戚公主,擅山海之富,居川林之饶,争修园宅,互相竞夸。"其中河间王元琛最为豪首,他经常与高阳王争衡。元琛建造的文柏堂,形状如同皇宫中的徽音殿,"置玉井金罐,以五色缋为绳";又遣使至西域购求名马,"以银为槽,金为环锁"。正是由于统治阶级这种无止境的挥霍,直接破坏了社会经济,使社会矛盾更为激化,所以才有《伽蓝记》中所提及的万俟丑奴、葛荣等人的起事。也正是由于他们的奢侈腐化,酿成日后王室削弱,以致尔朱荣起兵时无力制止,只能束手待毙。"物必先腐而后虫生之",北魏末年的变乱,元氏诸王是不能辞其咎的。

此外,书中还有关于对封建社会史书与墓志虚伪性的讽刺,有对于某些地方风俗变迁的揶揄等等。总之,《洛阳伽蓝记》内容丰富,它以写北魏洛阳佛教寺院的兴废沿革为纲,同时反映了当时的政治、经济、文化等方面的有关事实,是一部"反映一个时期,一种宗教,同时又是反映一个京师,一个王朝的历史文学"(范祥雍《洛阳伽蓝记校注》序)。

然而,《洛阳伽蓝记》之所以能在一千多年来一直吸引读者,长盛不衰,还不仅仅由于它的内容,同时也有赖于它的描写技巧。在这方面,首先要注意的是它的精彩的语言艺术。前面提到作者为我们状写了那么多的寺塔园林,有的壮丽辉煌,有的清新动人,有的形象飞动,使人如履其境,这就靠的是语言艺术。《伽蓝记》精彩的句子俯拾即是,这里我们不妨再举两例,如《闻义里》中写惠生与宋云往西域取经,一路上的景色就写得很生动:"是时八月,天气已冷,北风驱雁,飞雪千里。九月中旬入钵和国。高山深谷,险道如常。国王所住,因山为城。人民服饰,惟有毡衣。地土甚寒,窟穴而居。风雪峻切,人畜相依。国之南界有大雪山,朝融夕结,望若玉峰。"文字干净整齐,写景状物,犹如画图,就中特别是那"北风驱雁"四字,简直把当时情景写活了。"北风"本来是无生命的东西,在作者的笔下一下子显得有了灵气。又如作者写善持山:"王城西南五百里,有善持山,甘泉美果,见于经记。山谷和暖,草木冬青。当时太簇御辰,温炽已煽,鸟鸣春树,蝶舞花丛。宋云远在绝域,因瞩此芳景,归怀之思,独轸中肠,遂动旧疹,缠绵经月。"宋云因看到善持山那美丽的景色,触发了回乡的念头,不知不觉生起病来,而我们读了作者这么漂亮的句子,大概谁都会想到,如果有机会是一定要到那儿去游历一番的。

　　善于运用富于个性化的语言和行动来刻划人物也是《洛阳伽蓝记》描写技术的一个重要方面。如在《寿丘里》一文中,作者写到河间王元琛不仅攫有大量财富,而且常常大言不惭地对人说:"晋室石崇,乃是庶姓,犹能雉头狐腋,画卵雕薪,况我大魏天王,不为华侈?"为显示自己豪富,他引诸王巡按府库时,突然对章武王元融说:"不恨我不见石崇,恨石崇不见我!"几句表白,活画出一个穷奢极欲、狂妄骄横的统治者形象。章武王元融看到河间王元琛的财富比自己多,"还家卧三日不起";而当胡太后让大臣背绢回家时,元融与陈留侯李崇"负绢过任,蹶倒伤踝"。这些细节把人物的心胸狭窄与贪得无厌表现得非常传神。与此同时,作者还常用对比反衬的手法来增强效果。如《高阳王寺》篇写到高阳王元雍"一食必以数万钱为限,海陆珍馐,方丈于前";而陈留侯李崇虽也是富倾天下,但每餐吃饭时只有熟韭菜与腌韭菜。一个是挥霍无度,一个是惜财如命,两相对照,人物的特点就跃然纸上。

  《洛阳伽蓝记》描写技巧的另一个重要方面,是文字的结构。它在记载佛寺时,还写了许多有关的小故事,这些故事很多可作小说来读。其中像《景宁寺》记杨元慎事,《正觉寺》记王肃事,《法云寺》记田僧超的故事,《寿丘里》记元氏诸王事,都是记人间言动与社会风尚的,也即习惯上所称的志人小说;而《崇真寺》记比丘惠嶷受阎罗王检阅而复活事,《秦太上公二寺》记洛水之神,《菩提寺》记崔涵的遭遇,《法云寺》记孙岩被狐妖割发等,则都属于志怪一类。跟它以前的志人小说代表作《世说新语》及志怪小说代表作《搜神记》相比,它的文字篇幅加长了,而且有比较完整甚至较为复杂的情节,人物形象也更为丰满。如《正觉寺》写王肃的故事,所叙不止一事,登场人物十多个,有正面叙述,有追叙，有对话，内容与规模就非《世说》之记一人一时的言谈或行动者可比。再如《菩提寺》中写崔涵的故事，情节曲折，跌宕起伏，就较《搜神记》的故事更富于趣味性。它在结构上的这种进步，使它成为从魏晋小说发展到唐代传奇的中间环节，在中国小说史及至中国文学史上应有一定的地位。

在介绍了《洛阳伽蓝记》的特点和成就以后，现在回过头来谈谈本书的作者是否反佛的问题。以前绝大部分研究者都认为《洛阳伽蓝记》是一部反佛的著作。书中确实有关于反对信佛的浮滥和靡费的文字，但也有不少地方宣扬了佛教的威灵显赫。如《平等寺》（本书未选）中写佛像"常有神验，国之吉凶，先炳祥异"，每逢变故，佛像就流泪。《昭仪尼寺》写窃贼欲窃佛像，"像与菩萨合声喝贼，盗者惊怖，应即殒倒"，结果被抓获等等。所以作者反对的只是崇佛过程中的一些弊端，而并不是佛教本身。《广弘明集》第六《叙列代王臣滞惑解》中曾引及作者给皇帝的上书，其中在历述崇佛过程中的弊端后，结束时说："知其真伪，然后佛法可遵，师徒无滥。"可以说，这也就是他对佛教的基本态度。

最后谈谈关于《洛阳伽蓝记》的译注问题。

《洛阳伽蓝记》原书篇幅不算太长,大部分章节都有较强的可读性,所以本书选译时只剔除了那些仅三言两语过于简略与过多地宣扬佛法迷信的章节,其余的大部分都选了。个别章节如果存在内容过于不统一的情况,我们则选其中最精彩的部分。我们希望读者通过阅读这本小册子能对原书面貌有较多的了解。原书各章无标题,因书名"伽蓝记",所以译注时如是整章选的,就以其所述之伽蓝名立为篇名,个别节选的,则根据其内容冠以篇名。

《洛阳伽蓝记》的版本很多,仅明清以来,就有十几种刻本,现存最早的是如隐堂刻本,约出于明嘉靖间。今人周祖谟先生与范祥雍先生分别以此本为底本先后撰有《洛阳伽蓝记校释》(以下简称《校释》)与《洛阳伽蓝记校注》(以下简称《校注》)。此一选译即主要以周祖谟先生的《校释》作为底本,同时也吸取了范祥雍先生《校注》的整理成果,并参考了其他有关材料。必须说明的是,杨衒之原著此书曾自为子注(依刘知幾《史通》说),不知何时子注与正文混在了一起,周祖谟先生在《校释》中曾旁征博引,予以重新区分,为《伽蓝记》的研究者提供了极大的方便。但我们考虑到这一部《选译》是一种普及性读物，为了适应一般读者的需要，我们没有采用《校释》正文、子注区分的体例（仅在《凝玄寺》一篇中有一条注文，因为前面冠有"注"字，我们是把它作为注文处理的）。与此相联系，段落的划分也就重新进行了处理，标点也略有改动。

《伽蓝记》选篇目与定版本的问题都比较简单，麻烦的是译和注。由于此书流传年代久远，辗转传抄翻刻的过程中错字脱文在所不少，周、范二位前辈卓有成效的整理研究工作对译注本书帮助很大，但也有些问题至今仍无法解决。如卷三《景明寺》篇有"山悬堂光观盛"这样一句话很不好理解，《校释》与《校注》都认为其中有脱文，这是很对的，而脱去的文字是什么，则已无从查考了。但这句话也不能不译，只好勉强译成"寺中殿堂观阁光辉隆盛，像是从山上悬挂下来似的"，并在注释中说明："'山悬'与'堂光观盛'之间缺乏内在联系。"这样的处理恐怕并不妥当，但目前也想不出其他的办法。其他类似的情况还有，不能一一列举了。总之，在《洛阳伽蓝记》的译注工作中困难不小，我们虽然下了一点功夫，但由于主客观原因，肯定还存在不少问题，恳切希望能得到前辈及广大读者的指教。最后,借本书出版的机会,谨对周祖谟先生与范祥雍先生表示衷心的感谢。

韩结根(复旦大学出版社)

永 宁 寺

本篇选自《洛阳伽蓝记》卷一《城内》。

永宁寺是洛阳最大的一所寺院,被誉为天下第一,是胡太后熙平元年(516)修建的。胡太后名充华,世宗宣武皇帝元恪妃,肃宗孝明帝之母,颇通佛理。世宗死时,肃宗年幼,太后临朝称制,总揽万机。后肃宗渐长,太后与肃宗争权,屡生嫌隙。终致引发大规模、长时期的内乱,北魏衰亡。本篇前半部分以矞皇典丽之笔极力铺叙永宁寺的营建规模和它的豪华气象,隐含讥弹之意;后半部分则以永宁寺为横线,写了北魏后期数十年间朝廷发生的变乱,最后以寺院被大火所焚而同时北魏灭亡作结,颇有深意。

永宁寺，熙平元年灵太后胡氏所立也①，在宫前阊阖门南一里御道西②。其寺东有太尉府③，西对永康里④，南界昭玄曹⑤，北邻御史台⑥。阊阖门前御道东有左卫府⑦，府南有司徒府⑧。司徒府南有国子学⑨，堂内有孔丘像，颜渊问仁、子路问政在侧⑩。国子学南有宗正寺⑪，寺南有太庙⑫，庙南有护军府⑬，府南有衣冠里。御道西有右卫府⑭，府南有太尉府⑮，府南有将作曹⑯，曹

---

① 熙平：北魏孝明帝元诩年号（516—518年）。灵太后胡氏：即胡太后，灵是其谥号。魏孝明帝元诩母。《魏书》卷十三有传。 ② 阊阖门：宫城正南之门名。御道：京城中皇帝巡行的道路。 ③ 太尉：官名，掌军事。汉代以太尉、司徒、司空号称三公。 ④ 永康：里名。里：古时居民聚居的地方。 ⑤ 昭玄曹：掌管和尚与尼姑的官署。 ⑥ 御史台：御史的官署。自秦、汉起，御史专管纠察弹劾之事。 ⑦ 左卫府：官署名。北魏沿袭晋制，设有左卫、右卫将军。 ⑧ 司徒：官名，三公之一，掌教化。 ⑨ 国子学：封建王朝设立的最高学府。 ⑩ 颜渊问仁、子路问政：颜渊，又名颜回，与子路都是孔子弟子。颜渊问仁故事见于《论语·颜渊篇》，子路问政见《论语·子路篇》。这里是指国子学堂里的壁画。 ⑪ 宗正寺：官署名。宗正，掌管皇室宗族事务的官，其官署称宗正寺。 ⑫ 太庙：皇帝的祖庙。 ⑬ 护军府：官署名。北魏设有中护军，掌军职的选用。 ⑭ 右卫府：右卫将军的官署。 ⑮ 太尉府：元《河南志》作太府寺，太府寺是掌财物库藏的官署。此处"太尉府"可能是"太府寺"之误。 ⑯ 将作曹：掌修治宫室、宗庙、陵园等土木工程的官署。

南有九级府,府南有太社①,社南有凌阴里,即四朝时藏冰处也②。

中有九层浮图一所③,架木为之,举高九十丈。上有金刹④,复高十丈。合去地一千尺。去京师百里⑤,已遥见之。初,掘基至黄泉下⑥,得金像三十躯⑦,太后以为信法之征,是以营建过度也。刹上有金宝瓶⑧,容二十五斛⑨。宝瓶下有承露金盘一十一重,周匝皆垂金铎⑩。复有铁锁四道⑪,引刹向浮图四角,锁上亦有金铎。铎大小如一石瓮子。浮图有九级,角角皆悬金铎,合上下有一百三十铎。浮图有四面,面有三户六窗,户皆朱漆。扉上各有五行金铃,合有五千四百枚。复有金环铺首⑫。殚土木之功⑬,穷造形之巧。佛事精妙⑭,不可思议。绣

---

① 太社:古代天子祭祀土神、谷神的场所。 ② 四朝:指晋朝武帝、惠帝、怀帝、愍帝四代。 ③ 浮图:佛塔。 ④ 刹(chà姹):梵文 Lakṣatā 的省音译。佛塔顶部的装饰,即相轮,或称刹柱。 ⑤ 京师:京城,此指洛阳。 ⑥ 黄泉:地下的泉水,此指地下深处。 ⑦ 金像:铜铸佛像。躯:这里用作佛像单位名。 ⑧ 宝瓶:佛教用语。对装盛佛具法具的瓶器的尊称。天竺(印度)佛塔顶均设置宝瓶,用来盛佛骨。 ⑨ 斛(hú胡):容量单位,古代以十斗为一斛。后改为五斗。 ⑩ 金铎:大铜铃。 ⑪ 铁锁:铁链子。 ⑫ 铺首:门上用来衔门环的底盘,作虎、螭、龟、蛇等形状,大多铜制,有的饰以金银。 ⑬ 殚:尽。 ⑭ 佛事:这里指佛教的建筑事业。

柱金铺,骇人心目。至于高风永夜①,宝铎和鸣②,铿锵之声,闻及十余里。

浮图北有佛殿一所,形如太极殿③。中有丈八金像一躯,中长金像十躯④,绣珠像三躯,金织成像五躯,玉像二躯。作工奇巧,冠于当世。僧房楼观,一千余间⑤,雕梁粉壁,青琐绮疏⑥,难得而言。栝柏椿松⑦,扶疏簷霤⑧;蘩竹香草,布护阶墀⑨。是以常景碑云:"须弥宝殿⑩,兜率净宫⑪,莫尚于斯"也。

外国所献经像,皆在此寺。寺院墙皆施短椽,以瓦覆之,若今宫墙也。四面各开一门。南门楼三重,通三

---

① 高风:秋风。永:长。 ② 和鸣:鸣声相应。 ③ 太极殿:北魏洛阳宫中正殿名。 ④ 中长:一本作"等身"。 ⑤ 楼观:高大建筑物的泛称。 ⑥ 青琐:门户上镂刻的青色图纹,也借指刻有青色图纹的门户。绮疏:雕饰着花纹的窗户。疏,窗子。 ⑦ 栝(guā 刮):木名,即桧树。 ⑧ 扶疏:枝叶四布的样子。霤(liù 六):屋檐下接水的长槽,此处也指屋檐。 ⑨ 布护:散布。墀(chí 池):台阶。 ⑩ 须弥:佛教传说中的山名。据说须弥山由白银、黄金、颇梨、青琉璃四种宝物堆积而成。实即天竺(印度)北面的雪山。 ⑪ 兜率净宫:兜率,即兜率天(梵语 Tuṣita),也称都术天。佛教认为天分为许多层,第四层叫兜率天,它的内院是弥勒菩萨的净土,外院是天上众生居住的地方。佛书称释迦牟尼过去为能仁菩萨,即由兜率天上化乘白象,降临母胎。兜率净宫等于说天宫。

阁道①,去地二十丈,形制似今端门②。图以云气,画彩仙灵,列钱青锁③,赫奕华丽。拱门有四力士、四师子④,饰以金银,加之珠玉,庄严焕炳⑤,世所未闻。东西两门亦皆如之。所可异者,唯楼两重。北门一道,上不施屋,似乌头门⑥。其四门外,皆树以青槐⑦,亘以绿水⑧,京邑行人⑨,多庇其下⑩。路断飞尘,不由滓云之润⑪;清风送凉,岂借合欢之发⑫?

---

①阁道:高楼间或山岩险要处架设在空中的通道,俗称"天桥"。 ②端门:正门。 ③列钱:宫殿墙上的装饰物。用镶嵌着玉石的金环排列在一条横木上,像连贯成串的钱,所以称列钱。 ④力士:指金刚力士,即护法神。师子:即狮子,"狮"是后起字。佛教中狮子是守护伽蓝的,据说佛初生时,有五百狮子从雪山来侍立门侧。力士与狮子在这里都是指塑像。 ⑤庄严:装饰。焕炳:光明灿烂的样子。 ⑥乌头门:一名乌头大门,门有双表,高八尺至二丈二尺,各随其长短不同,在腰心一分为二,门腰上半部装雕花的格子,所以俗又称櫺门。 ⑦树:种植。 ⑧亘(gèn跟去声):引;萦绕。 ⑨京邑:京城。 ⑩庇:遮蔽,这里指避荫。 ⑪滓云:含雨的云。 ⑫借:凭借,借助。合欢:即团扇,上有对称图案花纹。汉班婕妤《怨歌行》:"新裂齐纨素,皎洁如霜雪。裁为合欢扇,团团似明月。出入君怀袖,动摇微风发。"

诏中书舍人常景为寺碑文①。景字永昌,河内人也②。敏学博通③,知名海内④。太和十九年⑤,为高祖所器⑥,拔为律博士⑦,刑法疑狱⑧,多访于景⑨。正始初⑩,诏刊律令,永作通式,敕景共治书侍御史高僧裕、羽林监王元龟、尚书郎祖莹、员外散骑侍郎李琰之等撰集其事⑪。又诏太师彭城王勰、青州刺史刘芳入

---

① 诏:皇帝颁发的命令或文告。这里用作动词。中书舍人:官名。中书省的属官,西晋初设置,历代职务不尽相同。一般掌起草诏令文书、侍从宣旨等。有时也参与机密、决断机务。常景:《魏书》卷八十二有传。 ② 河内:郡名,故地在今河南黄河以北地区,治所野王县(今沁阳)。 ③ 博通:广泛地通晓,亦谓广具各种知识。 ④ 海内:四海之内。古代传说我国疆土的四周有海环绕,所以称国境之内为海内,等于说"天下"。 ⑤ 太和:北魏孝文帝元宏年号(477—499年)。 ⑥ 高祖:即孝文帝元宏,公元471年—499年在位。 ⑦ 律博士:官名,也称律学博士。晋朝开始设置,为讲授律令的官,属廷尉。 ⑧ 狱:诉讼案件。 ⑨ 访:咨询,征求意见。 ⑩ 正始:北魏宣武帝元恪年号(504—508年)。 ⑪ 敕:命令。特指皇帝颁发的诏书、命令。治书侍御史:官名,也称治书御史。汉宣帝时设置,魏晋后多掌律令。高僧裕:即高绰。字僧裕,渤海人。《魏书》卷四十八有传。羽林监:官名,掌皇帝宿卫侍从。王元龟:不详。尚书郎:官名。魏晋以后尚书各曹有侍郎、郎中等官,综理职务,通称为尚书郎。祖莹:字元珍,范阳郡道县人。年少好学,时号为"圣小儿";成年后以文学见重知名。《魏书》卷八十二有传。员外散骑侍郎:皇帝近侍官之一。掌侍从左右,献纳得失等。李琰之:字景珍,陇西狄道人。《北史》卷四十七有传。

预其议①。景讨正科条②,商榷古今,甚有伦序③,见行于世今律二十篇是也。又共芳造洛阳宫殿门阁之名,经途里邑之号④。出除长安令⑤,时人比之潘岳⑥。其后历位中书舍人,黄门侍郎⑦,秘书监⑧,幽州刺史⑨,仪同三

① 太师:官名,古"三公"之一。周代开始设置,为辅佐国君的官;后代多为重臣加衔,作为最高荣典以示恩宠,并无实职。彭城王勰:即元勰,北魏献文帝拓跋弘第六子。《魏书》卷二十二有传。青州:州名,北魏时治所东阳城,故址在今山东益都县。刺史:官名。原为朝廷所派督察地方之官。后沿为州的最高行政长官。刘芳:字伯文,彭城人。博闻强记,精通经义,尤长音训。对汉石经颇有研究,学者文字不正,多往请教,时人称为"刘石经"。《魏书》卷五十五有传。 ② 讨正:研究,修正。 ③ 伦序:条理,顺序。 ④ 经:南北走向的道路。这里"经"与"途"连用,泛指道路。 ⑤ 长安:县名,在今西安市。 ⑥ 潘岳:字安仁,西晋荥阳中牟县人。曾任长安令,有惠政。累官至给事黄门侍郎。潘岳擅长诗赋,辞藻艳丽。《晋书》卷五十五有传。 ⑦ 黄门侍郎:官名,因供职黄门(宫门)之内而得名。其职务为侍从皇帝,传达诏命。南北朝后,因掌机密文件,备皇帝顾问,职位日渐重要。 ⑧ 秘书监:官名。秘书省的最高长官,掌图书著作等事。 ⑨ 幽州:州名,治所蓟县(今北京城西南)。辖境相当今河北省北部及山西、辽宁一部。

司①。学徒以为荣焉②。景入参近侍,出为侯牧③,居室贫俭,事等农家,唯有经史,盈车满架。所著文集,数百余篇,给事中封昈伯作序④,行于世。

装饰毕功,明帝与太后共登之。视宫中如掌内,临京师若家庭⑤,以其目见宫中,禁人不听升之⑥。衒之尝与河南尹胡孝世共登之⑦,下临云雨,信哉不虚!时有西域沙门菩提达摩者⑧,波斯国胡人也⑨。起自荒裔⑩,来

---

① 仪同三司:官名。原意是指官位非三司(太尉、司徒、司空)而仪制待遇同于三司。魏晋以后,将军开府置官属的称开府仪同三司。到南北朝末期,以仪同三司为一种官号。隋唐以后,仅为散官。 ② 学徒:这里泛指读书人。 ③ 侯牧:方伯,一方诸侯之长。这里指县令与州牧等地方官。 ④ 给事中:官名。常侍从皇帝左右备顾问应对并掌纠察百官等事,因为供职殿中,所以称给事中。封昈伯:《魏书》卷三十二作"封伟伯",渤海人。 ⑤ 临:从高处朝低处看。 ⑥ 听:听任。 ⑦ 河南尹:官名。为当时首都洛阳的最高行政长官。 ⑧ 西域:指玉门关以西的新疆和中亚细亚地区。沙门:僧徒,和尚。梵语Sramana音译之略,意译为勤修善法,止息恶行。菩提达摩:中国佛教禅宗的初祖,波斯国人,有的说是南天竺(印度南部)人。相传菩提达摩于梁武帝普通元年(520年)泛海至广州,同年渡江至洛阳。后栖止于嵩山少林寺。武泰元年(528年)去世。 ⑨ 波斯:古国名,即现在的伊朗。胡:我国古代对北方边地及西域各民族的称呼,也泛指一切外国。 ⑩ 荒裔:边远之地。

游中土①。见金盘炫目,光照云表②,宝铎含风③,响出天外;歌咏赞叹,实是神功④。自云:年一百五十岁,历涉诸国,靡不周遍,而此寺精丽,阎浮所无也⑤。极佛境界,亦未有此。口唱南无⑥,合掌连日。

至孝昌二年中⑦,大风发屋拔树⑧,刹上宝瓶,随风而落,入地丈余。复命工匠更铸新瓶。

建义元年⑨,太原王尔朱荣总士马于此寺⑩。荣字天宝,北地秀容人也⑪。世为第一领民酋长⑫,博陵郡公。部落八千余家⑬,有马数万匹,富等天府⑭。武泰元年二月中⑮,帝崩无子⑯,立临洮王世子钊以绍大业⑰,

---

① 中土:指中国。　② 云表:等于说云外。　③ 含风:被风吹拂,迎着风。　④ 神功:喻制作精巧,似非人力所能及。　⑤ 阎浮:梵语洲名,即南赡部洲,或称阎浮提(Jambudivīpa),因洲上多产阎浮树而得名。佛经中专指天竺(印度)而言,诗文中亦指人世间。　⑥ 南无(nā mó 拿阴平磨):佛教语。归命、敬礼、度我的意思。佛教中凡是合掌低头,口唱南无,就是致礼。　⑦ 孝昌:北魏孝明帝元诩年号(525—527年)。　⑧ 发:掀开,揭去。　⑨ 建义:北魏孝庄帝元子攸年号(528年)。　⑩ 士马:兵马,引申指军队。　⑪ 秀容:地名。即秀容川,此指北秀容川,故地在今山西朔县西北。　⑫ 第一领民酋长:北朝颁予部落人民首领的官名。酋长,首领,头目;第一是酋长的品级。　⑬ 部落:聚居的部族。　⑭ 天府:这里指朝廷藏物的府库。　⑮ 武泰:北魏孝明帝年号(528年)。　⑯ 崩:旧称皇帝死为崩。　⑰ 世子:古代诸侯、王的嫡长子。

年三岁，太后贪秉朝政，故以立之。荣谓并州刺史元天穆曰①："皇帝晏驾②，春秋十九③，海内士庶，犹曰幼君④。况今奉未言之儿以临天下⑤，而望升平⑥，其可得乎？吾世荷国恩，不能坐看成败。今欲以铁马五千，赴哀山陵⑦，兼问侍臣帝崩之由，君竟谓何如⑧？"穆曰："明公世跨并、肆⑨，雄才杰出，部落之民，控弦一万⑩。若能行废立之事，伊、霍复见于今日⑪。"荣即共穆结异姓兄弟。穆年大，荣兄事之；荣为盟主，穆亦拜荣。于是密议

① 并州：州名，辖地约相当于现在山西省汾水中游地区，治所晋阳（今太原市西南）。元天穆：北魏平文皇帝郁律之子、高凉王孤六世孙。《魏书》卷十四有传。 ② 晏驾：古代讳言帝王死亡，称作"晏驾"，意思是宫车驾得晚了，以致帝王未能出宫。 ③ 春秋：指年龄。 ④ 士庶：士人和普通老百姓。 ⑤ 临：君临，统治。 ⑥ 升平：太平。 ⑦ 山陵：喻帝王的陵寝。 ⑧ 谓：以为，认为。 ⑨ 明公：对权贵长官的尊称。并、肆：即并州与肆州。肆州，北魏太平真君七年（446年）置，治所在今山西忻县西北，后移治九原城（今忻县）。尔朱氏世为并、肆二州刺使。 ⑩ 控弦：开弓，这里用作善射兵士的代称。 ⑪ 伊、霍：指伊尹与霍光。伊尹是商朝大臣，商汤孙子太甲继位，因荒淫失度，伊尹把他放逐到桐宫。三年后太甲改过，才迎还复位。霍光，西汉昭帝时为大将军。昭帝死，无后，迎立昌邑王刘贺。刘贺继位失德，霍光废黜他，改立宣帝。

长君,诸王之中不知谁应当璧①。遂于晋阳②,人各铸像不成,唯长乐王子攸像光相具足③,端严特妙④。是以荣意在长乐。遣苍头王丰入洛⑤,约以为主。长乐即许之,共剋期契⑥。

荣三军皓素⑦,扬旌南出。太后闻荣举兵,召王公议之⑧。时胡氏专宠⑨,皇宗怨望⑩,入议者莫肯致言。唯黄门侍郎徐纥曰⑪:"尔朱荣马邑小胡⑫,人才凡鄙,不度

---

① 当璧:指继承君位。据《左传》载:楚共王没有嫡长子,但有五个宠爱的儿子,不知道应该立谁。于是就把玉璧埋在祖庙的院子里,让五个儿子斋戒沐浴,按长幼次序进行下拜。共王事先向神灵祈祷:凡神灵选择为继承人的,就使之正对着玉璧下拜。后即用当璧比喻立为国君之兆。 ② 晋阳:地名,即今山西省太原市西南。 ③ 光相:指铸像的光泽与身体各部相状。一说指像的金装。 ④ 端严:端庄严谨;庄严。 ⑤ 苍头:指奴仆。因为古时仆隶都用深青色的头巾裹头,所以称奴仆为"苍头"。 ⑥ 剋:约定。契:会合。 ⑦ 皓素:指穿孝服。皓与素均是白色。 ⑧ 王公:指授王爵与公爵者,也泛指贵显者。 ⑨ 专宠:独占宠爱。 ⑩ 怨望:怨恨。 ⑪ 徐纥:字武伯,乐安博昌人。《魏书》卷九十三有传。 ⑫ 马邑:指朔州(今朔县一带),汉代称马邑。

德量力,长戟指阙①,所谓穷辙拒轮②,积薪候燎③!今宿卫文武足得一战④,但守河桥⑤,观其意趣;荣悬军千里⑥,兵老师弊⑦,以逸待劳,破之必矣。"后然纥言。即遣都督李神轨、郑季明等领众五千镇河桥⑧。

四月十一日,荣过河内,至高头驿。长乐王从雷陂北渡⑨,赴荣军所。神轨、季明等见长乐王往,遂开门降。十二日,荣军于芒山之北⑩,河阴之野⑪。十三日,召百官赴驾⑫,至者尽诛之。王公卿士及诸朝臣死者二千余人⑬。十四日,车驾入城,大赦天下,改号为建义元年,是为庄帝。

① 阙:宫阙,这里指京城。 ② 穷辙拒轮:比喻不自量力。穷,止。辙,车两旁供人依凭之处,这里指车辆。穷辙和拒轮都是阻挡车辆之意。《庄子·人间世》:"汝不知夫螳螂乎?怒其臂以当车辙,不知其不胜任也。" ③ 积薪候燎:堆积柴草,等待燃烧。即自取灭亡之意。薪,柴火;燎,燃烧。 ④ 宿卫:在宫中值宿警卫。 ⑤ 河桥:在河南孟县南,晋朝杜预造河桥于富平津,是古代兵家必争之地。 ⑥ 悬军:孤军深入。 ⑦ 老:士气衰落。 ⑧ 都督:官名。军事长官或领兵将帅。李神轨:顿丘人,陈留侯李崇之子。生平事迹见《魏书》卷六十六《李崇传》。郑季明:荥阳开封人。见《魏书》卷五十六《郑羲传》。 ⑨ 雷陂:地不详,《通鉴考异》引作"雷陂",《魏书》作"高渚"。 ⑩ 芒山:即邙山,也称北邙,在今河南洛阳市北面。 ⑪ 河阴:地名,故城在今河南孟津县东,洛阳市东北。 ⑫ 赴驾:往见皇帝。驾,帝王的车乘,用以代称帝王。 ⑬ 卿士:指卿、大夫,亦泛指官吏。

于时新经大兵,人物歼尽①,流迸之徒②,惊骇未出。庄帝肇升太极,解网垂仁③,唯散骑常侍山伟一人拜恩南阙④。加荣使持节中外诸军事大将军⑤、开府北道大行台⑥、都督十州诸军事大将军、领左右、太原王⑦。其天

---

① 人物:这里指有才德名望的人。 ② 流迸:流离逃散。迸,逃散。 ③ 解网垂仁:指下大赦令,施仁政。据《史记·殷本纪》载,有一次商汤出去,看到郊外打猎四面都张着网,男巫祷告说:"让天下四方的禽兽都进我的罗网。"商汤认为那样会把禽兽都打尽了,于是就把张着的网拆除三面,只留下一面。诸侯听说后,认为商汤仁德无所不至,连禽兽都施及。因此后来就用"解网"比喻宽宥、仁德。垂仁,施仁爱。 ④ 山伟:字仲才,河南洛阳人。《北史》卷五十有传。南阙:这里指皇宫、朝廷。阙,本来是宫殿前面两边高台上的楼观,中间是道路,是大臣等候朝见和上书奏事的地方。一般宫廷正门都朝北,所以通常称帝王宫禁或朝廷为"北阙";北魏洛阳宫殿正门朝南,所以称"南阙"。 ⑤ 使持节:官名。古代大臣出使,必持节以作为凭证。魏晋南北朝时,以"持节"为官名,掌地方军政的长官往往加使持节、持节、假持节的称号。使持节有诛杀中级以下官吏的权力。 ⑥ 开府:官号。开府原意是指成立府署,自选僚属。汉代仅"三公"、大将军、将军可以开府;魏晋以后,开府者渐多,因而成为固定的官号。大行台:行台,是指大行政区中设立的代表中央(台)的机构,多由军事关系临时设置。如果任职的人权位特重,则称"大行台"。 ⑦ 领左右:即领左右千牛备身(从胡三省说)。北魏禁卫官曾设有千牛备身一职,执掌御刀,领左右二府。

穆为侍中、太尉公、世袭并州刺史、上党王①。起家为公卿牧守者②,不可胜数。二十日,洛中草草③,犹自不安。死生相怨,人怀异虑④。贵室豪家,弃宅竞窜;贫夫贱士,襁负争逃⑤。于是出诏,滥死者普加褒赠。三品以上赠三公⑥,五品以上赠令仆⑦,七品以上赠州牧,白民赠郡镇⑧。于是稍安。帝纳荣女为皇后。进荣为柱国大将军录尚书事⑨,余官如故。进天穆为大将军,余官皆如故。

永安二年五月⑩,北海王元颢复入洛⑪,在此寺聚兵。颢,庄帝从兄也。孝昌末镇汲郡⑫。闻尔朱荣入洛

① 侍中:官名,为正规官职外的加官之一。因侍从皇帝左右,出入宫廷,与闻朝政,逐渐成为亲信贵重之职。晋以后往往相当于宰相,北魏尤重其官,呼为小宰相。 ② 起家:指没有当过官或已被免职者由家中被征召为官。牧守:州郡的长官。州官称牧,郡官称守。 ③ 草草:骚扰不安的样子。 ④ 异虑:等于说二心。 ⑤ 襁负:用布幅把婴儿兜负在背上。 ⑥ 三公:古代中央三种最高官衔,历代说法不一,此指太尉、司徒、司空。 ⑦ 令仆:尚书令与仆射。 ⑧ 白民:指没有官爵的人。郡镇:郡守与镇将。 ⑨ 柱国大将军:统率府兵的最高将领。录尚书事:官名。录是总领的意思,录尚书事独揽大权,无所不总,三国、晋、南北朝时,凡掌重权的大臣每带此号。 ⑩ 永安:孝庄帝元子攸年号(528—530年)。 ⑪ 元颢:字子明,北海王元详之子。《魏书》卷二十一有传。 ⑫ 汲郡:郡名,治所汲县(今河南汲县西南)。

阳,遂南奔萧衍①。是年入洛,庄帝北巡②。颢登皇帝位,改年曰建武元年。颢与庄帝书曰:

大道既隐,天下匪公③。祸福不追④,与能义绝⑤。朕犹庶几五帝⑥,无取六军⑦。正以糠粃万乘⑧,锱铢大宝⑨,非贪皇帝之尊,岂图六合之富⑩?直以尔朱荣往岁入洛⑪,顺而勤王⑫,终为魏贼。逆刃加于君亲⑬,锋镝肆于卿宰⑭。元氏少长,殆欲无

---

① 萧衍:即南朝梁武帝,公元502年—549年在位。 ② 巡:巡狩,指帝王离开国都巡行境内。这里是讳言庄帝出逃。 ③ "大道"二句:《礼记·礼运》:"大道之行也,天下为公。"大道,指五帝时所实行的禅让之道;天下为公是说天子之位不传子孙。这里反其意而用之。隐,隐去,不通行。匪,非。 ④ "祸福"句:《左传》哀公二十三年:"祸福无门,唯人所召。"追,召。 ⑤ "与能"句:《礼记·礼运》:"选贤与能,讲信修睦。"与能,推举贤能。 ⑥ 五帝:指黄帝、颛顼(zhuān xū 专须)、帝喾(kù 酷)、唐尧、虞舜。 ⑦ 六军:古代天子有六军,每军一万二千五百人。 ⑧ 万乘:指天子。周制,天子地方千里,出兵车万乘;诸侯地方百里,出兵车千乘。所以用万乘称天子。 ⑨ 锱铢:锱与铢都是古代重量单位,古代二十四分之一两为铢,六铢为锱,锱铢比喻极其细小、轻微。大宝:帝位。 ⑩ 六合:指天地四方,也泛指天下。 ⑪ 直:只。 ⑫ 勤王:为王事尽力,也指起兵援救王朝。 ⑬ 君亲:君父,这里指国君;古人认为君相当于父,故称君父或君亲。 ⑭ 锋镝:锋,兵刃;镝,箭镞。锋镝连用泛指兵器。卿宰:执政的大臣。

遗。已有陈恒盗齐之心①,非无六卿分晋之计②。但以四海横流③,欲篡未可;暂树君臣,假相拜置④。害卿兄弟,独夫介立。遵养待时⑤,臣节讵久?朕睹此心寒⑥,远投江表⑦,泣请梁朝,誓在复耻。风行建业⑧,电赴三川⑨。正欲问罪于尔朱,出卿于桎梏;恤深怨于骨肉⑩,解苍生于倒悬⑪。谓卿明眸击节⑫,躬来见我⑬,共叙哀辛,同讨凶羯⑭。不意驾入

① 陈恒盗齐:陈恒即田常,又名田成子。春秋时,陈公子完以内乱奔齐,以陈氏为田氏。其后宗族益强。至简公时,田常为齐相,以大斗出贷、小斗收进笼络民心。简公四年(前481年),杀齐简公及右相监止,拥立平公,齐国之政尽归田氏。最后田氏终于取代齐国为诸侯。"陈恒盗齐"即指其事。 ② 六卿分晋:春秋后期,晋国范氏、中行氏、智氏、韩氏、赵氏、魏氏六卿秉持国政,并相继改革田亩制、税制,图谋富强,相互兼并,导致晋室瓦解,最后分立为韩、赵、魏三国,史称"六卿分晋"。 ③ 但:只,只是。四海横流:比喻天下大乱。 ④ 假:暂且,权宜。 ⑤ 遵:循,顺着。养:隐。 ⑥ 朕(zhèn镇):皇帝的自称。 ⑦ 江表:即江左,江南。 ⑧ 建业:地名,即现在的南京市。为当时南朝梁的首都。 ⑨ 三川:黄河、洛水、伊水三条河流的合称,这里是指洛阳。 ⑩ 骨肉:指至亲。 ⑪ 苍生:本指生草木之处,旧借指百姓。倒悬:比喻困苦。 ⑫ 明眸:眸,眼珠,明眸即眼珠发亮,喻惊喜之意。击节:节,一种敲击乐器,击节用以调节乐曲节奏,用来比喻对别人行为的赞赏。 ⑬ 躬:亲自。 ⑭ 羯(jié捷):我国古代民族名,源于小月氏,曾附于匈奴,魏晋后散居上党郡,所谓"五胡"之一。

成皋①,便尔北渡。虽迫于凶手,势不自由;或贰生素怀②,弃剑猜我。闻之永叹,抚衿而失。何者?朕之于卿,兄弟非远。连枝分叶③,兴灭相依。假有内阋,外犹御侮④;况我与卿,睦厚偏笃,其于急难,凡今莫如⑤。弃亲即仇⑥,义将焉据也?且尔朱荣不臣之迹⑦,暴于旁午⑧,谋魏社稷⑨,愚智同见。卿乃明白疑于必然,托命豺狼,委身虎口,弃亲助贼,兄弟寻戈⑩。假获民地⑪,本是荣物;若克城邑,绝非卿有。徒危宗国,以广寇仇⑫。快贼莽之心⑬,假卞

---

① 成皋:地名,在今河南荥阳县氾水镇西北。 ② 贰:即携贰,二心。 ③ 连枝分叶:喻关系亲近。 ④ "假有"二句:语出《诗·小雅·常棣》:"兄弟阋于墙,外御其务(侮)。"阋(xì细),争吵,不和;侮,欺负,侮弄。 ⑤ "其于"二句:也是出自《诗经》。《小雅·常棣》:"脊令在原,兄弟急难。"又,"凡今之人,兄弟莫如"。意思是兄弟在急难中要互相救助;人之恩亲无如兄弟最厚。 ⑥ 即仇:亲近仇人。即,靠近,投向。 ⑦ 不臣:不守臣节,不合臣道,指不忠于或背叛君主。 ⑧ 旁(bàng傍)午:一纵一横称作旁午,这里是指道路而言。 ⑨ 社稷:本来是指古代帝王祭祀的土神和谷神,旧时因用作国家的代称。 ⑩ 寻:使用。 ⑪ 民地:人民、土地。 ⑫ 广:扩大。 ⑬ 贼莽:即王莽。西汉末年,王莽以外戚掌握政权,初始元年(8年)篡位称帝,后被农民军所杀。此处暗指尔朱荣。

庄之利①。有识之士,咸为惭之。今家国隆替②,在卿与我。若天道助顺,誓兹义举,则皇魏宗社③,与运无穷。倘天不厌乱,胡羯未殄④,鸱鸣狼噬⑤,荐食河北⑥,在荣为福,于卿为祸。岂伊异人⑦?尺书道意⑧,卿宜三复。义利是图,富贵可保,徇人非虑⑨。终不食言,自相鱼肉⑩。善择元吉⑪,勿贻后悔。

此黄门郎祖莹之词也。

时帝在长子城⑫,太原王、上党王来赴急难。六月,

---

① 假卞庄之利:卞庄,也称卞庄子。据《战国策·陈策》载,卞庄子打算去刺杀老虎,馆竖子制止他说:"两只老虎将要吃牛,吃牛肉吃出了味道必然要争抢,争抢起来必然互相角斗。角斗后大老虎会受伤,小老虎会死亡。你趁大老虎受伤后去杀它,这样一举必有二获。"卞庄子按他的话去做,果然得到了两只老虎。后来用这个典故比喻利用两个敌人互相争斗两败俱伤而趁机渔利。假,借。 ② 隆替:兴废。 ③ 宗社:宗庙与社稷,用以指国家。 ④ 殄(tiǎn 天上声):灭绝,尽。 ⑤ 鸱鸣狼噬:鸱,一种恶鸟,性贪狠,鸣则不祥;狼性凶残,往往反噬。这里比喻横行残暴。 ⑥ 荐食:一再吞食。比喻不断侵略,贪得无厌。 ⑦ "岂伊"句:语出《诗·小雅·頍弁》:"岂伊异人,兄弟匪他。"意思是兄弟至亲,不比旁人。 ⑧ 尺书:指书信。 ⑨ 徇:曲从。 ⑩ 鱼肉:残害。 ⑪ 元吉:大福,大吉利。 ⑫ 长子城:地名。北魏时属上党郡,故地在今山西长子县。

帝围河内,太守元桃汤、车骑将军宗正珍孙等为颢守①,攻之弗克。时暑炎赫,将士疲劳,太原王欲使帝幸晋阳②,至秋更举大义。未决,召刘助筮之③,助曰:"必克。"于是至明尽力攻之,如其言。桃汤、珍孙并斩首,以徇三军④。颢闻河内不守,亲率百僚出镇河桥,特迁侍中安丰王延明往守硖石⑤。七月,帝至河阳⑥,与颢隔河相望。太原王命车骑将军尔朱兆潜师渡河⑦,破延明于硖石。颢闻延明败,亦散走。所将江淮子弟五千人⑧,莫不解甲相泣,握手成别。颢与数十骑欲奔萧衍,至长社⑨,为社民斩其首,传送京师⑩。二十日,帝还洛阳,进太原

---

① 元桃汤:《魏书·庄帝纪》及《尔朱荣传》并作"元袭",元袭字子绪,《墓志》称袭为京兆康王之孙,洛州刺史武公之子。以永安二年六月廿一日卒。宗正珍孙:见《魏书》卷七十三《崔延伯传》。 ② 幸:指帝王驾临。 ③ 筮:用蓍草卜卦。刘助:《魏书》作刘灵助,燕郡人,善卜筮。 ④ 徇:通"狥",巡行以示众。 ⑤ 安丰王延明:即元延明,北魏皇族,安丰王元猛之子。元颢失败后投奔梁朝,死于江南。《魏书》卷二十有传,又见《梁书》卷三十二《陈庆之传》。硖石:地名。在今河南孟津县西二十里,为黄河津渡处。 ⑥ 河阳:县名,属河内郡,故地在今河南孟县。 ⑦ 尔朱兆:字万仁,尔朱荣从子。《魏书》卷七十五有传。潜师:秘密出动军队。 ⑧ 将:率领。 ⑨ 长社:地名,属颍川郡。 ⑩ 传送:用传车解送。传,传车,驿站的车马。

王天柱大将军，余官亦如故；进上党王太宰①，余官亦如故。

永安三年，逆贼尔朱兆囚庄帝于寺。时太原王位极心骄，功高意侈，与夺任情②，臧否肆意③。帝怒谓左右曰："朕宁作高贵乡公死④，不作汉献帝生⑤！"九月二十五日，诈言产太子，荣、穆并入朝，庄帝手刃荣于明光殿，穆为伏兵鲁遑所杀。荣世子部落大人亦死焉⑥。荣部下车骑将军尔朱阳都等二十人随入东华门，亦为伏兵所杀。唯右仆射尔朱世隆素在家⑦，闻荣死，总荣部曲⑧，烧西阳门，奔河桥。

至十月一日，隆与荣妻北乡郡长公主至芒山冯王寺

---

① 太宰：官名。春秋时为掌管王家内外事务的官，后来称宰相为太宰。 ② 与夺：给予和剥夺，这里指任免官职而言。 ③ 臧否(pǐ)：褒贬。 ④ 高贵乡公：即曹髦，三国时魏国皇帝，公元254年—260年在位。髦为曹丕之孙，初封高贵乡公。嘉平六年(254)，司马氏废曹芳，立髦为帝。当时司马昭专权，髦不甘心作司马氏的傀儡，率领宿卫数百人攻司马昭，被司马昭所杀。死后无号，史称"高贵乡公"。 ⑤ 汉献帝：即刘协，东汉皇帝，公元189年—220年在位。即位时东汉政权已名存实亡，成为军阀董卓的傀儡。建安元年(196年)，他被曹操迎都于许昌，此后又成为曹操的傀儡。曹丕代汉称帝，被废为山阳公。 ⑥ 部落大人：古代北方部族首领的称号。 ⑦ 尔朱世隆：字荣宗，尔朱荣从弟。《魏书》卷七十五有传。 ⑧ 部曲：豪门大族的私人军队。

为荣追福荐斋①。即遣尔朱侯讨伐、尔朱那律归等领胡骑一千②，皆白服来至郭下③，索太原王尸丧④。帝升大夏门望之，遣主书牛法尚谓归等曰⑤："太原王立功不终，阴图衅逆⑥，王法无亲，已依正刑。罪止荣身，馀皆不问⑦。卿等何为不降，官爵如故？"归曰："臣从太原王来朝陛下⑧，何忽今日枉致无理？臣欲还晋阳，不忍空去，愿得太原王尸丧，生死无恨。"发言雨泪，哀不自胜⑨。群胡恸哭，声振京师。帝闻之，亦为伤怀。遣侍中朱元龙赍铁券与世隆⑩，待之不死，官位如故。世隆谓元龙曰："太原王功格天地⑪，道济生民，赤心奉国，神明所知。长乐不顾信誓，枉害忠良，今日两行铁字，何足可信？吾为太原王报仇，终不归降！"元龙见世隆呼帝为长乐，知其不款⑫，且以言帝。帝即出库物置城西门外，募敢死之士以讨世隆，一日即得万人。与归等战于郭外，凶势不

---

① 追福：祈求冥福。荐斋：进献祭品。斋，这里指供奉神佛的食品。 ② 骑(jì记)：一人一马的合称。 ③ 郭：外城。 ④ 尸丧(sāng桑)：尸体，遗体。 ⑤ 主书：官名。主管文书，为中书省的属官。 ⑥ 衅逆：叛乱。 ⑦ 问：追究。 ⑧ 陛下：臣下对帝王的尊称。陛，宫殿的台阶。 ⑨ 胜：克制。 ⑩ 朱元龙：名瑞，字元龙，代郡桑乾人。《魏书》卷八十有传。铁券：帝王颁赐功臣授以世代享受免罪特权的铁契。 ⑪ 格：至。 ⑫ 款：诚。

摧①。归等屡涉戎场,便利击刺②;京师士众未习军旅,虽皆义勇,力不从心。三日频战,而游魂不息③。帝更募人断河桥。有汉中人李苗为水军,从上流放火烧桥。世隆见桥被焚,遂大剽生民④,北上太行。帝遣侍中源子恭、黄门郎杨宽领步骑三万镇河内⑤。

　　世隆至高都⑥,立太原太守长广王晔为主⑦,改号曰建明元年⑧。尔朱氏自封王者八人。长广王都晋阳,遣颍川王尔朱兆举兵向京师。子恭军失利,兆自雷陂涉渡,擒庄帝于式乾殿。帝初以黄河奔急,谓兆未得猝济,不意兆不由舟楫,凭流而渡。是日水浅,不没马腹,故及此难。书契所记⑨,未之有也。

----

　　①摧:衰退,减弱。　②便利:敏捷,灵活。击刺:指用戈矛作战。　③游魂:游散的精气,也比喻残存的生命。这里用来指尔朱世隆的部队。意谓这些人迟早应被消灭,就像游魂一样。　④剽:抢劫,掠夺。　⑤源子恭:字灵顺,西平乐都人。《魏书》卷四十一有传。杨宽:字景仁,华阴人。《魏书》卷五十八有传。　⑥高都:地名,北魏属建州,故城在今山西晋城县东北。　⑦长广王晔:即元晔。字华兴,小字盆子,南安王元桢孙,封长广王,公元530年尔朱世隆推以为主,明年被废黜。《魏书》卷十九有传。　⑧建明:长广王元晔年号(530年—531年)。　⑨书契:文字记载。

衔之曰：昔光武受命，冰桥凝于滹水①；昭烈中起，的卢踊于泥沟②。皆理合于天，神祇所福，故能功济宇宙，大庇生民。若兆者，蜂目豺声，行穷枭獍③，阻兵安忍④，贼害君亲⑤，皇灵有知，鉴其凶德⑥！反使孟津由膝，赞其逆心⑦。《易》称天道祸淫，鬼神福谦⑧，以此验之，信

---

①"光武"二句：光武，即光武帝刘秀，东汉王朝的建立者。公元25年—57年在位。滹水，即滹沱河。据《后汉书·光武帝纪》载，更始二年（24年），王郎悬赏捉拿刘秀，情况非常紧急，刘秀昼夜兼程赶往南辕。行至滹沱河，没有渡船。恰好这时天大冰冻，滹沱河结冰，刘秀得以通过。从此以后，汉朝得以中兴。　②"昭烈"二句：昭烈，即蜀先主刘备，刘备死后谥昭烈。中起，中兴。的卢，马名。传说的卢为凶马，乘坐的人往往不吉利。据《三国志》裴松之注，刘备奔荆州依刘表，有一次刘表请刘备参加宴会，刘表大将蔡瑁准备在宴会上算计他。刘备发觉后，假装上厕所，偷偷地乘着一匹叫的卢的马跑了。过檀溪的时候，连人带马陷入淤泥里，刘备赶忙喊："的卢，今天事情危险了，可努力！"结果的卢一跃而起，得以逃命。　③枭獍：相传枭是食母的恶鸟；獍，一名破獍，是食父的恶兽。比喻凶恶忘恩的人。　④阻兵安忍：倚仗武力，安于做残忍的事。阻，倚仗。　⑤贼：虐杀，杀害。　⑥凶德：指违背仁德的性行。　⑦赞：助。　⑧"《易》称"二句：按，这两句分别出自《尚书·汤诰》与《周易·谦卦》，并非都出自《易》，作者所言有误。《书·汤诰》："天道福善祸淫。"意思是天赐福给为善的人，降祸给作恶的人。《易·谦卦》："鬼神害盈而福谦。"意思是鬼神使骄盈者遭受祸害而使谦退者得福。

为虚说。

时兆营军尚书省①,建天子金鼓②,庭设漏刻③,嫔御妃主④,皆拥之于幕。锁帝于寺门楼上。时十二月,帝患寒,随兆乞头巾,兆不与,遂囚帝送晋阳,缢于三级寺⑤。帝临崩礼佛,愿不为国王。又作五言曰:"权去生道促,忧来死路长。怀恨出国门,含悲入鬼乡。隧门一时闭⑥,幽庭岂复光⑦?思鸟吟青松,哀风吹白杨⑧。昔来闻死苦,何言身自当!"至太昌元年冬⑨,始迎梓宫赴京师⑩,葬帝靖陵。所作五言诗即为挽歌词。朝野闻之⑪,莫不悲恸;百姓观者,悉皆掩涕而已⑫。

永熙三年二月⑬,浮图为火所烧。帝登凌云台望火,

---

① 尚书省:官署名。为中央执行政务的总机构。 ② 金鼓:金是金钲,一种形似钟而狭长有柄的乐器;鼓即大鼓。 ③ 漏刻:古代的记时器,即漏壶。因壶有部件,上刻符号表明时间,所以称作漏刻。古代漏刻为天子派官掌管,所以庭置漏刻与设天子金鼓都是僭行天子之礼。 ④ 嫔(pín 贫)御:皇帝的侍妾、宫女。妃:指皇帝的姬妾,太子嫡室或诸侯王妻室。主:即公主,皇帝的女儿。 ⑤ 缢:勒杀。三级寺:在晋阳城内,因寺塔三级,故名。 ⑥ 隧:地道,古时多指墓道。 ⑦ 幽庭:指坟墓。 ⑧ 哀风:凄厉的寒风。 ⑨ 太昌:北魏孝武帝元修年号(532年)。 ⑩ 梓宫:皇帝与皇后所用的以梓木制成的棺材。 ⑪ 朝野:朝廷与民间。 ⑫ 掩涕:掩盖脸哭泣。 ⑬ 永熙:孝武帝元修年号(532年—534年)。

遣南阳王宝炬、录尚书〔事〕长孙稚将羽林一千救赴火所①。莫不悲惜，垂泪而去。火初从第八级中，平旦大发②，当时雷雨晦冥，杂下霰雪③，百姓道俗④，咸来观火，悲哀之声，振动京邑。时有三比丘赴火而死⑤。火经三月不灭。有火入地寻柱，周年犹有烟气。

其年五月中，有人从东莱郡来云⑥："见浮图于海中，光明照耀，俨然如新⑦，海上之民，咸皆见之。俄然雾起，浮图遂隐。"至七月中，平阳王为侍中斛斯椿所挟⑧，奔于

---

① 南阳王宝炬：即元宝炬，京兆王元愉之子，孝庄帝时封南阳王。公元534年，孝武帝逃往关中，为宇文泰所杀，次年立宝炬为帝，史称西魏，宝炬即西魏孝文帝，后为泰子宇文觉所代。《魏书》卷二十二有传，《北史》卷五有《西魏文皇帝纪》。长孙稚：字承业，代郡人。《魏书》卷二十五有传。羽林：即羽林军，禁卫军。　② 平旦：黎明。　③ 霰（xiàn陷）：小冰粒。　④ 道俗：道，这里指和尚与尼姑，即出家人；俗，普通人。　⑤ 比丘：梵语Bhikṣu的音译，又译苾刍，意思是乞者，佛教指出家修行的男僧。　⑥ 东莱郡：郡名，属光州，故地在今山东掖县。　⑦ 俨然：宛然，仿佛。　⑧ 平阳王：即魏孝武帝元修，原封为平阳王，公元532年，高欢拥立为帝。后与高欢不和，往长安依宇文泰，北魏于是分为东、西二国。孝武帝是西魏尊元修之谥号，东魏人则称作"出帝"或"平阳王"。斛斯椿：字法寿，广牧富昌人。《魏书》卷八十有传。

长安,十月而京师迁邺①。

【翻译】

　　永宁寺是肃宗孝明帝熙平元年灵太后胡氏修建的,它在皇宫前阊阖门向南一里远的御道的西面。永宁寺的东面有太尉府,西面正对永康里,南面以昭玄寺为界,北面毗邻御史台。

　　阊阖门前御道之东有左卫府,左卫府南面有司徒府。司徒府南面是国子学堂。国子学堂里设有孔子像,"颜渊问仁"、"子路问政"的壁画在左右两侧。国子学南面是宗正寺,宗正寺南面有太庙,太庙南面有护军府,护军府南面有衣冠里。御道的西面有右卫府,右卫府南面有太府寺,太府寺南面有将作曹,将作曹南面有九级府,九级府南面有太社,太社南面有凌阴里,这凌阴里就是晋朝武帝、惠帝、怀帝、愍帝四代藏冰的地方。

　　永宁寺里有一座九层宝塔,宝塔是用木料搭建而成的,九层塔身全高九十丈,塔身上面有金属的相轮,相轮又有十丈高,总共距离地面一千尺,离京城一百里开外

----

①　京师迁邺:邺,地名,故城在今河北临漳县西南。公元534年,孝武帝受高欢胁迫,逃往关中。欢另立元善见为帝,迁都邺城,史称东魏,历十七年而亡。

的地方，就能远远望见它。当初挖地基挖到地下深处，发现了三十躯铜佛像，胡太后认为这是信奉佛法的好征兆，因此把寺院营建得超出了常度。相轮上面设置有铜宝瓶，铜宝瓶可以容纳二十五斛。铜宝瓶下端有承接仙露的铜盘一十一层，周围都悬挂着大铜铃。又有四根铁链，把相轮引向宝塔的四个角，铁链子上也有大铜铃。每只大铜铃的体积相当于一只能容纳十斗的瓮子。宝塔有九层，每一个角都悬挂着铜铃，上上下下加起来一共有一百三十只铜铃。宝塔有四个平面，每一面有三扇门、六扇窗，门上都漆着大红的油漆。每扇门上各有五排铜铃，加起来共有五千四百只。铜铃下面又有用金子装饰的门环与铺首。整个建筑耗尽了土木之功，毕集了各种造形的技巧。这佛教建筑的精美妙丽，真是想也想不到，说也说不清。那锦绣华丽的廊柱，那用金子装饰的门铺首，实在使人惊心骇目！到那秋风劲吹、长夜漫漫之时，宝塔上铜铃鸣声相应，铿锵悦耳，十几里远的地方都能听得见。

　　宝塔的北面有一所佛殿，它的形状就像皇宫中的太极殿。佛殿里有一丈八尺高的铜佛像一躯，相当于中等人身高的铜佛像十躯，用珍珠绣的佛像三躯，用金丝织成的佛像五躯，玉石雕刻的佛像两躯。这些佛像做工奇妙精巧，在当代要数第一。和尚们住的房间和各种高大的建筑物，共有一千多间，间间都是雕画过的屋梁，粉白的墙壁，门户上画着青色的图案，窗子上镂刻着美观的花纹，真是无法用语言表达清楚。那一株株的桧树、柏树、椿树与松树，在屋檐边枝叶四布；那一簇簇的翠竹与香草，布满了台阶两旁。所以常景撰写的碑文上说："即使是须弥山上的宝殿与兜率天上的宫室也不比它强啊。"

外国所进献的佛经与佛像都放置在本寺。寺院的院墙上面都架着短椽，椽子上盖着瓦，就如同现在皇宫的围墙一样。院墙四面各开一扇大门。南面大门上面有三层楼，与三条阁道相通，楼顶距离地面二十丈，形状规制就像现在洛阳城的正门。门楼上画着白色的云气和彩色的神仙灵异等物，门上装饰着排列成钱币图案的玉石金环与青色的连环纹，光明显耀，美丽灿烂。拱门两旁排列着四尊金刚力士和四座狮子像，上面点缀着金银与珍珠宝玉，装饰得灿烂鲜明，是人世间从来都没有听说过的。东面与西面的两扇大门也都是这样，唯一不同的是，门上的楼只有两层。北面的一扇大门上面没有架设房屋，样子就好像乌头大门。寺院的四门之外都种上了青青的槐树，并且有碧绿的流水萦绕，京城里来来往往的行人，大都在那绿荫覆盖之下。路上没有飞扬的尘土，不是由于带雨之云的滋润；习习清风给人们送来凉爽,哪里又是凭借团扇扇来的呢?

　　胡太后下诏书让中书舍人常景撰写寺院的碑文。常景字永昌,是河内郡人。他学习敏悟,广具各种知识,天下知名。太和十九年,受到高祖的器重,提拔他当了律学博士,遇到刑法方面的问题和一些疑难的案件,多向常景征求意见。正始初年,宣武帝下诏刊行法律条令以便长远地作为通行的模式,他命令常景和治书御史高绰、羽林监王元龟、尚书侍郎祖莹、员外散骑侍郎李琰之等人一起撰写并完成这件事。又命令太师彭城王元勰、青州刺史刘芳参与议论。常景研究修正科律条文,既斟酌考虑古代的,又参考当代的,非常有条理,有顺序,现在在世上流行的律二十篇就是的。他又与刘芳一起编造洛阳城内宫殿门阁与道路村落的名号。常景被任命到外地出任长安令,当时的人把他和晋朝的潘岳相比。从那以后挨次担任过中书舍人、黄门侍郎、秘书监、幽州刺史、仪同三司的职位。读书人都以此为荣耀。常景在朝中跻身皇帝的近臣,在地方上任一县或一州之长,可是家里清贫俭朴,情况与农家差不多,只有经书与史书装满了车子,堆满了书架。他所著的文集,收录的文章有好几百篇,给事中封昕伯给他作序,在世上流传。

　　装饰工作完毕之后,孝明帝与胡太后一起登上宝塔。从宝塔上向下望去,皇宫里的一切就好像在自己的手掌之内,整个京城如同一个家庭一样大小。由于在塔上可以看到皇宫里面,所以下禁令,不让人们随意登塔。我曾经和河南尹胡孝世一起登上过这塔,在塔上看云和雨都要俯身朝下看,这实在是不假啊!

当时有个西域和尚叫作菩提达摩的,是个波斯国胡人。他从那么边远的地方起程到中国来游历,看到那宝塔上的承露铜盘在太阳照耀之下熠熠闪烁,光芒射出云外;铜铃被风吹拂,发出的响声直震天上。于是他歌颂赞叹,认为寺院确实制作精巧,不是人力所能达到的。他自己称说:"我活了一百五十岁,挨次游历了各个国家,没有什么地方足迹没跑遍,可是像这所寺院的精致华丽,是阎浮洲所没有的,即使是穷极全部信奉佛教的境地,也找不出这样的寺院。"因此他接连好几天口唱"南无",双掌合十表示敬意。

到了孝昌二年间,有次天刮大风,连屋顶都被大风掀开,大树也连根拔起,永宁寺宝塔上的铜瓶随着大风落下来,砸入地下一丈多深。于是又命令工匠重新铸造铜瓶装上。

孝庄帝建义元年,太原王尔朱荣统领军队驻在这所寺里。尔朱荣字天宝,是北地秀容郡人。他继承父职担任第一领民酋长,封博陵郡公。他的部落有八千多户人家,有马几万匹,财富多得同皇家府库里的差不多。武泰元年二月间,肃宗皇帝亡故,没有儿子,于是立了临洮王嫡长子元钊来继承皇位。元钊年龄才三岁,胡太后贪图掌握朝廷大权,所以立了他。尔朱荣对并州刺史元天穆说:"肃宗皇帝去世,年纪十九岁了,全国的士大夫和老百姓尚且还说他是幼君;何况如今要奉戴一个不会说话的小孩子来统治天下,这样要指望天下太平,难道能办得到吗?我家世代深受国家恩典,对国家的成败不能袖手旁观,我现在打算率领五千铁骑,去向肃宗陵寝致哀,兼带问一问侍臣关于皇帝死亡的原因,您究竟认为如何呢?"元天穆说:"明公您家世代据有并州、肆州,才能出众,部落的人民中,善射的兵士有一万。如果您能做出废黜幼主另立新帝的事情,那么您就是当今的伊尹、霍光。"于是尔朱荣就与元天穆结为异姓兄弟。元天穆年纪大一些,尔朱荣用对待兄长的礼节对待他;尔朱荣是盟主,元天穆也向尔朱荣行跪拜礼。在这时,两人就秘密商议立年长的做君主,但不知诸侯王中谁应当继承君位。于是在晋阳以铸像的方式向天问卜,给每位王爷浇铸一座铜像均没有成功,唯独给长乐王元子攸浇铸的铜像光泽与各种相状都很完足,端庄美丽,特别精妙。因此,尔朱荣钟意于长乐王。于是,他就派遣家奴王丰进洛阳,约请长乐王出任国君。长乐王答应了,并且共同约定日期会合。

尔朱荣全军穿白带孝，高举着旌旗，向南出发。胡太后听说尔朱荣起兵，就召集王公们共同商议这件事。当时胡氏家族独占宠爱，皇室宗族都很怨恨，所以进宫议事的人没有人肯发表意见。只有黄门侍郎徐纥说道："尔朱荣不过是朔州一个小小的胡人，人才平庸鄙陋，他也不衡量一下自己的德行与能力，竟然挥师来攻打京城，真是所谓'穷辙拒轮'、'积薪候燎'！如今警卫部队及其文臣武将，就足以与他打一仗。我们只要守住河桥，观察他的意图与趋向，随意抵御；尔朱荣孤军千里深入，士气衰落，军队疲弊，我们以逸待劳，一定能打败他们！"胡太后认为徐纥的话很对，于是就马上派遣都督李神轨、郑季明等人率领五千军队，镇守河桥。

　　四月十一日，尔朱荣过了河内，到达高头驿。长乐王从雷陂向北渡过黄河，奔向尔朱荣驻军的地方。李神轨、郑季明等人看见长乐王到尔朱荣那边去了，于是就开门投降。十二日，尔朱荣把军队驻扎在邙山的北面、河阴县的郊外。十三日，征召众官前往见长乐王，到那里去的人全部给杀了。王公、卿士和朝廷大臣一共死了二千多人。十四日，长乐王进入洛阳城，宣布在全国举行大赦，更改年号为建义元年，这就是孝庄帝。

　　在这时候，刚刚经历过战事，有才德有名望的人都被杀光了，流窜逃散的人也心有余悸，不敢出头露面。

庄帝初登太极殿,宣告实行宽仁之政,可是却只有散骑常侍山伟一个人上朝行礼谢恩。庄帝加封尔朱荣,使其为持节中外诸军事大将军、开府北道大行台、都督十州诸军事大将军、领左右千牛备身、太原王。封元天穆为侍中、太尉公、世袭并州刺史、上党王。从家中被征召为公为卿和州郡长官的多得数也数不清。到了二十日,洛阳城里人心惶惶,还是不能安定下来。既为死掉这么多人而怨恨,也为幸存者的生活痛苦而怨恨。人人各怀贰心。权贵与巨富之家抛弃住宅竞相逃窜,贫穷和地位低下的人则用布幅把婴儿背在背上抢着出逃。这时候庄帝传出命令,对无辜而死的人,普遍给予褒奖和封赠。原来是三品官以上的,赠三公;五品官以上的,赠尚书令或仆射;七品官以上的,赠州牧;原来没有官爵的人,赠郡守或镇将。于是,人心才渐渐安定下来。庄帝收尔朱荣女儿作皇后。加封尔朱荣为柱国大将军、录尚书事,其余的官职依旧;加封元天穆为大将军,其余的官职也都照旧。

　　孝庄帝永安二年五月,北海王元颢重新进入洛阳,在永宁寺里聚集军队。元颢是庄帝的堂兄,明帝孝昌末年镇守汲郡,听说尔朱荣进了洛阳,于是他就到南方投奔萧衍去了。这一年,元颢打进了洛阳,庄帝向北巡狩。元颢登上皇帝宝座,改年号为建武元年。元颢写信给庄帝说：

上古五帝时的禅让之道已经不通行了，天下已经不是公众的了；祸与福不再是由行为的是否正义所决定，推举贤能的作法也久已废置。但我却想追踪五帝的德行，不愿使用武力夺取帝位。这正是因为我把万乘之尊的天子看得如同糟糠与米粒，把帝位看得很轻微。我既不贪图皇帝的尊贵，又岂觊觎天下的财富？只是因为往年尔朱荣进洛阳的时候，他当初是正当地为皇家尽力，但是最终却成为我们魏国的逆贼。他加害君主，又肆意乱杀执政大臣，我们姓元的老老少少，几乎要被他杀得一个也不留。他已经包藏着田常窃取齐国那样的狼子野心，并非没有六卿分晋那样的阴谋诡计。只是因为天下大乱，他虽想篡位，形势却不许可，所以暂时建立眼下的君臣格局，权且拜你作国君。尔朱荣杀害你的哥哥与弟弟，只剩下你孤立的一个人；他顺应形势，隐藏不露以等待时机，难道能长久地执持臣子的节操吗？我看到这些十分寒心，所以大老远地去投奔江南，向梁朝哭诉请求，发誓要报仇雪恨，洗去耻辱。我像风一样快地从建业起程，如闪电般地奔赴洛阳，正打算向尔朱荣追究罪行，使你从枷锁中解脱出来，报了骨肉至亲的深仇大恨，解除老百姓的艰难困苦。我原以为你会十分惊喜，击节称赏，亲自前来见我，大家一起叙叙哀痛与辛酸，然后共同讨伐那凶恶的羯人。想不到你却驱车进了成皋城，接着又那样向北渡过了黄河。虽然你是为凶手所逼迫，形势由不了自己；但也有可能是你怀有他心，所以放弃武器不讨伐羯人反而猜疑我。我听了以后不禁长叹，抚摸着衣襟感到很失望。为什么呢？因为我与你之间兄弟关系并不疏远，就好比同一棵树上相连的枝条上分别生长着的树叶，兴盛与衰亡都互相因依。兄弟之间即使内部不和，对外还要共同对付别人的欺负。何况我与你之间比别的兄弟更和睦亲厚。兄弟在急难中要互相救助，所有现在的人们当中恩亲没有比我们之间更深厚的了。可是你却背弃亲人去亲近仇人，这样的做法有什么道理可以依据呢？况且尔朱荣叛逆的迹象路人皆知，他图谋我们魏国的天下，无论笨人还是聪明人都有目共睹。你却对这种明摆着的事，还在怀疑其是否一定如此，把自己的身家性命托付给豺狼虎口，背弃亲人，帮助逆贼，兄弟之间用武力相见。你即使获得了民众和土地，也实在都是尔朱荣的东西；如果攻占了一城一邑，也绝对不属于你所有。你只是白白地危害宗庙与国家，从而扩大仇敌的势力。使王莽那样的逆贼心中大快,让卞庄子那样坐山观虎斗的人得到便宜。凡是有见识的人士,都为你的行为感到惭愧。现在我们元氏家族与整个魏国是兴是衰,全在于你我二人。如果天道帮助正义的事业,我们为这一正义的举动立下誓约,那么大魏社稷就会随着天地的运行而没有穷尽地延续下去。倘若上天不厌弃动乱,胡羯不被消灭,他们横行残暴,不断吞食黄河以北,那么在尔朱荣来说是福,对于你来说却是灾祸。我们不是旁人,所以我写封书信给你,说说我的想法,你应该反复考虑这件事。如果你考虑到大义与利益,你的富贵就可以保住,跟着别人跑可不是个好主意!我决不背弃这个诺言,在自己人之间互相残杀。希望你好好地选择大吉大利的事去做,不要留下后悔。

这信的文辞是出自黄门侍郎祖莹之手。

当时庄帝在长子城,太原王与上党王前来解救急难。六月,庄帝围攻河内,太守元桃汤与车骑将军宗正珍孙等人替元颢在此据守,庄帝攻城攻不下来。当时正是暑天,十分炎热,将士们疲顿劳累,太原王尔朱荣打算让庄帝到晋阳去,到秋天再重新起兵。事情一时定不下来,就召刘助来用蓍草占卜一下。刘助说:"一定能攻得下来!"于是到了天亮竭尽全力攻打河内城,结果真像刘助说的那样,把城攻下来了。元桃汤与宗正珍孙都被砍了头,在全军巡回悬挂以示众。元颢听说河内失守,他亲自率领众官镇守河桥。又特地调侍中安丰王元延明前去守硖石。七月,庄帝到了河阳县,与元颢隔河相望。尔朱荣命令车骑将军尔朱兆秘密出兵偷渡黄河,在硖石打败了元延明。元颢听说元延明失败,也散伙逃跑了。他所率领的五千名江淮一带的青年军人,没有人不在解下铠甲的时候相互哭泣,大家握着手告别。元颢与几十个骑兵打算投奔萧衍,到了长社,被老百姓砍了头,用驿车送到京城。七月二十日,庄帝回到洛阳,提升太原王为天柱大将军,其余的官职还照旧;提升上党王作太宰,其余的官职也照旧。

永安三年,逆贼尔朱兆把庄帝囚禁在这所寺院里。当时太原王由于官位到了顶峰,内心又十分骄傲,又由于功劳很高,欲望也越来越膨胀。任免官职完全凭自己的感情,同时肆无忌惮地按照自己的心意褒贬人物。庄帝很生气地对左右的人说:"我宁愿像高贵乡公那样死去,不愿像汉献帝那样活着!"九月二十五日,庄帝假称生了皇太子,尔朱荣与元天穆一起上朝廷拜贺,庄帝在明光殿里亲手杀死了尔朱荣,元天穆被埋伏的士兵鲁遑杀了。尔朱荣的嫡长子部落大人也死了。尔朱荣的部下车骑将军尔朱阳都等二十人跟随尔朱荣进入皇城的东华门,也被埋伏在那里的士兵所杀。只有右仆射尔朱世隆平素只在家里,他听说尔朱荣死讯后,就率领尔朱荣的私人军队放火烧了西阳门,然后直奔河桥而去。

  到了十月一日,尔朱世隆与尔朱荣的妻子北乡郡长公主一起到邙山冯王寺替尔朱荣祈求冥福进献祭品,就派遣其部将尔朱侯讨伐、尔朱那律归等人率领胡兵一千,全都穿着白衣服,来到洛阳外城下,向庄帝索讨太原王的遗体。庄帝登上大夏门望见他们,派遣主书牛法尚对尔朱那律归等人说:"太原王立了功劳却不能善始善终,他暗地里图谋叛逆。在国家的法律面前不能讲亲情,他现在已被依法处决。罪只在尔朱荣一个人身上,其余的人都不追究。你们为什么不投降我而享受原来的官职与爵位呢?"尔朱那律归说:"当初我是跟随着太原王来朝见皇上的,为什么今天突然冤枉地把无理的处分加在我们头上呢?我打算回到晋阳去,但是不忍心空着手离开,希望能得到太原王的遗体,若能如此,我们是活是死都没有遗憾。"他说着说着,就流下了眼泪,悲伤得自己控制不了自己。那些胡兵们也都悲痛大哭,哭声振动了京城。庄帝听到哭声,心里也很伤感。他就派遣侍中朱元龙送铁券给尔朱世隆,对他免除死罪,官位照旧。尔朱世隆对朱元龙说:"太原王功劳天高地厚,他的治国之道拯救了黎民百姓,把一片丹心奉献给了国家,这是神祇都知道的。长乐王不顾念以前表示诚信的誓言,无辜地杀害忠良,今天的两行铁字,哪里值得相信呢?我替太原王报仇,坚决不投降!"朱元龙见尔朱世隆称呼庄帝作长乐王,知道他不会归诚,就把这些话告诉了庄帝。庄帝立即拿出府库中的物品放置在洛阳城西门外,用来招募不怕死的勇士以讨伐尔朱世隆。一天的工夫就招募到了一万人。他们与尔朱那律归等人在城外大战,后者的凶恶气势一直不减。尔朱那律归等屡经战场,使用戈矛作战十分敏捷灵活;京城里的勇士们不熟悉军旅生活,虽然都忠义勇敢,但是力不从心。三天之内频繁作战,可是这些该死的胡兵还是随处可见。庄帝又招募人去截断河桥。有个叫作李苗的汉中人建立水军,从上游放火烧桥。尔朱世隆见河桥已被焚烧,于是就大肆抢劫老百姓,然后向北上了太行山。庄帝派遣侍中源子恭、黄门侍郎杨宽率领步兵骑兵三万人镇守河内。

尔朱世隆到了高都,拥立太原太守长广王元晔为国君,改年号为建明元年。尔朱氏一姓自己封自己为王的有八个人。长广王定晋阳为国都,派遣颍川王尔朱兆起兵前去攻打洛阳。源子恭的军队失败,尔朱兆从雷陂涉水渡过黄河,在宫中式乾殿抓住了庄帝。庄帝起初因黄河水奔流很急,认为尔朱兆不可能突然一下子就渡过来。想不到尔朱兆不凭借船只，而是涉水渡河。这一天黄河水浅，还没有淹到马肚子，所以庄帝遭遇此难，这是文字记载上从来没有过的事情。

　　杨衔之说：从前东汉光武帝禀受天命，滹沱河上结起了冰桥；昭烈帝使汉朝中兴，的卢马从淤泥沟里跃起。他们都是符合天理，为神明所保佑，所以能建立功业拯救天下，保护老百姓。至于像尔朱兆，他长着像蜂子一样突露的眼睛，声音好似豺狼嗥叫，像枭鸟与破獍一样坏事做尽，倚仗武力，心安理得地做着残忍的事情，杀害了国君，如果皇天神灵有知的话，就会清楚地看到他凶恶的本性和行为。谁知道却反而让孟津渡口的黄河水只有膝盖深，助成其叛逆之心。《周易》上说，天道使作恶者遭受祸害，鬼神保佑谦退的人，用尔朱兆这件事来验证一下，实在是句假话！

　　当时，尔朱兆在尚书省总理军事，他架起天子用的金钲大鼓，庭院里设置计时的漏壶，他还把皇帝的宫女、侍妾、王妃与公主都劫持到自己的帐幕里。尔朱兆用铁链子把庄帝锁在寺院的门楼上。当时是十二月，庄帝怕冷，向尔朱兆讨头巾戴，尔朱兆不给。接着把庄帝拘囚起来送到晋阳，在三级寺里给勒死了。庄帝临死的时候向佛像行礼，立下誓愿不再作国王。他还作了一首五言诗，诗中说：

大权已去，生命的时光已很短促；
忧患来临，冥间的道路将漫漫悠长。
心怀遗憾走出国都的大门，
含着悲痛进入鬼的家乡。
墓道之门在身后霎时间紧紧关闭，
在那黑暗的坟墓里哪儿能再见阳光？
只有那相思鸟在青松树上哀声啼叫，
还有那凄厉的寒风呼呼地吹着墓边的白杨。
从前听说死亡十分痛苦，
哪里知道我自己正面临着死亡！

到孝武帝太昌元年冬天，才把庄帝的灵柩接到京城，安葬在靖陵，他所作的五言诗就作为挽歌的歌词。朝廷与民间的人听了那挽歌，没有不悲痛的；老百姓前去观看的，都只有掩脸哭泣罢了。

孝武帝永熙三年二月，宝塔被大火焚烧，孝武帝登上凌云台望大火，他派遣南阳王元宝矩、录尚书事长孙稚率领一千名禁卫军到失火的地方去救火，最后大家散去时没有一个人不悲痛惋惜、流着眼泪。火起初是从宝塔第八层烧起来的，天亮的时间火势大作，当时打雷下雨，天昏地暗，冰粒夹着飞雪，老百姓无论出家人还是普通人，全都跑来观看大火，悲哀的声音振动了整个京城。当时有三个和尚投身到火里烧死了。大火烧了三个月还没有熄灭，有的火蔓延到了地底下，循着柱子的底部焚烧，整整一周年还有烟气。

那一年的五月间，有从东莱郡来的人说："我在海上看到了这座宝塔，宝塔闪闪发光，仿佛像新造的一样，海上的老百姓全都看见了。不一会儿起了大雾，宝塔就消失了。"到了七月间，平阳王受侍中斛斯椿胁迫，逃往长安，十月份首都就迁移到了邺城。

长 秋 寺

　　本篇选自《洛阳伽蓝记》卷一《城内》。其重点是记叙寺院里佛像出巡时的热闹场面。这不仅描绘了当时的一种佛教仪式,而且反映了北魏时代洛阳民间杂技表演的情况。

　　长秋寺,刘腾所立也①。腾初为长秋令卿②,因以为名。在西阳门内御道北一里,亦在延年里,即是晋中朝

---

　　① 刘腾:字青龙,本平原城人,徙属南兖州之谯郡。幼时以事受刑,补小黄门,官至司空公。事迹见《魏书》卷九十四《阉官传》。　② 长秋令卿:一本无"令"字。长秋卿又名大长秋,为皇后近侍,管理宫中事务,多由宦官充任。

时金市处①。

寺北有濛汜池,夏则有水,冬则竭矣。中有三层浮图一所,金盘灵刹,曜诸城内。作六牙白象负释迦在虚空中②。庄严佛事③,悉用金玉,作工之异,难可具陈。四月四日此像常出④,辟邪师子⑤,导引其前。吞刀吐火,腾骧一面⑥;缘幢上索⑦,诡谲不常⑧。奇伎异服,冠于都市。像停之处,观者如堵⑨,迭相践跃,常有死人。

---

① 中朝:东晋偏安江左,后因称建都中原洛阳之西晋为"中朝"。金市:古洛阳街市名,在皇宫西。 ② 释迦:即释迦牟尼,佛教始祖。作六牙白象负释迦在虚空中,即释迦牟尼出生之相。据佛经载,释迦牟尼出生前乘坐六牙白象从兜率净宫出发降临母胎。此处指佛像雕塑成的形状。 ③ 庄严:装饰。佛事:这里指佛像。 ④ 出:出巡。这里是指用宝车载着佛像巡行城市街衢的一种佛教仪式。据说佛释迦牟尼逝世以后,后人恨未能亲睹真容,于是就在佛生日这一天用车子载着佛像周行城市内外,接受众人瞻仰礼拜。虽多在佛生日(四月八日)举行,也有在其他日子举行的。 ⑤ 辟邪:古代传说中的一种神兽,形状似狮子而带有双翅,据说能避御妖邪,因以得名。师子:即狮子。辟邪、狮子这里都是指百戏化装,并非真兽。 ⑥ 腾骧:飞跃,奔腾。这里指马戏。一面:同一个方向。这里指许多马匹向同一方向驰骋。 ⑦ 缘幢:即攀缘旗竿,古代的一种杂技,俗称爬竿。"缘"原作"綵",据周祖谟先生意见改。上索:古代的一种走绳戏,形式略同于今天杂技中的走索。 ⑧ 诡谲不常:此指幻术。诡谲,怪异,变化多端。 ⑨ 堵:墙壁。

【翻译】

　　长秋寺是刘腾修建的。刘腾起初任长秋卿,因此就用"长秋"这两个字给寺院命名。它位于西阳门内御道北面一里远的地方,也就是在延年里,这里是晋朝建都洛阳时的金市。

　　寺院的北面有座濛汜池,夏天池里有水,冬天池水就枯竭了。寺院内有一座三层宝塔,塔上铜盘和闪亮的相轮,光芒照耀全城。寺里有一座佛像雕刻成六牙白象驮着释迦牟尼在空中的形状,装饰佛像用的全都是金子和宝玉,制作工艺的奇妙,难以一一陈述。四月四日这一天,这尊佛像常常出巡。出巡时,化装而成的辟邪与狮子在前面引路。又有吞刀吐火的技艺,有众多马匹联辔并驰的马戏,有爬旗竿、走索的杂技,有变化无常、奇奇怪怪的幻术。奇特的技艺和奇装异服,在整个洛阳城首屈一指。佛像停留的地方,观看的人围成了人墙。人们互相践踏,你跳我跃,经常有死人的事发生。

瑶 光 寺

本篇选自《洛阳伽蓝记》卷一《城内》。记载了瑶光寺及其附近的千秋门、承明门的园林与建制,并对上层妇女笃信佛教的情况有所反映。文中写到尔朱兆之乱,胡兵入寺作恶,尼僧遭到蹂躏,但社会舆论却讥讪尼僧,甚至产生了"洛阳男儿急作髻,瑶光寺尼夺作婿"的谣谚。对此,让人颇值得深思。

瑶光寺,世宗宣武皇帝所立①,在阊阖城门御道北,

---

① 世宗宣武皇帝:即元恪,孝文帝元宏第二子。爱好经史,尤长佛典。公元500年—515年在位。

东去千秋门二里。

千秋门内道北有西游园,园中有凌云台,即是魏文帝所筑者①。台上有八角井,高祖于井北造凉风观②,登之远望,目极洛川。台下有碧海曲池③。台东有宣慈观,去地十丈。观东有灵芝钓台,累木为之,出于海中,去地二十丈。风生户牖,云起梁栋;丹楹刻桷④,图写列仙。刻石为鲸鱼,背负钓台;既如从地踊出,又似空中飞下。钓台南有宣光殿,北有嘉福殿,西有九龙殿。殿前九龙吐水成一海。凡四殿,皆有飞阁向灵芝往来⑤。三伏之月,皇帝在灵芝台以避暑。

有五层浮图一所,去地五十丈。仙掌凌虚⑥,铎垂云表,作工之妙,埒美永宁。讲殿尼房,五百余间。绮疏连亘,户牖相通,珍木香草,不可胜言。牛筋狗骨之

---

① 魏文帝:即曹丕,三国时魏国的开国君主,曹操之子。公元220年—226年在位。 ② 高祖:即孝文帝元宏,公元471年—499年在位。 ③ 海:京城称苑囿之池叫作海。 ④ 桷(jué 绝):屋椽。 ⑤ 飞阁:驾在空中的阁道。 ⑥ 仙掌:即仙人掌,汉武帝为求仙曾在建章宫造铜仙人,舒掌捧铜盘玉杯承接仙露。此指塔上承露铜盘。

木①,鸡头鸭脚之草②,亦悉备焉。椒房嫔御③,学道之所,掖庭美人④,并在其中。亦有名族处女,性爱道场⑤,落发辞亲,来仪此寺⑥。屏珍丽之饰,服修道之衣,投心八正⑦,归诚一乘⑧。永安三年中尔朱兆入洛阳,纵兵大掠,时有秀容胡骑数十人入寺淫秽⑨,自此后颇获讥讪。京师语曰⑩:洛阳男儿急作髻⑪,瑶光寺尼夺作婿。

瑶光寺北有承明门,有金墉城,即魏氏所筑⑫。晋永

---

① 牛筋:木名,即檍树,一名南烛,其材可做弓弩干。狗骨:即枸杞,也写作"枸骨"。因其木质白如狗骨,故名。 ② 鸡头:即葰,一种水生植物,种子名芡实,可供食用或入药。鸭脚:世葵的一种,又名鸭掌,因其叶子像鸭脚掌,故名。 ③ 椒房:指后妃所居住的宫室。皇后与皇妃所居室用椒和泥涂抹,取温香多子之义,所以称"椒房"。嫔(pín 贫)御:帝王的侍妾、宫女。 ④ 掖庭:皇宫中旁舍,是皇妃和宫女所居之处;掖,通"腋"。美人:妃嫔的称号。 ⑤ 道场:佛教诵经礼拜修行成道的地方,这里指佛寺。 ⑥ 来仪:降临,来到,一般比喻特殊人物的降临。 ⑦ 投心八正:投心,诚心归服。八正,佛家语,即八正道,是佛教修习圣道的八种基本法门,指正见、正思维、正语、正业、正命、正精进、正念、正定。佛教认为,它们是通向涅槃解脱的正确方法或途径。 ⑧ 一乘:即佛教的一乘法。华严宗认为这是引导教化一切众生唯一的教法。乘,指车乘,比喻能载人到涅槃的境界。 ⑨ 淫秽:淫乱污秽;这里作动词用。 ⑩ 语:谣谚,谚语。 ⑪ 髻:总发,挽发而结之于顶。是成年男子的标志。 ⑫ 魏氏:指魏明帝曹叡,曹叡筑金墉城以居宫人。

康中惠帝幽于金墉城①。东有洛阳小城,永嘉中所筑②。城东北角有魏文帝百尺楼,年虽久远,形制如初。高祖在城内作光极殿,因名金墉城门为光极门。又作重楼飞阁,遍城上下,从地望之,有如云也。

【翻译】

　　瑶光寺是世宗宣武皇帝修建的,位于阊阖门御道的北面,在千秋门朝东方向二里。

　　千秋门内御道的北面有座西游园,西游园中有座凌云台,这就是魏文帝所修筑的。凌云台的上面有眼八角井,高祖在八角井的北面造了所凉风观,登上凉风观朝远处眺望,可以看到整个洛水平原。凌云台的下面有座碧水曲池。东面有所宣慈观,距离地面十丈高。宣慈观的东面有座灵芝钓台,是用木头搭积起来的,耸立在池子当中,距离地面二十丈,风好像是从其门窗间兴起的,云好像是从其栋梁上形成的。楹柱通红通红,椽子是雕刻过的,上面画着群仙图像。把大石雕刻成鲸鱼形状,背上驮着钓台,那样子既像从地底下蹦出来的,又好似从天空中飞下来的。钓台的南面有宣光殿,北面有嘉福

---

① 永康:晋惠帝司马衷年号(300年—301年)。　② 永嘉:晋怀帝司马炽年号(307年—312年)。

殿,西面有九龙殿。九龙殿的前面有雕塑的九条龙,龙嘴里吐水汇成一座水池。总共是四所殿,四所殿都有凌空飞驾的阁道与灵芝台相通。三伏之月,皇帝住在灵芝台避暑。

瑶光寺内有一座五层宝塔,塔顶距离地面五十丈。承露的铜盘升入空际,塔上的大铜铃悬挂在云外,建造工艺的精妙,可以与永宁寺宝塔相比美。讲经的殿堂与尼姑们住的房舍有五百多间。刻有花纹的窗子一个连一个绵亘不断,门户和门户、窗子和窗子互相贯通,珍贵的树木与芳香的花草,多得说不尽。树木如南烛、枸杞,草类如芡实、芷葵,也都栽种了。这儿是后宫的嫔御学习佛道的地方,掖庭的美人也在这里往来。也有豪门势族的在室之女,生性喜爱佛寺,于是削去头发,辞别亲人,来到这所寺院。她们弃去珍贵华丽的装饰,穿上尼姑衣服,一心投向八正道,诚意归附一乘法。孝庄帝永安三年,尔朱兆进入洛阳,放纵士兵大肆掳掠,当时有北秀容的骑兵几十人进瑶光寺行淫,污秽佛地。从此以后,此寺很遭到一些讥刺与毁谤。京城里有谣谚说:"洛阳的男孩子快快总发髻,瑶光寺的尼姑抢去作女婿。"

瑶光寺的北面有承明门,有金墉城。金墉城是魏明帝曹叡修筑的,晋朝永康年间惠帝被囚禁在金墉城。金墉城东面有座洛阳小城,是晋怀帝永嘉年间修筑的。城东北角有座魏文帝造的百尺楼,年代虽然久远了,但形状规模还像当初一样。高祖在金墉城内造了所光极殿,所以把金墉城门命名为光极门。又在全城上下修造了高峻的楼阁,从地上望去,就好像在云端里一样。

景 乐 寺

本篇选自《洛阳伽蓝记》卷一《城内》。

秦汉的角抵戏,南北朝时期继续有所发展。北齐有"鱼龙烂熳、俳优、侏儒、山车、巨象、拔井、种瓜、杀马、剥驴等,奇怪异端,百有余物,名为百戏"(《隋书·音乐志》)。北魏的情况虽然史书无征,然从本篇及前《长秋寺》所记载的情况来看,当时洛阳的百戏也是相当发达的,此记可补史书之缺。

景乐寺，太傅清河文献王怿所立也①。怿是孝文皇帝之子，宣武皇帝之弟。〔在〕阊阖南，御道东。西望永宁寺正相当。寺西有司徒府，东有大将军高肇宅②，北连义井里。〔义〕井里北门外有丛树数株，枝条繁茂。下有甘井一所，石槽铁罐，供给行人，饮水庇阴，多有憩者。

有佛殿一所，像辇在焉③。雕刻巧妙，冠绝一时。堂庑周环，曲房连接④，轻条拂户，花蕊被庭。至于六斋⑤，常设女乐⑥，歌声绕梁⑦，舞袖徐转，丝管寥亮，谐妙入神。以是尼寺，丈夫不得入⑧。得往观者，以为至天堂。及文献王薨⑨，寺禁稍宽，百姓出入，无复限碍。

---

① 太傅清河文献王怿：即元怿。太傅，官名，三公之一，次于太师，多为大官加衔，并无实职。清河即清河王，为元怿封爵；文献是其谥号。怿字宣仁，博涉经史，有文才。后为元义、刘腾所害。事迹详《北史》卷十九本传及《魏书·肃宗本纪》。　② 高肇：字首文，北海人，孝文帝文昭皇后兄，官至大将军，后为高阳王元雍所害。《魏书》卷八十三有传。　③ 像辇：装载佛像的车子。　④ 曲房：深邃幽深的内室、密室。　⑤ 六斋：即"六斋日"，指阴历每月初八、十四、十五、二十三、二十九、三十日。佛教认为这六个日子是恶日，应该持斋修福。　⑥ 女乐：指歌女舞女。　⑦ 绕梁：据《列子·汤问》载，从前有个名叫韩娥的女子到齐国去，粮食没了，经过雍门的时候，她就卖唱换饭吃。等她离去之后，而"余音绕梁㭕，三日不绝"。后因以比喻歌声优美动人，使人经久难忘。　⑧ 丈夫：男子。　⑨ 薨：古代王侯死称作"薨"。

后汝南王悦复修之①。悦是文献之弟。召诸音乐②,逞伎寺内③。奇禽怪兽,舞抃殿庭④。飞空幻惑,世所未睹。异端奇术⑤,总萃其中。剥驴投井,植枣种瓜⑥,须臾之间,皆得食之。士女观者,目乱精迷。自建义已后,京师频有大兵,此戏遂隐也。

【翻译】

景乐寺是太傅清河文献王元怿修建的。元怿是孝文皇帝的儿子,宣武皇帝的弟弟。寺院位于阊阖门的南面,御道的东面。向西面望去,与永宁寺正遥遥相对。寺的西面有司徒府,东面有大将军高肇的住宅,北面与义井里相毗连。义井里北门外有丛生在一块儿的几棵树木,枝条繁密茂盛。树下有一口水质甘甜的井,备有石制的水槽与铁制的井罐,供行人在这里饮水避阴,有很多过路人都在这里小憩。

---

① 汝南王悦:即元悦,孝文帝元宏子。尔朱荣之乱,奔梁。后复北归,为出帝所杀。《北史》卷十九有传。 ② 音乐:这里指音乐艺人。 ③ 伎:同"技"。技巧,技艺。 ④ 舞抃:喜悦起舞。 ⑤ 异端:这里指外域、外来的。 ⑥ 剥驴投井,植枣种瓜:皆指幻术。剥驴,即肢解驴马之类。投井,或作"拔井"、"扳井",其究竟为何种幻戏,不详。植枣种瓜,《法苑珠林》引孔炜《七引》:"弄幻之士,因时而作。植瓜种菜,立起寻尺。投芳送臭,卖黄售白。"

寺院里有一间佛殿,载佛像的车子安放在那里。像车雕刻得精巧奇妙,在当时无与伦比。殿堂四周,廊屋环绕,深邃幽深的内室互相连接,轻柔的树枝拂着门户,含苞待放的花儿布满了庭院。到了六斋日,常常设置歌姬舞女,歌声在梁间回荡不绝,舞袖徐徐转动,管弦乐清越高远,和谐美妙到了神化的境界。因为这儿是尼姑寺,男人们不能进去。偶有能够前往观赏的人,认为自己是到了天堂上一样。等到文献王死了以后,寺院的禁令渐渐放宽了,老百姓进出再也没有什么限制了。

　　后来,汝南王元悦重修了景乐寺。元悦是文献王的弟弟。他征召各种音乐艺人,在寺院里施展技艺。化装的奇禽怪兽,在殿堂庭院中喜悦起舞;飞腾空间的魔术表演,是世人所从来没见到过的。各种外域他方奇奇怪怪的幻术,都聚集在这里。剥驴投井,植枣种瓜,一会儿工夫都能吃上它。观看的青年男女,看得眼花缭乱。自从孝庄帝建义年间以后,京城里常常有大的兵祸,这些戏术就销声匿迹了。

昭仪尼寺　愿会寺　光明寺

本篇选自《洛阳伽蓝记》卷一《城内》。若按寺院分篇的话，实际上包含《昭仪尼寺》、《愿会寺》与《光明寺》三篇文字，因原本作一条，故本文仍从其旧。在《昭仪尼寺》中，作者对当时宦官专宠进行了讽刺，文字幽默而诙谐；而对于寺池来历的考辨，则又可以看出作者记载事实时一丝不苟的态度。《愿会寺》中关于神桑的故事与《光明寺》所谓佛像喝贼的记载，反映了当时人们对神佛的迷信，具有志怪小说的趣味。

昭仪尼寺，阉官等所立也。在东阳门内一里御道南。东阳门内道北〔有〕太仓、导官二署①。东南治粟里,仓司官属住其内。

太后临朝,阉寺专宠,宦官之家,积金满堂。是以萧忻云:"高轩斗升者②,尽是阉官之嫠妇③;胡马鸣珂者④,莫非黄门之养息也⑤"。忻,阳平人也,爱尚文籍,少有名誉,见阉寺宠盛⑥,遂发此言,因即知名,为治书侍御史。

寺有一佛二菩萨⑦,塑工精绝,京师所无也。四月七日常出诣景明⑧。景明三像恒出迎之。伎乐之盛,与刘腾相比⑨。堂前有酒树面木⑩。

昭仪寺有池,京师学徒谓之翟泉也。衔之按杜预注

昭仪尼寺

---

① 太仓、导官:都是主管粮食的官。太仓官是掌管京城中储蓄粮食的大仓;导官掌管择米以供祭祀。导通"䆃"。 ② 斗升:形如覆斗的车帐。升,车帐。 ③ 嫠(lí 离)妇:寡妇。阉官也蓄妻妾,所以用"嫠妇"讥之。 ④ 鸣珂:显贵者的马勒上用玉作佩饰,走起路来发出响声,称作"鸣珂"。珂,似玉的美石。 ⑤ 养息:养子。 ⑥ 阳平:郡名,治所馆陶(在今山东馆陶县西南)。阉寺:即阉人与寺人,指宦官。 ⑦ 菩萨:梵语菩提萨埵(Bodhisattva)的简称。意思是既能自觉本性,又能普度众生。菩萨位次于佛,罗汉修行精进便成菩萨。 ⑧ 景明:指景明寺。 ⑨ 刘腾:指刘腾所立长秋寺。 ⑩ 酒树:指椰子树。据《梁书·扶南国传》载,采椰子花放在瓮里,过几天可以成酒。面木:指桄榔树、檴树之类,其木捣粉可以做饼。

《春秋》云翟泉在晋太仓西南①,按晋太仓在建春门内,今太仓在东阳门内,此地今在太仓西南,明非翟泉也。后隐士赵逸云②:此地是晋侍中石崇家池③,池南有绿珠楼④。于是学者始寤,经过者,想见绿珠之容也。

池西南有愿会寺,中书侍郎王翊舍宅所立也⑤。佛堂前生桑树一株,直上五尺,枝条横绕,柯叶旁布,形如羽盖⑥。复高五尺,又然。凡为五重,每重叶椹各异⑦。京师道俗谓之神桑。观者成市,布施者甚众⑧。帝闻而恶之,以为惑众。命给事黄门侍郎元纪伐杀之⑨。其日云雾晦冥,下斧之处,血流至地,见者莫不悲泣。

---

① 杜预:晋京兆杜陵人,官至大将军。为人博学多谋,人称杜武库。所著《春秋左氏传集解》,为现存最早的《左传》注解。 ② 赵逸:隐士,自称晋武帝时人,能记晋朝旧事。 ③ 石崇:西晋渤海南皮人。字季伦,小字齐奴,官至侍中。生活极为豪奢。《晋书》卷三十三有传。 ④ 绿珠楼:绿珠,石崇爱妾,长相甚美,善吹笛。赵王司马伦专政,伦党孙秀指名索取绿珠,石崇不与。石崇被逮,绿珠坠楼自杀。 ⑤ 中书侍郎:官名。为中书令(中书省最高长官)的副职。王翊:王肃从子,字士游,琅邪临沂人。好学有文才,孝庄初迁金紫光禄大夫卒。《魏书》卷六十三有传。 ⑥ 羽盖:古时用鸟羽装饰的车盖。 ⑦ 椹(shèn甚):桑果。 ⑧ 布施:以财物与人,这里指向寺院施舍财物。 ⑨ 元纪:字子纲,任城王元澄子,永熙中为给事黄门侍郎。后随出帝没于关中。生平事迹见《魏书》卷十九《任城王澄传》。

寺南有宜寿里，内有苞信县令段晖宅①。地下常闻有钟声，时见五色光明照于堂宇。晖甚异之。遂掘光所，得金像一躯，可高三尺②，并有二菩萨。跌坐上铭云③："晋泰始二年五月十五日侍中中书监荀勖造④。"晖遂舍宅为光明寺。时人咸云此是荀勖故宅。其后盗者欲窃此像，像与菩萨合声喝贼，盗者惊怖，应即殒倒⑤。众僧闻像叫声，遂来捉得贼。

【翻译】

昭仪尼寺是宦官们修建的，位于东阳门内一里御道的南面。东阳门内御道的北面有太仓与导官两所官署；东南面有治粟里，掌管仓库的官员们住在那里面。

胡太后执政，宦官独占宠爱，他们家里，金子堆满了房屋。因此萧忻说："高车斗帐，里面乘坐着全是宦官的活寡妇；骑着胡马，珂声玎珰作响的，没一个不是宦官的养儿。"萧忻是阳平郡人，他爱好书籍，年轻时就有名望，

---

① 苞信：县名，北魏属新蔡郡。故城在今河南息县东北七十里包信镇。　② 可：大约。　③ 跌坐：佛像跏趺（双足交叠而坐）下的石座。　④ 泰始：晋武帝司马炎年号（265—274年）。中书监：官名。中书省的最高长官。荀勖：字公曾，颍川颍阴人，历仕魏、晋，博学明识，通音律，曾受诏编汲冢竹书。《晋书》卷三十九有传。　⑤ 殒倒：跌倒。殒同"陨"。

看到宦官们被宠幸到了极点,于是说了这样的话,他因此就出了名,作了治书侍御史。

寺院里有一尊佛像、两尊菩萨像,雕塑的工艺精妙极了,是京城里独一无二的。每年四月七日,它们常常出巡到景明寺去,景明寺的三尊像总是被抬出来迎接它们。杂技歌舞之多,可以与刘腾建的长秋寺相比美。殿堂的前面栽着柳树、桄榔树之类。

昭仪寺里有座水池,京城里的读书人说它是"翟泉"。我查考杜预的《春秋左氏集解》上说:"翟泉在晋朝太仓的西南面。"考晋朝太仓在建春门内,现在的太仓在东阳门内,昭仪寺水池其地在现在太仓的西南,这明明不是翟泉了。后来隐士赵逸说:"这地方是晋朝侍中石崇家的池子,池子南面有绿珠楼。"到这时那些读书人才明白了。于是,经过那儿的人都想象着绿珠的容貌。

水池的西南有所愿会寺,这是中书侍郎王翊施舍住宅修建的。寺院的佛堂前面长着一棵桑树,树身向上长到五尺的高度,枝条就横向盘绕,树枝树叶向四旁分布,形状好像羽毛装饰的车盖伞。再向上五尺,又是这样。一共是五层,每一层的树叶和果子各不相同。京城里的佛教徒与普通俗人都说它是一棵神桑。前往观看的人多得像集市,向寺院施舍财物的很多。出帝听说后感到很厌恶,认为这会迷惑大众,就命令给事黄门侍郎元纪去砍了它。那一天云雾沉沉，天地昏暗，下斧头的地方，鲜血淌到了地上，看见的人没有谁不悲伤哭泣。

　　愿会寺的南面有个宜寿里，里内有苞信县令段晖的住宅。住宅的地底下常常听到有敲钟的声音，时常看到五种彩色的亮光在正堂的屋边下照耀。段晖对这事感到很奇怪，于是就在发光的地方挖下去，挖到了一尊铜铸佛像，大约三尺来高，并排有两尊菩萨像。跏趺的石座上刻着铭文说："晋泰始二年五月十五日侍中中书监荀勖造。"段晖于是就施舍住宅改建成光明寺。当时的人全都说这里过去是荀勖的住宅。后来，小偷打算偷走这尊像，佛像与菩萨像同声诃责小偷，小偷受了惊吓，应声倒地。和尚们听到佛像与菩萨像的喊叫声，于是前来抓住了小偷。

景 林 寺

本篇选自《洛阳伽蓝记》卷一《城内》。自"建春门内"以下有些本子另为一条，今依周祖谟先生意见合为一篇。文章前半部分写寺院内部建制与形胜，后半部分则详细交待建春门一带的地理环境。那风景优美的园林山池，那重重叠叠凌山跨谷的楼台观阁，作者不仅把它们的地理位置交待得清清楚楚，有条理，有系统，而且其中还穿插掌故传说。整篇文章读来颇似一篇引人入胜的游记，顺着作者的笔触，我们不啻到实地游览了一番。

景林寺，在开阳门内御道东。讲殿叠起，房庑连属，丹楹炫日,绣桷迎风,实为胜地。

寺西有园,多饶奇果。春鸟秋蝉,鸣声相续。中有禅房一所①,内置祇洹精舍②,形制虽小,巧构难比。加以禅阁虚静,隐室凝邃③,嘉树夹牖,芳杜匝阶,虽云朝市④,想同岩谷。净行之僧⑤,绳坐其内⑥,飧风服道⑦,结跏数息⑧。

有石铭一所,国子博士卢白头为其文⑨。白头,一字

---

① 禅房:禅,是梵语禅那(Dhyāna)的省称,静思的意思,禅房即是习禅之所。　② 祇洹精舍:祇洹,也作"祇园",梵文Jetavanavihāra 的意译。相传释迦牟尼成道后,憍萨罗国的给孤独长者用大量黄金购置波斯匿王太子祇陀在舍卫城南的花园,建筑精舍,请释迦说法;祇陀太子也奉献了园内林木。因以两人名字命名此精舍,称为祇树给孤独园,省称祇园。精舍,僧道居住或讲道说法之所。祇洹精舍在这里泛指修行的精舍。　③ 凝邃:严整幽深。　④ 朝市:等于说都会。　⑤ 净行之僧:修清静行的和尚。佛家认为远离一切恶行、过失与烦恼的萦绕叫清静。　⑥ 绳:直。　⑦ 飧风:食气。一种修炼方法。　⑧ 结跏:即结跏趺坐。佛教徒的一种坐禅形式,即交叠左右脚背于左右股上而坐。其中又分"吉祥坐"与"降魔坐"二种。跏,屈脚坐;趺,脚背。数息:默数气息的出入。为僧尼修静摄身之法。　⑨ 国子博士:学官名,掌经学传授。

景裕,范阳人也①。性爱恬静,丘园放敖②。学极《六经》③,说通百氏。普泰初④,起家为国子博士。虽在朱门⑤,以注述为事。注《周易》行之于世也。

建春门内御道南有句盾、典农、籍田三署⑥。籍田南有司农寺⑦。御道北有空地,拟作东宫⑧,晋中朝时太仓处也。太仓西南有翟泉,周回三里,即《春秋》所谓王子虎晋狐偃盟于翟泉也。水犹澄清,洞底明净,鳞甲潜藏⑨,辨其鱼鳖。高祖于泉北置河南尹⑩,中朝时步广里也。

泉西有华林园,高祖以泉在园东,因名为苍龙海。华林园中有大海,即汉天渊池。池中犹有〔魏〕文帝九华台。高祖于台上造清凉殿,世宗在海内作蓬莱山。山上

① 范阳:郡名,治所在今河北涿县。 ② 丘园:丘壑园圃,多指隐居之地。放敖:同"放傲"。 ③《六经》:六部儒家经典的合称,即《诗》、《书》、《礼》、《乐》、《易》、《春秋》。 ④ 普泰:节闵帝元恭年号(531年—532年)。 ⑤ 朱门:古代王侯贵族的住宅大门漆成红色以表示尊贵,因用"朱门"来作为贵族豪富之家的代称。 ⑥ 句盾、典农、籍田:都是官署名称。句盾即"钩盾",掌管京城附近园苑游观之事;典农,掌管农业生产、民政与田租,设有典农中郎、典农都尉、典农校尉等官;籍田,掌耕宗庙社稷之田。 ⑦ 司农寺:主管粮食积储、京官禄米及园林果实的官署。 ⑧ 东宫:即太子宫。 ⑨ 鳞甲:指水族,即鱼鳖等水中动物。 ⑩ 河南尹:本为官名,这里指官署。

有仙人馆,〔台〕上有钓台殿。并作虹蜺阁①,乘虚来往。至于三月禊日②,季秋巳辰③,皇帝驾龙舟鹢首④,游于其上。

海西有藏冰室,六月出冰,以给百官。海西南有景〔阳〕山殿⑤,山东有羲和岭⑥,岭上有温风室。山西有姮娥峰⑦,峰上有露寒馆。并飞阁相通,凌山跨谷。山北有玄武池。山南有清暑殿,殿东有临涧亭,殿西有临危台。

景阳山南有百果园,果别作林,林各有堂。有仙人枣,长五寸,把之两头俱出,核细如针。霜降乃熟,食之甚美。俗传云出昆仑山⑧,一曰西王母枣⑨。又有仙人桃,其色赤,表里照彻,得霜乃熟。亦出昆仑山,一曰王母桃也。

---

①虹蜺阁:即阁道,因阁道高出拱起有如虹蜺,因而称之。 ②禊日:古人在三月上旬的巳日(魏晋以后固定为三月三日)到水边嬉游,以消除不祥,叫作"修禊"。所以称这一天为"禊日"。 ③巳辰:这里也指上巳日(据吴若准《集证》说)。 ④鹢首:古代船头上画着鹢鸟(一种像鹭鹚的水鸟)的像,所以称船首为"鹢首",也指船。 ⑤景阳山:原作景山,据周祖谟先生意见补。 ⑥羲和:驾日车的神。 ⑦姮娥:月神。 ⑧昆仑山:山名,在今新疆西藏之间,层峰叠岭,形势高峻。古代关于昆仑山有很多神话传说。 ⑨西王母:神话中的女神。

柰林南有石碑一所①,魏文帝所立也②,题云"苗茨之碑③"。高祖于碑北作苗茨堂。永安中,庄帝马射于华林园④,百官皆来,读碑疑苗字误。国子博士李同轨曰⑤:"魏文英才,世称三祖⑥。公幹仲宣⑦,为其羽翼⑧。但未知本意如何,不得言误也。"衒之时为奉朝请⑨,因即释曰:"以蒿覆之,故言苗茨,何误之有?"众咸称善,以为得其旨归。

---

① 柰(nài奈):苹果的一种。 ② 魏文帝:原作"魏明帝",据《水经注》改,下同。 ③ 苗茨:即茅茨,茅草屋顶,也指茅屋。此"苗"为"茅"之假借字。但当时人不知道"苗"、"茅"二字可以通借,所以多认为这"苗"字是个错字。至于本书作者在下文说"以蒿覆之,故言苗茨",则恐是因《说文》释"苗"为"草生于田者",作者认为"蒿"即是"生于田"的草,所以作此解释。 ④ 马射:一种武艺项目。练习时在场中设置矮墙,与箭垛相等,墙上依次放置用皮缝制的小鹿,然后驰马射鹿,称作"马射"。 ⑤ 李同轨:赵郡高邑人,精通儒家经典。《魏书》卷八十四有传。 ⑥ 三祖:指魏武帝曹操、魏文帝曹丕、魏明帝曹叡。三人都能诗善文,合称"三祖"。 ⑦ 公幹:即刘桢,桢字公幹,东平人,五言诗有名。仲宣:即王粲,粲字仲宣,山阳高平人。先依刘表,后归曹氏。以文学著称。刘桢与王粲均为"建安七子"之一。 ⑧ 羽翼:犹言辅佐。 ⑨ 奉朝请:官名。古代诸侯春季朝见天子叫"朝",秋季朝见叫"请",因称定期参加朝会为"奉朝请"。到南北朝时,以"奉朝请"安置闲散官员,成为官号之一。

奈林西有都堂①,有流觞池②。堂东有扶桑海。凡此诸海,皆有石窦流于地下③,西通谷水,东连阳渠④,亦与翟泉相连。若旱魃为害⑤,谷水注之不竭;离毕滂润⑥,阳、谷泄之不盈。至于鳞甲异品,羽毛殊类⑦,濯波浮浪,如似自然也。

【翻译】

景林寺位于开阳门内御道的东面。这里讲经的殿堂重叠而起,房舍廊屋连绵不断,红彤彤的大柱映着太阳,雕花的椽子迎着凉风,实在是个名胜之地。

寺院的西头有座园子,栽有很多珍奇的果木。春天有鸟儿在这里歌唱,秋天有蝉儿在这里鸣叫,悦耳的声音连续不断。园子里有一所禅房,禅房里设了座精舍。

---

① 都堂:即都亭。 ② 流觞池:古人每逢三月上巳日(魏晋以后固定为三月三日)集会于环曲的水渠旁,在上流放置酒杯,任其顺流而下,停在谁面前,谁就饮杯中酒,叫作"流觞",其水称"流觞池",也作"曲水"。参见前注"禊日"。 ③ 石窦:石穴,此指石穴暗流。 ④ 阳渠:自谷河引水绕洛阳城南以至城东,皆称"阳渠"。 ⑤ 旱魃(bá拔):传说中的旱神。 ⑥ 离毕:即"月离于毕"。离,历,经过;毕,毕宿,二十八宿之一。《诗经·小雅·渐渐之石》:"月离于毕,俾滂沱矣。"意思是月亮经过毕宿,天就会下大雨。滂润:雨势大的样子。 ⑦ 羽毛:鸟类的代称,这里指水禽、水鸟。

形状规模虽然很小,但它精巧的构造却无可比拟。再加上禅阁空旷清静,暗室严整幽深,美好的树木夹着窗户,芳香的杜若环绕着台阶,虽然说地处都会之中,但给人的感觉却如同山谷里一样。修清静行的和尚们端直地坐在那里面,食气学道,他们结跏趺坐,心里默数着气息的出入。

寺院里有一座石刻,那上面的铭文是国子博士卢白头撰写的。卢白头,又字景裕,是范阳郡人。他生性喜欢恬淡清静,在丘壑园囿中过没有束缚的清高生活。他对《六经》之学无所不通,又通晓诸子百家的学说。节闵帝普泰初年,他在家中被征召出仕,担任国子博士,虽然身处富贵,但只从事注解与阐述工作,注有《周易》在世上流传。

建春门里御道南面有钩盾、典农、籍田等三个官署。籍田署南面有司农寺。御道的北面有块空地,打算在那里建造东宫,那儿是晋朝建都洛阳时太仓的遗址。太仓的西南面有翟泉,翟泉四周三里长,这就是《春秋》上所说的"王子虎与晋国的狐偃在翟泉盟誓"的地方。翟泉的水还是清彻清彻的,明亮清净可以见底。水中动物隐藏在那里,可以分清那是鱼还是鳖。高祖在翟泉北面设置河南尹官署,那地方是晋朝建都时的步广里。

翟泉的西面有座华林园,高祖因为翟泉在华林园的东面,因而给翟泉命名为"苍龙海"。华林园中有座大水池,就是汉代的"天渊池"。水池中还保留着魏文帝修筑的九华台。高祖在九华台上造了所清凉殿,世宗在天渊池内筑了座蓬莱山。蓬莱山上有座仙人馆,九华台上有钓台殿。它们之间修有高出拱起状如虹蜺的阁道,人在空中来去。到了三月修禊这一天,或是在九月的上巳日,皇帝驾着龙形的船或船首画着鹢鸟的大船在天渊池上游玩。

天渊池的西面有藏冰室,六月把冰取出来,供应百官。天渊池的西南面有座景阳山殿,景阳山东面有座羲和岭,羲和岭上有间温风室;景阳山西部有座妲娥峰,妲娥峰上有所露寒馆。它们之间都有架空的阁道互相通达,阁道越过高山,横跨峡谷。景阳山北端有座玄武池,南端有一所清暑殿,清暑殿东面有临涧亭,西面有临危台。

景阳山南面有座百果园,各种果树分别形成果林,每片果林各有一间房舍。百果园里有一种仙人枣,枣子果实长五寸,用手握着它两头都露在外面,枣子核细得像根针,下霜的时候才成熟,吃起来味道很好。世俗传说这枣子出自昆仑山,所以又称作"西王母枣"。园里还有一种仙人桃,那桃子的颜色深红,里外透明,霜打之后就成熟。这桃也是出自昆仑山,所以又名"王母桃"。

百果园柰树林南边有座石碑，这碑是魏文帝立的，上面题写着"苗茨之碑"。高祖在石碑的北面修了所苗茨堂。永安年间，庄帝在华林园练习马射，大臣们都来了，他们读碑文时怀疑石碑上那"苗"字有讹误。国子博士李同轨说："魏文帝才能卓越，世人称为三祖之一；又有刘桢、王粲作为他的得力助手。我们只是不知道'苗'字的本意是什么罢了，不能说它错了啊。"我当时任奉朝请，趁此机会就解释说："因为蒿草覆盖着它，所以说'苗茨'，这有什么不对呢？"大家都说解释得好，认为是得到了碑名的旨趣与要领。

柰树林的西边有都亭，有流觞池。都亭的东面有扶桑池。所有这几座水池，地下都有石穴暗流，它们西边与穀河相通，东边与阳渠相连，也与翟泉互相连接。如果旱神为灾，穀河的水就会灌注进来，水池因而不会枯竭；如果月亮经过毕宿造成大雨滂沱，阳渠与穀河就会把水疏导出去，池水也不会漫溢出来。至于池中的各种鱼儿鳖儿、各类水禽水鸟在波浪中沉浮游戏，就好像在自然界里的一样。

龙 华 寺

　　本篇选自《洛阳伽蓝记》卷二《城东》。此寺为在宫中值宿警卫的羽林军所建,与卷三《城南》载广陵王元羽所建龙华寺名虽同而寺相异。本篇故事主要围绕一口钟展开,由写钟再及作《听钟歌》者萧综与妻寿阳公主其人其事。这种由物及人的写法是《洛阳伽蓝记》惯用手法之一。

　　龙华寺,宿卫羽林虎贲等所立也①。在建春门外阳渠南。寺南有租场。

---

① 虎贲(bēn 奔):勇士之称。

阳渠北有建阳里，里内有土台，高三丈，上作二精舍。赵逸云：此台是中朝时旗亭也①。上有二层楼，悬鼓击之以罢市②。有钟一口，撞之，闻五十里。太后以钟声远闻，遂移在宫内，置凝闲堂前，与内讲沙门打为时节。孝昌初，萧衍子豫章王综来降③，闻此钟声，以为奇异，遂造《听钟歌》三首，行传于世。

综字世谦，伪齐昏主宝卷遗腹子也④。宝卷临政淫乱⑤，吴人苦之。雍州刺史萧衍立南康王宝融为主⑥，举兵向秣陵⑦，事既克捷，遂杀宝融而自立。宝卷有美人吴景晖，时孕综经月，衍因幸景晖⑧，及综生，认为己子，小名缘觉，封豫章王。综形貌举止甚似昏主，其母告之，令自方便⑨。综遂归我圣阙，更改名曰缵，字德文，始为宝卷追服三年丧。明帝拜综太尉公，封丹阳王。永安年

---

① 旗亭：古代市楼，用以指挥集市。　② 罢市：歇市，散市。　③ 豫章王综：即萧综，降魏后改名萧缵，字德文。《梁书》卷五十五、《魏书》卷五十九、《南史》卷五十三有传。　④ 宝卷：即萧宝卷，南朝齐皇帝，公元498年—501年在位。萧衍起兵襄阳，进围建康，宝卷被所属将领杀死。后追废为东昏侯。　⑤ 淫乱：纵逸惑乱。　⑥ 雍州：州名。东晋后侨置，治所襄阳（今湖北襄樊市）。宝融：即萧宝融，南朝齐皇帝，公元501年—502年在位。　⑦ 秣陵：即金陵。　⑧ 幸：宠爱，特指帝王与女子同房。　⑨ 方便：随方觅便，见机行事。

中，尚庄帝姊寿阳公主字莒犁①。公主容色美丽，综甚敬之，与公主语，常自称下官。授齐州刺史②，加开府。及京师倾覆③，综弃州北走。时尔朱世隆专权，遣取公主至洛阳。世隆逼之，公主骂曰："胡狗，敢辱天王女乎？我宁受剑而死，不为逆胡所污④！"世隆怒，遂缢杀之。

【翻译】

　　龙华寺，是在宫中值宿担任警卫的禁卫军勇士们修建的，位于建春门外阳渠的南面。寺院的南面有租场。

　　阳渠的北面有个建阳里，里内有座土台，高三丈，土台上筑了两所精舍。赵逸说："这土台是晋朝建都洛阳时的市楼。"上面设有两层楼，楼上悬挂着大鼓，敲响大鼓就歇市了。上面还有一口钟，撞响它，声音五十里都可以听见。胡太后因为那钟声很远的地方都能听到，于是就把它移到皇宫里，放在凝闲堂的前面，给在宫内讲佛经的和尚们敲着报时间。孝昌初年，萧衍的儿子豫章王萧综前来归降，听到这钟声，认为很奇特，于是就作了三首《听钟歌》在世上流传。

---

　　① 尚：仰攀婚姻，特指娶公主为妻。　② 齐州：州名，治所历城(今山东济南市)。　③ 倾覆：覆没。这里指尔朱兆攻入洛阳事。　④ "我宁"二句：此二句原本无，从范祥雍《校注》据绿君亭本补。

萧综字世谦，是伪齐国昏庸之主萧宝卷的遗腹子。宝卷执政纵逸昏乱，在他统治下的江南人深感痛苦。雍州刺史萧衍拥立南康王萧宝融为国君，起兵前去攻打秣陵，事情成功之后，萧衍于是就杀了萧宝融而自己作皇帝。萧宝卷有个姬妾吴景晖，当时怀上萧综已经满一个月了，萧衍因为与吴景晖同了房，等到萧综出生，认他是自己的儿子，小名叫缘觉，封为豫章王。萧综的相貌和举止很像萧宝卷，他的母亲告诉他事情的真相，让他自己见机行事。萧综于是就来到我们魏国京城，改名叫"缵"，字德文，到这时才替萧宝卷追守了三年孝。孝明帝任命萧综为太尉公，封丹阳王。永安年间，娶了庄帝姐姐寿阳公主莒犁为妻。寿阳公主容貌美丽，萧综十分敬重她，跟公主说话的时候，常常自称"下官"。后来萧综被任命为齐州刺史，加开府。等到京城覆没，萧综丢下齐州向北逃跑。当时尔朱世隆独揽大权，派人把寿阳公主弄到洛阳，尔朱世隆强迫她，公主骂道："你这个胡狗，你敢污辱天王爷的女儿吗？我宁愿被剑杀死，也不愿被叛逆的胡人糟蹋！"尔朱世隆听了大怒，就把她勒死了。

崇 真 寺

本篇选自《洛阳伽蓝记》卷二《城东》。

佛教本是教、理合一的宗教,既要有精深的理论,又要有虔诚的宗教行为。但是佛教传入中国以后,因南北文化的差异,南朝上承魏晋以来玄学之风,信佛者偏于理,北方则以笃信为上,最重坐禅苦行与诵经。本篇所记故事,虽颇荒诞,其实正是当时北方僧人奉佛态度的反映。又,北魏僧徒靡滥,不少僧徒名为修出世之法,但却以造作佛经佛像,广求布施,贪敛财物,为害社会;有的官吏则曲理枉法,侵夺民财,以造佛寺。作者在本篇中也表现了对这些现象的不满。

崇真寺比丘慧嶷,死经七日还活,经阎罗王检阅①,以错召放免。

慧嶷具说,过去之时,有五比丘同阅,一比丘云是宝明寺智圣,以坐禅苦行得升天堂②。有一比丘是般若寺道品,以诵经四十卷《涅槃》③,亦升天堂。有一比丘云是融觉寺昙谟最,讲《涅槃》、《华严》④,领众千人⑤。阎罗王曰:"讲经者心怀彼我,以骄凌物⑥,比丘中第一粗行。今唯试坐禅、诵经,不问讲经。"其昙谟最曰:"贫道立身以来,唯好讲经,实不闇诵⑦。"阎罗王敕付司⑧。即有青衣十人送昙谟最向西北门。屋舍皆黑,似非好处。有一

---

① 阎罗王:佛教中的地狱之主。 ② 坐禅:佛教徒的一种修行功课,每天在一定的时间内跏趺而坐,排除一切杂念,使心神恬静自在。苦行:宗教徒的一种修行方法,即为表示虔诚和求得解脱而忍受身体的折磨。 ③《涅槃》:佛经名。分大乘、小乘两类,小乘《涅槃经》记载佛入灭的历史,大乘《涅槃经》以阐明教义为主。此指大乘《涅槃经》,全称《大般涅槃经》,北凉昙无谶译。中心内容讲佛身常在和"一切众生,悉有佛性"等大乘思想。 ④《华严》:佛经名,全称《大方广佛华严经》,佛以华装严法身,所以叫"华严"。该经认为世界是毗卢遮那佛的显现,一微尘映世界,一瞬间含永远;宣说"法界缘起"的世界观和"圆信"、"圆解"、"圆行"、"圆证"等"顿入佛地"的思想。 ⑤ 众:佛教称僧徒叫"众"。 ⑥ 凌物:等于说"凌人",即以气势压人。物,这里指人,公众。 ⑦ 闇(àn岸):熟悉,通"谙"。 ⑧ 司:官署。

比丘云是禅林寺道弘，自云教化四辈檀越①，造一切经②，人中金像十躯③。阎罗王曰："沙门之体，必须摄心守道，志在禅诵。不干世事，不作有为。虽造作经像，正欲得他人财物；既得财物，贪心即起；既怀贪心，便是三毒不除④，具足烦恼⑤。"亦付司，仍与昙谟最同入黑门。有一比丘云是灵觉寺宝真，自云出家之前，尝作陇西太守⑥，造灵觉寺。寺成，即弃官入道。虽不禅诵，礼拜不阙⑦。阎罗王曰："卿作太守之日，曲理枉法⑧，劫夺民财，假作此寺⑨，非卿之力，何劳说此！"亦付司，青衣送入黑门。

时太后闻之⑩，遣黄门侍郎徐纥依慧嶷所说即访宝

---

① 四辈：指比丘、比丘尼、优婆塞、优婆夷四众，即僧、尼和在家奉佛的男女。檀越：梵语 Dānapati 的音译，意译"施主"。指向寺院施舍财物、饮食的世俗信徒。 ② 一切经：佛教经书的总称。又叫大藏经，简称藏经、佛藏、释藏。 ③ 人中金像：铜佛像。人中，即"人中尊"的略称，人中尊为佛之德号，意思是人中最尊贵者。 ④ 三毒：佛教称贪欲、嗔恚（huì 会）、愚痴为三毒。佛教认为，在诸烦恼中，此三者尤能毒害众生，是产生其他烦恼的根本，故称"三毒"，又称"三不善根"。 ⑤ 具足烦恼：具足，等于说具备；烦恼，佛教指众生身心被扰乱而产生的迷惑、苦恼等精神状态。 ⑥ 陇西：郡名，故地在今甘肃东南一带。 ⑦ 礼拜：致礼于所信仰的神佛。阙：缺。 ⑧ 曲理：歪曲道理，违背正理。 ⑨ 假：借，凭借。 ⑩ 太后：指胡太后。

明等寺。城东有宝明寺,城内有般若寺,城西有融觉、禅林、灵觉等三寺,问智圣、道品、昙谟最、道弘、宝真等,皆实有之。议曰:"人死有罪福。"即请坐禅僧一百人常在内殿供养之。诏不听持经像沿路乞索。若私有财物,造经像者任意。慧嶷亦入白鹿山①,隐居修道②。自此以后,京邑比丘皆事禅诵,不复以讲经为意。

出建春门外一里余,至东石桥。南北而行,晋太康元年造③。桥南有魏朝时马市,刑嵇康之所也④。桥北大道西有建阳里。大道东有绥民里,里内有河间刘宣明宅⑤。神龟年中,以直谏忤旨⑥,斩于都市。讫,目不瞑,尸行百步,时人谈以枉死。宣明少有名誉,精通经、史,危行及于诛死也⑦。

【翻译】

　　崇真寺的和尚慧嶷,死后过了七天又活转来了。经

---

　　① 白鹿山:山名。在今河南省辉县西。　② 修道:这里指习佛。　③ 太康:晋武帝司马炎年号(280年—289年)。　④ 嵇康:三国魏谯郡人,字叔夜。与魏室通婚,官中散大夫,因也称"嵇中散"。为"竹林七贤"之一。嵇康善诗文,精乐理,思想颇受老庄思想影响,对礼教表示憎恶。因声言"非汤武而薄周孔",且不满当时掌握政权的司马氏集团,遭钟会构陷,为司马昭所杀。　⑤ 河间:郡名,属瀛州。　⑥ 直谏:直言规劝皇帝。　⑦ 危行:正直的行为。

阎罗王查察,因为是征召错了,所以释放了他。

慧嶷陈说,在他到地狱里去的时候,有五个和尚同时被查察。一个和尚说是宝明寺的智圣,因为他练坐禅修苦行,所以得以升入天堂。有一个和尚是般若寺的道品,因为他诵了四十卷《涅槃经》,也上了天堂。有一个和尚说是融觉寺的昙谟最,他讲解《涅槃经》、《华严经》,统领着一千个僧徒。阎罗王说:"讲解佛经的人心里想着'你'与'我',用骄傲之心凌压公众,是僧徒中第一粗浅的行为,如今只检验坐禅与诵经,不问讲经的。"那昙谟最说:"我自从能卓然自立成人以来,只喜爱讲经,确实不熟悉诵经。"阎罗王命令把他交付一个官署。马上就有十个穿青衣服的人把昙谟最送向西北边的门里去。那里房子都是黑洞洞的,好像不是什么好地方。有一个和尚说是禅林寺的道弘,道弘自己说他教育感化和尚、尼姑及在家奉佛的男女信徒和施主,写了大藏经,还造了十尊铜佛像。阎罗王说:"僧徒之身,一定要收敛心性,遵守佛家之道,把心志全都放在坐禅诵经上。不要参与尘世间的事情,不做有为之事。你虽然写了佛经造了佛像,但却正是想得到别人的财物;获得财物后,就会起贪心;已经怀有贪心,这就是'三毒'没有除却,也就会充满烦恼。"阎罗王也把他交给那官署,仍然与昙谟最同样进了黑门。有一个和尚说是灵觉寺的宝真,宝真自己说他出家之前，曾经担任陇西太守，造了灵觉寺。寺院修成后，他就弃去官职皈依佛教作了和尚。虽然不坐禅诵经，但致礼拜佛是从不旷缺的。阎罗王说："你作太守的时候，背理枉法，强行夺取老百姓的钱财，凭借那些钱财修建了这所寺院，这并不是你的功劳，哪里还劳烦你说这些！"也把他交给那官署，穿青衣服的把他送进了黑门。

当时胡太后听说了这件事，她就派遣黄门侍郎徐纥按照慧嶷所说的马上去查访宝明等寺院。京城的东面有宝明寺，城里有般若寺，城西面有融觉、禅林、灵觉三所寺院；问起智圣、道品、昙谟最、道弘、宝真等，都确实有这些人。胡太后因此断言："人死后仍然有的受罪，有的得福。"她就请了一百个坐禅的和尚，让他们经常住在内宫，供养着他们。又下令不让和尚拿着佛经佛像沿路乞取财物；如果私人拥有财物而要造佛经佛像的，就随他的便。慧嶷也进了白鹿山，隐居学佛。从此以后，京城里的和尚们都从事坐禅、诵经，不再把讲经放在心上了。

出建春门外一里多路，就到了东石桥。石桥南北走向，是晋朝太康元年修造的。在石桥南面有魏朝时的马市，这里是杀害嵇康的地方。石桥以北大路的西面有个建阳里，东面有个绥民里。绥民里内有河间郡人刘宣明的住宅。神龟年间，刘宣明因为直言规劝皇上违逆了圣旨，所以在京城闹市里被斩首。行刑结束后，刘宣明眼睛不闭，尸体走了上百步，当时人们议论说这是因为他死得冤枉。刘宣明小时候就有名声，精通经书、史书，行为正直，直到被杀时还是这样。

景兴尼寺

本篇选自《洛阳伽蓝记》卷二《城东》。文中说赵逸已活了近三百岁，那当然是赵逸的自我吹嘘。但其中有两点值得注意：第一，赵逸的这种谎话不但没有被揭穿，反而受到了北朝君主和贵族的尊崇，这反映了当时对人的寿命的一种认识，这种认识跟秦汉以来的方士之说是紧密相连的。第二，赵逸的话不仅骂尽了永嘉以来二百多年的史官，而且对整个封建社会的史书和墓志的虚伪性都是一种强烈的讽刺。从这里也可看到当时思想界所存在的一种怀疑与批判的精神。

石桥南有景兴尼寺①，亦阉官等所共立也。有金像辇，去地三丈，上施宝盖②，四面垂金铃、七宝珠③，飞天伎乐④，望之云表。作工甚精，难可扬榷⑤。像出之日，常诏羽林一百人举此像，丝竹杂伎，皆由旨给。

建阳里东有绥民里，里内有洛阳县，临渠水⑥。县门外有洛阳令杨机清德碑⑦。

绥民里东〔有〕崇义里，里内有京兆人杜子休宅。地形显敞，门临御道。时有隐士赵逸，云是晋武时人，晋朝旧事，多所记录⑧。正光初来到京师，见子休宅，叹息曰："此宅中朝时太康寺也。"时人未之信，遂问寺之由绪。逸云："龙骧将军王濬平吴之后⑨，始立此寺。本有三层浮图，用砖为之。"指子休园中，曰："此是故处。"子休掘而验之，果得砖数万，并有石铭云："晋太康六年岁次乙

---

① 石桥：这里指建春门外东石桥。 ② 宝盖：饰以宝玉的伞盖，佛、菩萨及讲师等高座上所悬者。 ③ 七宝珠：用七种珍宝（金、银、琉璃、玻璃、珊瑚、玛瑙、砗磲等）制成的珠子。 ④ 飞天伎乐：飞天，飞舞空中之神。飞天伎乐这里指画在像车上的诸天侍从。 ⑤ 扬榷：约略，举其大概。 ⑥ 渠：指阳渠。 ⑦ 清德：德行清廉。 ⑧ 记录：等于说记得，记取。 ⑨ 王濬（jùn 俊）：西晋大将。字士治，弘农湖县人。曾两任益州刺史。晋武帝太康元年（280年）率楼船水师平吴。官至辅军大将军、仪同三司，封襄阳县侯。《晋书》卷四十二有传。

巳九月甲戌朔八日辛巳仪同三司襄阳侯王濬敬造①。"时园中果菜丰蔚，林木扶疏，乃服逸言，号为圣人。子休遂舍宅为灵应寺。所得之砖，还为三层浮图。

好事者遂寻问晋朝京师何如今日。逸曰："晋时民少于今日，王侯第宅与今日相似。"又云："自永嘉已来二百余年，建国称王者十有六君②，吾皆游其都邑，目见其事。国灭之后，观其史书，皆非实录③，莫不推过于人，引善自向。苻生虽好勇嗜酒④，亦仁而不杀。观其治典，未为凶暴。及详其史，天下之恶皆归焉。苻坚自是贤主⑤，贼君取位⑥，妄书君恶。凡诸史官，皆是类也。人皆贵远贱近，以为信然。当今之人，亦生愚死智。惑已甚矣！"人问其故，逸曰："生时中庸之人耳⑦，及其死也，碑文墓

---

① 岁次：等于说岁在。九月甲戌朔：意思是九月初一是甲戌。 ② 建国称王者十有六君：指五胡十六国之君。十六国即成汉、前赵、后赵、前秦、后秦、西秦、前燕、后燕、南燕、北燕、前凉、后凉、南凉、北凉、西凉、夏等十六个国家。 ③ 实录：等于说信史，即翔实可靠的记载。 ④ 苻生：十六国时前秦国君苻健之子，继位后被从弟苻坚所杀。史书称苻生"荒酗淫虐，杀戮无常"。 ⑤ 苻坚：十六国时前秦皇帝，公元357年—385年在位。 ⑥ 贼：虐害，杀害。贼君，指苻坚弑苻生自立。 ⑦ 中庸：中等才能。

志,莫不穷天地之大德,尽生民之能事①,为君共尧舜连衡②,为臣与伊皋等迹③。牧民之官④,浮虎慕其清尘⑤;执法之吏,埋轮谢其梗直⑥。所谓生为盗跖⑦,死为夷齐⑧,佞言伤正,华辞损实。"当时构文之士,惭逸此言。

步兵校尉李澄问曰:"太尉府前砖浮图,形制甚古,

---

① 生民:指人类。 ② 尧舜:都是古代传说中贤能的君主。尧为陶唐氏,名放勋,史称唐尧;舜为姚姓,有虞氏,名重华,史称虞舜。连衡:等于说比肩。 ③ 伊皋:即伊尹与皋陶(yáo摇),伊尹为商汤的大臣,皋陶相传为舜之臣。伊尹、皋陶都是古代贤臣。等迹:齐步,并驾。 ④ 牧民:治民。古代统治者蔑视劳动人民,把官吏统治人民比作牧养牲畜。 ⑤ "浮虎"句:传说东汉刘昆为弘农太守,仁化大行,虎感其德,都背着小虎渡河而去,使其地免遭虎患。后以"浮虎"作为地方官清明廉洁的典故。 ⑥ "埋轮"句:东汉顺帝时,大将军梁冀专权,朝政腐败。汉安元年(142年),选派张纲等八人巡视全国,纠察吏治。张纲才到洛阳都亭便把车轮拆下来埋在地下,说:"豺狼当路,安问狐狸!"接着就上书弹劾梁冀与其弟梁不疑。后来就用"埋轮"作为不畏权贵、直言正谏的典故。谢,惭愧。 ⑦ 盗跖:相传为春秋战国之际人民起义领袖,名跖,盗是诬称。旧时把"盗跖"作为恶人的典型。 ⑧ 夷齐:即伯夷、叔齐,商末孤竹君的两个儿子。相传他们的父亲打算立次子叔齐为继承人,孤竹君死后,叔齐让位给哥哥伯夷,伯夷不接受,于是二人先后奔周。曾叩马谏阻武王伐纣,武王不听。灭商后,他们耻食周粟,逃到首阳山采薇而食,结果饿死在山中。封建社会把伯夷、叔齐当作高尚节操者的典范。

犹未崩毁,未知早晚造?"逸云:"晋义熙十二年刘裕伐姚泓①,军人所作。"

汝南王闻而异之②,拜为义父,因而问何所服饵③,以致长年。逸云:"吾不闲养生④,自然长寿。郭璞尝为吾筮⑤,云寿年五百岁。今始逾半。"帝给步挽车一乘⑥,游于市里。所经之处,多记旧迹。三年以后遁去,莫知所在。

崇义里东有七里桥,以石为之,中朝〔时〕杜预之荆州出顿之所也⑦。七里桥东一里,郭门开三道,时人号为三门。离别者多云:"相送三门外。"京师士子,送去迎归,常在此处。

---

① 义熙:晋安帝司马德宗年号(405年—418年)。刘裕:即宋武帝,南朝宋的建立者,公元420年—422年在位。姚泓:后秦国君,公元416年—417年在位。② 汝南王:即元悦。见《景乐寺》条。 ③ 服饵:服食丹药。是道家的一种修养之法。 ④ 闲:熟悉,熟练。通"娴"。养生:指摄养身心,以期保健延年。 ⑤ 郭璞:字景纯,晋河东闻喜人。璞博学多才,擅长诗赋,又喜阴阳卜筮之术。东晋初为著作郎,后王敦任为记室参军,璞卜筮说王敦谋反必败,为王敦所杀。生平事迹详《晋书》卷七十二本传。筮,用蓍草占卦。 ⑥ 步挽车:一种用人拉的车子。 ⑦ 荆州:州名。东汉治所汉寿(今湖南常德市东北),其后累迁。顿,屯驻,止宿。

【翻译】

　　建春门外东石桥南面有所景兴尼寺,也是宦官等人共同修建的。景兴尼寺里有个载铜佛像的车子,距离地面三丈高,车上设有宝盖,四面悬挂着铜铃、七宝珠,所画诸天侍从,远远望去就好像在云端里一样。车子做工非常精巧,难以用语言举其大概。佛像出巡的时候,常常由皇帝下命令让一百个禁卫军抬着这尊像,管弦乐队与各种伎乐,也都是由皇上下旨供给。

　　建阳里东面有个绥民里,里内有洛阳县县署,县署西临阳渠水。县署门外面有歌颂洛阳县令杨机清德的石碑。

　　绥民里东面有个崇义里,崇义里内有京兆人杜子休的住宅。住宅地形显露而宽敞,大门正对着御道。当时有位隐士赵逸,自称是晋武帝时候的人,晋朝的往事大多能记得。正光初年赵逸来到京城,见了杜子休的住宅,叹息说:"这所住宅是晋朝建都洛阳时的太康寺啊。"当时的人不相信他的话,于是就询问寺的由来。赵逸说:"龙骧将军王濬平定吴国之后,才建了这所寺院。本来寺里有座三层的宝塔,是用砖砌的。"说着,赵逸用手指着杜子休园子中央,说:"这就是过去建宝塔的地方。"杜子休把那地方挖开来验证他的话,果然挖到了几万块砖,并且有块石刻,石刻上写着:"晋太康六年岁次乙巳九月甲戌朔八日辛巳仪同三司襄阳侯王濬敬造。"当时园子里果子蔬菜丰富茂盛,树木枝叶四布。大家这才信服了赵逸说的话,称他作圣人。杜子休于是就施舍住宅改建成灵应寺。所挖到的砖头,又用来修成一座三层宝塔。

　　好事的人于是又追问晋朝的都城与现在相比怎么样。赵逸说:"晋朝的时候京城里人比现在少,王侯的住宅跟现在差不多。"又说:"自从永嘉以来二百多年,建国称王的有十六国之君,我都到他们的都城游历过,亲眼看到过他们的事情。他们国家灭亡之后,再看看那些关于他们的历史书,都不是真实可靠的记载。没有谁不是把过错推给别人,把好事情归到自己名下。苻生虽然喜欢逞勇贪爱喝酒,可他也仁爱而不杀戮。看他治理国家,并没有做过什么凶暴的事。等到细看关于他的史书,天下的坏事都归到他头上去了。苻坚自然是贤能的君主了,但他杀害国君,夺取皇位,又无中生有地在史书上书写国君的过恶。凡是所有的史官都是这样一类人。人们都重视离自己远的人和事而看不起离自己近的人和事,因而认为史书上所记的都是真实的。当今的人也都是活着时愚蠢而死了就聪明。实在糊涂得也太厉害了!"人们追问其中原因,赵逸说:"活着的时候是中等才能的人罢了,等到他死的时候,碑文和墓志上没有一个不是穷尽了天地间最高的品德,擅长做人类能做的一切事情。如果是作国君的,就是说他与唐尧、虞舜比肩;如果是臣子,就说他跟伊尹、皋陶齐步;是治民的官员,就将他说得连刘昆都要企慕他的清廉;是执法的官吏,就将他说得连张纲都要为他的耿直自感惭愧。真是人们所说的,活着的时候是盗跖,死了以后就成了伯夷与叔齐;花言巧语毁掉了公正,华而不实的言辞有损于实际。"当时写文章的人对赵逸的这一番话都感到很惭愧。

步兵校尉李澄问赵逸说:"太尉府前面砖砌的宝塔形状规制十分古旧,但还没有崩倒毁坏,不知道是什么时候造的?"赵逸说:"晋朝义熙十二年刘裕征讨姚泓,这是当时的军人们造的。"

汝南王元悦听到赵逸的事迹后感到很惊奇,就拜赵逸作了义父,因而问赵逸服用什么药饵以致长寿。赵逸说:"我不熟悉养生法,天生的长寿。郭璞曾经替我卜筮,说我寿命五百岁。现在我才过了一半多。"孝明帝赐给赵逸一辆步挽车,让他在集市上和里弄间游逛。他所经过的地方,大多记得其过去的事情。三年以后赵逸逃走了,没有人知道他在哪里。

崇义里的东面有座七里桥,桥是用石头修建的。这是晋朝建都洛阳时杜预出发到荆州去曾经屯驻过的地方。七里桥东面一里远,外城开有三道门,当时的人称为"三门",离别的人常说:"相送三门外。"京城里的读书人送往迎来,常常在这里。

秦太上君寺

本篇选自《洛阳伽蓝记》卷二《城东》。文章在涉及时人的第宅时,着重对齐地的风俗进行了介绍。齐国是西周时期姜太公吕尚的封地,吕尚辅佐武王灭商有功,封于营丘,而成为齐国的始祖。吕尚修其政,变其俗,简其礼,经过惨淡经营,使齐不仅成为一个泱泱大国,也成为著名的礼义之邦,连司马迁也盛赞其"洋洋哉,固大国之风也"。可是,从这篇文字的记载中我们可以看出,由于时代的变迁,昔日礼义之邦的人们也撕下了仁义的伪装,汲汲奔走于荣利之途,甚至有人对别人的讥笑讽刺也不以为意。这是一种值得深思的现象。

秦太上君寺，胡太后所立也。当时太后，正号崇训①，母仪天下②，号父为秦太上公，母为秦太上君。为母追福，因以名焉。在东阳门外二里御道北，所谓晖文里。里内有太保崔光、太傅李延寔、冀州刺史李韶、秘书监郑道昭等四宅③。并丰堂崛起，高门洞开。赵逸云：晖文里是晋马道里，延寔宅是蜀主刘禅宅④，延寔宅东有修和宅⑤，是吴主孙皓宅⑥，李韶宅是晋司空张华宅⑦。

中有五层浮图一所，修刹入云，高门向街，佛事装饰，等于永宁。诵室禅堂，周流重叠。花林芳草，遍满阶

---

① 崇训：胡太后所居宫名。胡太后又号崇训皇太后。② 母仪：指为母者的典范。旧多用为对皇后或贵妇人的谀辞。 ③ 太保：官名，位次于太傅，多为大官加衔，并无实职。崔光：字长仁，清河人，肃宗时位至太保。《魏书》卷六十七有传。李延寔：字禧，陇西人，庄帝时位至太傅。《魏书》卷八十三有传。冀州：州名，北魏治所信都县（今河北冀县）。李韶：字元伯，肃宗时为冀州刺史。《魏书》卷三十九有传。秘书监：秘书省长官，掌图书著作。郑道昭：字僖伯，荥阳开封人，世宗时位至秘书监。《魏书》卷五十六有传。 ④ 刘禅：三国蜀汉后主，公元223年—263年在位。蜀亡后，被掳至洛阳，封安乐公。 ⑤ 修和：即崔修和，光州刺史崔挺从祖弟，官州主簿。见《魏书》卷五十七《崔挺传》。 ⑥ 孙皓：三国吴末代皇帝，公元264年—280年在位。吴亡后，被掳至洛阳，封归命侯。 ⑦ 张华：晋范阳方城人，字茂先，官至司空。《晋书》卷三十六有传。

墀。常有大德名僧讲一切经，受业沙门，亦有千数。

　　太傅李延寔者，庄帝舅也。永安年中除青州刺史，临去奉辞。帝谓寔曰："怀砖之俗，世号难治；舅宜好用心，副朝廷所委。"寔答曰："臣年迫桑榆①，气同朝露，人间稍远，日近松丘②。臣已久乞闲退，陛下渭阳兴念③，宠及老臣，使夜行罪人④，裁锦万里⑤，谨奉明敕，不敢失坠⑥。"时黄门侍郎杨宽在帝侧，不晓怀砖之义，私问舍人温子昇⑦。子昇曰："吾闻至尊兄彭城王作青州刺史⑧，问其俗⑨，宾客从至青州者云：'齐土之民，风俗浅薄，虚

---

　　① 桑榆：喻晚年。　② 松丘：指坟墓。　③ "渭阳"句：渭阳，即渭水之阳。《诗经·秦风·渭阳》："我送舅氏，曰至渭阳。"后人因以"渭阳"来指代甥舅情谊。　④ 夜行罪人：《三国志·魏志》卷二十六《田豫传》载，正始初，田豫征召为尉，屡次请求退休，他在给太傅司马宣王的信中说："年过七十而以居位，譬诸钟鸣漏尽，而夜行不休，是罪人也。"后因用"夜行罪人"比喻年纪老大而居官位的人。　⑤ 裁锦：喻初学治邑。语出《左传·襄公三十一年》：子皮欲使尹何为邑，子产曰："不可。子有美锦不使人学制焉，大官大邑，身之所庇也，而使学者制焉，其为美锦，不亦多乎？"制即裁。　⑥ 失坠：出现差错或闪失。　⑦ 舍人："中书舍人"的略称。中书舍人为皇帝亲近属官，掌起草诏令，参与机密，权位颇重。温子昇：字鹏举，太原人。《魏书》卷八十五、《北史》卷八十三有传。　⑧ 至尊：对帝王的尊称。　⑨ 俗：原本无，从范祥雍《校注》据《类说》补。

论高谈,专在荣利。太守初欲入境,皆怀砖叩首,以美其意;及其代下还家,以砖击之。'言其向背速于反掌。是以京师谣语曰:'狱中无系囚,舍内无青州,假令家道恶,肠中不怀愁。'怀砖之义起于此也。"

颍川荀济①,风流名士,高鉴妙识,独出当世。清河崔叔仁称齐士大夫②。曰:"齐人外矫仁义③,内怀鄙吝④;轻同羽毛,利等锥刀。好驰虚誉,阿附成名⑤。威势所在,侧肩竞入,求其荣利,甜然浓泗⑥。譬于四方,慕势最甚。"号齐士子为慕势郎。

临淄官徒布在京邑⑦,闻"怀砖"、"慕势",咸共耻之,唯崔孝忠一人不以为意⑧。问其故,孝忠曰:"营丘风

---

① 颍川:郡名,故地在今河南中部及南部。荀济:字子通,原籍颍川,世居江左。与梁武帝为布衣交,后奔魏。《北史》卷八十三有传。　② 清河:郡名,治所青阳县(今河北清河县东南)。崔叔仁:清河人,曾任颍州刺史。《魏书》卷六十九有传。　③ 矫:矫饰,假托。　④ 鄙吝:庸俗,贪鄙。　⑤ 阿附:附和迎合。　⑥ 泗:鼻涕。　⑦ 临淄:古邑名,也作"临菑",故址在今山东淄博市东北。周初封吕尚于此,又名营丘。　⑧ 崔孝忠:修和子,官侍御史、秘书郎。生平事迹见《魏书》卷五十七《崔挺传》。

俗①,太公余化②;稷下儒林③,礼义所出。今虽凌迟,足为天下模楷。苟济人非许、郭④,不识东家⑤,虽复莠言自口⑥,未宜荣辱也⑦。"

【翻译】

秦太上君寺是胡太后修建的。当时太后辨正名号为崇训皇太后,成为天下做母亲的人的典范。她追赠父亲封号为秦太上公、母亲封号为秦太上君。为了替死去的母亲祈求冥福,因此就用母亲的封号"秦太上君"给寺院命名。这座寺院在东阳门外二里御道的北面,就是人们所说的晖文里。晖文里内有太保崔光、太傅李延寔、

① 营丘:地名,即临淄。 ② 太公:即吕尚,周代齐国的始祖。姜姓,吕氏,名望,一说字子牙,俗称姜太公。余化:等于说遗风。 ③ 稷下:古地名,在战国时齐国都城临淄的稷门(西边南首门)附近地区。齐宣王曾继其祖桓公、父威王在稷门设馆,招致士人讲学议论。 ④ 许、郭:指许劭、郭泰。许劭,字子将,东汉汝南平舆人;郭泰,字林宗,太原界休人。许劭、郭泰皆以擅长品鉴人物著称。《后汉书》卷九十八有传。 ⑤ 东家:即"东家丘"的省称。据《孔子家语》载,孔丘的西邻不知道孔丘是圣人,轻蔑地称他为"东家丘"。后来用作典故,表示不识人物的意思。 ⑥ 莠言:丑言,丑话。《诗经·正月》:"莠言自口。"《传》:"莠,丑也。" ⑦ 荣辱:这里是偏义复词,耻辱的意思。

冀州刺史李韶、秘书监郑道昭等四家住宅。这些住宅都是宏伟的殿堂拔地而起，高大的门户敞开着。赵逸说，晖文里是晋朝时的马道里。李延寔的住宅原先是蜀后主刘禅的住宅。延寔住宅的东面有崔修和的住宅，那是先前东吴国君孙皓的住宅。李韶的住宅过去是司空张华的住宅。

寺院里有一座五层宝塔，修长的相轮耸入云端，高大的寺门面对着街道，整座建筑与佛像的装饰跟永宁寺的同样宏丽。诵经的房间与坐禅的殿堂周匝遍布，重重叠叠；群集的鲜花、香草布满了台阶石级。经常有年长德高与有名望的和尚在这里讲大藏经，前来听讲的佛门子弟也有上千人。

太傅李延寔是庄帝的母舅，永安年间被任命为青州刺史，临走的时候，他向庄帝辞行。庄帝对李延寔说："青州有怀砖的习俗，世上号称难治；舅舅你应该好自用心，不辜负朝廷的委托。"李延寔回答说："我年纪已经迫近晚岁，元气已衰，就像早晨的露水那样很快就要干枯，与人世间的距离一天天地远起来，与坟墓的距离却一天天接近。我早已请求退职闲住，可陛下您想起了甥舅情谊，把宠幸加在老臣身上，让我这年纪老大的人到万里之外去学治邑。我恭敬地奉承您圣明的旨意，不敢有差错闪失。"当时黄门侍郎杨宽在庄帝身边，不明白"怀砖"

的意思，私下问舍人温子昇。子昇说："我听说皇上的哥哥彭城王任青州刺史的时候，问起当地的风俗，跟随他到青州的门客说：'齐地的老百姓风俗浇薄，喜欢发空论和说些冠冕堂皇的话，实际却一心一意都在名利上。太守起初准备入境的时候，一个个都怀里揣着块砖磕头，以使太守心里高兴；等到太守被人接替离任回家，一个个都用砖头砸他。'这是说他们拥护和反对态度转变得如同翻转手掌一样快。因此京城里有谣谚说：'监狱中没有囚徒，客馆里没人籍贯是青州，即使家道不好，心里也不用发愁。''怀砖'一词的意义就是由此产生的。"

颍川人荀济是位风流名士，他那高明的洞察力与高妙的见识，在当世最为杰出。清河的崔叔仁称赞齐地的士大夫，荀济说："齐人外表假装仁义，内心却庸俗贪鄙；轻如羽毛般的利益，看得如同锥子刀子一样重要。他们喜欢追逐虚假的声誉，附和迎合别人，借以树立名声。只要是权势所在，就侧着膀子互相争着挤进去；只要能求得荣誉与利益，即使是浓鼻涕也会甜美地吃下去。四方的人都明白，齐人企慕权势最厉害。"因此称齐地的士人作"慕势郎"。

分布在京城里做官的临淄人，听到了"怀砖"、"慕势"之类的话，都为此感到羞耻，只有崔孝忠一个人不把此事放在心上。问他其中原因，崔孝忠说："营丘地方的习俗,是姜太公的遗风;战国时稷下儒士如林,礼乐教化就是从那里兴起的。现在虽然衰微了,还足以作天下学习的榜样。荀济他并非许劭、郭泰,不识人才,虽然他又口出丑言,不应该因为他的话感到耻辱。"

正 始 寺

本篇选自《洛阳伽蓝记》卷二《城东》。这一篇文字名为写寺院,其实它的重点却在于介绍张伦所造的景阳山及隐士姜质因此山而写的那篇《庭山赋》。从本文中,我们一方面可以看到部分士大夫"亦仕亦隐"——既在做官,又像是山林隐士——的特点,同时也可以看到当时的园林之美和建筑艺术水平之高。

正始寺,百官等所立也。正始中立,因以为名。在东阳门外御道南,所谓敬义里也。里内有典虞曹①。籍

---

① 典虞曹:官署名。隶属太仆,掌管车马及马政。

宇清净,美于景林①。众僧房前,高林对牖,青松绿桱②,连枝交映。多有枳树,而不中食。有石碑一枚,背上有侍中崔光施钱四十万③,陈留侯李崇施钱二十万④,自馀百官各有差,少者不减五千已下。后人刊之。

敬义里南有昭德里。里内有尚书仆射游肇、御史中尉李彪、七兵尚书崔休、幽州刺史常景、司农张伦等五宅⑤。彪、景出自儒生,居室俭素,惟伦最为豪侈。斋宇光丽,服玩精奇,车马出入,逾于邦君。园林山池之美,诸王莫及。伦造景阳山,有若自然。其中重岩复岭,嶔崟相属⑥。深溪洞壑,逦迤连接⑦。高林巨树,足使日月

① 景林:原作"丛林",从范祥雍《校注》据《永乐大典》及逸史本改。 ② 桱(chēng 撑):一种落叶小乔木,又名"西河柳"。 ③ 崔光:已见《秦太上君寺》篇,世宗时,崔光除侍中。 ④ 李崇:字继长,顿丘人。文成元皇后兄之子,袭爵陈留公、镇西大将军。后例降为侯,改授安东将军。《魏书》卷六十六有传。 ⑤ 游肇:字伯始,广平任县人。《魏书》卷五十五有传。御史中尉:官名,为御史台的最高长官。李彪:字道固,顿丘人。《魏书》卷六十二有传。七兵尚书:官名。七兵,指左中兵、右中兵、左外兵、右外兵、别兵、都兵、骑兵等七个兵曹。尚书统摄七兵曹事,所以称"七兵尚书"。崔休:字惠盛,清河人。《魏书》卷六十九有传。司农:即大司农,官名,掌租税、钱谷、盐铁和国家财政收支,为九卿之一。张伦:字天念,上谷沮阳人。《魏书》卷二十四有传。 ⑥ 嶔崟(qīn yín 亲银):山势高耸的样子。 ⑦ 逦迤:曲折连绵。

蔽亏；悬葛垂萝，能令风烟出入。崎岖石路，似壅而通；峥嵘涧道①，盘纡复直。是以山情野兴之士，游以忘归。

天水人姜质，志性疏诞，麻衣葛巾，有逸民之操②，见伦山爱之，如不能已，遂造《庭山赋》，行传于世。其辞曰：

  今偏重者③，爱昔先民之由朴由纯④，然则纯朴之体，与造化而梁津⑤。濠上之客⑥，柱下之史⑦，悟无为以明心⑧，托自然以图治⑨。辄以山水为富，不以章甫为贵⑩，任性浮沉，若淡兮无味⑪。今司农张氏，实踵其人，巨量焕于物表⑫，夭矫洞达其真⑬，青松未胜其洁，白玉不比其珍。心托空而栖有，情入古以如新。既不专流宕⑭，又不偏华尚⑮；卜居动静

---

① 峥嵘：深险的样子。　② 逸民：指节性超逸避世隐居的人。　③ 今：原作"夫"，据范祥雍《校注》改。偏重：特别看重。　④ 先民：旧指古时的贤人。　⑤ 造化：自然。　⑥ 濠上之客：指庄子。庄子曾与惠施游于濠梁之上，见《庄子·秋水篇》。　⑦ 柱下之史：指老子。老子曾为周朝柱下史，掌方书。　⑧ 无为：顺应自然而无所作为。这是道家的思想。　⑨ 治：原作"志"，据"逸史"本改。　⑩ 章甫：古代的一种帽子，据说为殷（商）人所戴，古人一般不戴帽，所以冠章甫即是作官的代称。　⑪ 若淡兮无味：《老子》："道之出口，淡乎其无味。"扬雄《解嘲》："大味必淡。"　⑫ 巨量：指渊懿之量，即美好深沉的度量。　⑬ 夭矫：屈伸自如的样子。　⑭ 流宕：放荡不羁。　⑮ 华尚：华靡俗尚。

之间①,不以山水为忘;庭起半丘半壑,听以目达心想。进不入声荣,退不为隐放②。尔乃决石通泉,拔岭簪前③,斜与危云等并,旁与曲栋相连④。下天津之高雾⑤,纳沧海之远烟⑥,纤列之状一如古⑦,崩剥之势似千年⑧。若乃绝岭悬坡,蹭蹬蹉跎⑨;泉水纡徐如浪峭,山石高下复危多。五寻百拔⑩,十步千过。则知巫山弗及⑪,未审蓬莱如何⑫。其中烟花露草⑬,或倾或倒;霜干风枝,半耸半垂;玉叶金茎,散满阶坪。然目之绮⑭,烈鼻之馨⑮,既共阳春等茂,复与白雪齐清⑯。或言神明之骨,阴阳之精⑰,天地未觉生此,异人焉识其名?羽徒纷泊⑱,色杂苍

① 卜居:择地居住。古人选择居处须首先占卜,所以叫卜居。 ② 隐放:隐居放言。 ③ 簪:原作"岩",据《永乐大典》及"逸史"本改。 ④ 曲栋:深邃幽隐的房舍。 ⑤ 天津:天河。 ⑥ 沧海:东海。 ⑦ 纤列:纤,细;列,通"裂",分裂。 ⑧ 崩剥:倒塌剥落。 ⑨ 蹭蹬:无路可通的样子。蹉跎:失足,颠蹶。 ⑩ 寻:古时八尺为一寻。 ⑪ 巫山:山名,在四川巫山县东,巴山山脉突起处。山上群峰叠起,神话传说颇多。 ⑫ 蓬莱:即蓬莱山,古代方士传说为仙人所居,山上有金阙银殿,位于渤海之中。 ⑬ 烟花:雾笼罩的花朵。烟,雾。 ⑭ 然目:耀眼。 ⑮ 烈鼻:浓烈袭鼻。 ⑯ "既共"二句:指鲜花四季开放,终年不绝。阳春,温暖的春天。白雪,指代冬季。 ⑰ 阴阳:指日月。精:指生成万物的灵气。 ⑱ 羽徒:等于说羽族,指鸟类。纷泊:禽兽飞翔奔走的样子。

黄;绿头紫颊,好翠连芳;白鹢生于异县①,丹足出自他乡。皆远来以臻此,藉水木以翱翔。不忆春于沙漠,遂忘秋于高阳②。非斯人之感至,何候鸟之迷方③?岂下俗之所务,实神怪之异趣。能造者其必诗,敢往者无不赋。或就饶风之地,或入多云之处,□菊岭与梅岑④,随春秋之所悟。远为神仙所赏,近为朝士所知。求解脱于服佩,预参次于山陲⑤。子英游鱼于玉质⑥,王乔系鹄于松

① 鹢:同"鹚",鹤的别名。 ② 高阳:高而向阳之地。 ③ 候鸟:随着季节的变化而定时转移栖息地方的鸟类。迷方:迷失方向,这里指其不再飞向他方,犹如迷失了方向一样。 ④ "菊岭"句:"菊"上原脱一字,今疑脱"陟"字。 ⑤ "求解脱"二句:意思是神仙与作官的都要求脱离束缚而托身于此山。服,穿着,佩带;佩,古代结于衣带上的饰物,这里指神仙的服饰与为官者的组绶。 ⑥ 子英游鱼于玉质:子英,古仙人名。据《列仙传》载,舒乡人子英善捕鱼,有次捕到条红鲤鱼,就带回家放在池子里喂养。一年后,那鲤鱼长到一丈多长,头上长角,两胁生翅。后来子英便乘着鲤鱼一起登仙。玉质:指水洁净似美玉。

枝①，方丈不足以妙□，咏歌此处态多奇②。嗣宗闻之动魄③，叔夜听此惊魂④。恨不能钻地一出，醉此山门。别有王孙公子，逊遁容仪⑤，思山念水，命驾相随，逢岑爱曲⑥，值石陵欹⑦。

庭为仁智之田⑧，故能种此石山。森罗兮草木⑨，长育兮风烟，孤松既能却老，半石亦可留年。若不坐卧兮于其侧，春夏兮共游陟，白骨兮徒自朽，

---

① 王乔：也作"王子乔"，古仙人名。据《列仙传》载，王子乔即周灵王太子晋，喜爱吹笙学凤叫，道人浮丘公接他上了嵩高山。三十多年后，有人到山上去找他，王子乔说："告诉我家里，七月七日在缑氏山顶等我。"到了那一天，王子乔果然乘白鹤停在缑氏山头。家人只能远远望着他，不能走到跟前。王子乔举手告别时人，几天以后就乘鹤飞走了。鹄，通"鹤"。 ②"方丈"二句：方丈，海中仙山名。周祖谟先生与范祥雍先生均疑此二句中有脱误。 ③嗣宗：即阮籍。阮籍字嗣宗，三国魏尉氏（今属河南）人。曾为步兵校尉，人称阮步兵。与嵇康等人作竹林之游，为"竹林七贤"之一。籍精于音律。 ④叔夜：即嵇康，嵇康字叔夜。 ⑤逊遁：退避，逃避。容仪：容，指礼容；仪，礼节，仪式。 ⑥岑：小而高的山。曲：指山曲，即山势弯曲隐蔽处。 ⑦欹：斜，倾侧。 ⑧"庭为"句：庭，庭院，或本作"乃"；仁智，仁且智者，即既能遵守儒家的道德规范"仁"，又具有智慧，能灵活变通。作者认为庭院的主人是这样一种人。又《论语·雍也》："知（智）者乐水，仁者乐山。" ⑨森罗：草木繁蔚杂陈的样子。

方寸兮何所忆①?

【翻译】

　　正始寺是众官修建的。建于正始年间,所以用"正始"这两个字作它的名字。它位于东阳门外御道的南面,就是在被称作敬义里的地方。敬义里内有个典虞曹。正始寺房舍清静,比景林寺的还要漂亮。僧房的前面,高大的林木对着窗户,青青的松树与翠绿的西河柳枝桠相连,交相映衬。有不少枳树,但是不中吃。有一方石碑,石碑背面刻着侍中崔光施舍钱四十万,陈留侯李崇施舍钱二十万,其余众官施钱各不等,最少的也不少于五千。这石碑上面的文字是后人刊刻的。

　　敬义里的南面有个昭德里,里内有尚书仆射游肇、御史中尉李彪、七兵尚书崔休、幽州刺史常景、大司农张伦等五人的住宅。李彪、常景是读书人出身,住的房子很简朴;只有张伦最是豪华奢侈。张伦的屋舍漂亮华丽,服用与玩赏的物品精巧奇妙,进出乘坐车马,超过了小国之君。园林山池的美好,众位藩王也没有谁能赶得上。张伦人工造的景阳山,就好像自然界的山一样。山中重重叠叠的山崖与峰峦,高高耸立,接连不断。幽深

---

① 方寸:指心。

的溪谷与沟壑,曲折延绵,互相衔接。高林大树,足以使太阳与月亮的光辉受遮蔽而亏缺。虽然挂满了葛藤、垂下来许多萝蔓,风和烟雾仍能在它们之间进出。高低不平的石头小路,看上去好像堵塞不通,而实际上可以穿过。又深又险的山间水道,迂回曲折地绕过了几道弯然后又笔直地向前流去。所以对山野景物充满感情、富于兴趣的人们,在这里游览就会忘记回家。

天水人姜质,生性放纵不羁,他身穿麻衣,头戴葛巾,有逸民的节操。看见张伦的景阳山,姜质就爱上了它,好像自己都不能控制自己。于是他作了一篇《庭山赋》在世上流传。《庭山赋》写道:

人们所以特别看重这座景阳山,是由于爱从前古代贤人的一味纯朴,然而纯朴的实质是通向自然的桥梁。庄子与老子,他们觉悟到只有无为才能使内心光明,他们依托自然以谋求天下的长治久安。因而就专把山水当作财富,不把作官看成是可贵的事。凭着本性,要下沉时便下沉,要上浮时便上浮;看上去好像淡淡的没有什么味道。现在的大司农张氏,实质上已经步了他们后尘。他度量渊懿,超脱于世俗之外而焕然发光;屈伸自如,深深地领会了道的真谛。青松不比他更高洁,白玉也不如他珍贵。他心思寄托在虚无却又栖息于实有,情致进入古人的境界却又如同崭新的一样。既不一味放荡不羁，又不偏向于华靡俗尚。在喧闹与清静之间选择住处，是为了不因山水而遗忘一切，在庭院里筑起一半山头，修起一半沟壑，可以任凭自己眼睛去看、心思去想。在朝作官不加入追求声名荣誉者的行列，闲居在家不落隐居放诞者的窠臼。于是就挖除石头，开通泉水，在屋檐前堆起山岭。那山倾斜而上，峰顶与高空的云彩相并列，其底部的旁边又和深邃幽隐的房舍相连接。它把高居天河上的云雾吸引下来，又容纳着那遥远东海里的云烟。山中所有细小而分裂的形状都好像是古代的，纷乱剥落的样子好像有了上千年。至于那高峻的山岭、陡峭的山坡，无路可通，一攀登就会跌倒。泉水曲折流行而像浪一样峭急，山石高下错落，石头高大而众多。走四丈长的路就要登高一百次，十步之内就要逾越上千道障碍。从以上特点，就可知道巫山是比不上它的，不知道蓬莱山比起它来又怎么样。山上那些含烟带露的花花草草，有的倾斜，有的倒伏；经过霜打风吹的树干、枝条，半是耸立，半是低垂；碧玉般的树叶与金黄色的叶柄，分散地布满于台阶与地坪。那花儿炫目耀眼的绮丽，浓烈袭鼻的芳香，气候温暖、万物繁茂的春天是这样，白雪皑皑清清冷冷的冬季也是如此。有人说，这些珍木奇卉都是神灵的真髓，日月的精气，天地都不知道是怎么生出它们来的，别人怎么知道它们的名字呢？山上各种鸟儿飞翔奔走，颜色既有苍青，也有金黄的；有绿头的，有紫脸的，漂亮的鸟儿比比皆是。那白鹤本来生长在别的县，那红脚的鸟儿也是出自他乡。它们都是从遥远的地方来到此地，凭借这里的水与树木悠闲游乐。它们不再忆念沙漠上的春天，也忘记了高而向阳之地的秋季。如果不是这里的主人感动他们到了极点，为什么这些候鸟会不再飞向他方？这样神妙的地方哪里是低贱鄙俗者所追求的呢？实在是神仙异人所特别向往的啊！能够到那儿的人一定会写诗，敢于去的人没有不会作赋的。到达后，有的人走向多风的地方，有的人进入多云的去处。是爬上种有菊花的山峰，还是登上植着梅花的小丘？随着春秋季节的不同，他们想去的地方也就不一样。这地方从远的来说，受到了神仙的称赏；从近的来说，则被朝廷士大夫们所了解。他们都寻求脱离自身的束缚，加入到这山边游乐者行列中来，或像子英那样在玉质般的水里浮游捕鱼，或像王子乔那样把白鹤系在松枝上。方丈神山不算是最美妙，歌咏这里的姿态多奇。阮籍与嵇康听了这歌声神魂也为之震动,遗憾自己不能从地下钻出来,醉倒在这景阳山的入口处。也另有一些贵家子弟,他们逃避礼容礼仪,心里想念着山水,命令仆人驾着马车跟随前来。逢到山岑山曲就喜爱,遇上了岩石就往那倾斜的地方攀登。

  这所庭院是仁智者的土地,所以能筑这样一座石山:草木繁蔚杂陈啊,风烟长年绵绵;孤拔的苍松能屏去人的衰老,残缺的石头也可以使人益寿延年。假如不在这山边或坐或卧,春夏之际不来这里游历,那我的白骨就会徒然地枯朽,我的心啊还有什么可以回忆?

景宁寺　建中寺　宝明寺　归觉寺

本篇选自《洛阳伽蓝记》卷二《城东》。

西晋末年以后，中原战乱频仍，汉族统治者相继在建康(今南京)建立政权，中原士族渡江侨寓南方的也很多。晋末宋初，北魏统一了北方，拓跋氏(后改姓元)入主中原。于是形成南北对峙的局面。双方都以为自己是正统，各执一词。这一篇中陈庆之与杨元慎之争正是关于这一问题的一场激烈有趣的争论。作者显然是站在北方的立场上来记载这件事的，不过我们从中也可以看出北魏自迁都洛阳之后，鲜卑民族汉化程度之高。篇末述及解梦及猪呼喊乞命等事，虽为无稽之谈，但也可看到作者迷信、崇佛的一面。

景宁寺,太保司徒公杨椿所立也①。在青阳门外三里御道南,所谓景宁里也。高祖迁都洛邑②,椿创居此里,遂分宅为寺,因以名之。制饰甚美,绮柱珠帘。椿弟慎,冀州刺史;慎弟津,司空③。并立性宽雅④,贵义轻财,四世同居,一门三从⑤。朝贵义居⑥,未之有也。普泰中为尔朱世隆所诛,后舍宅为建中寺。

出青阳门外三里,御道北有孝义里。里西北角有苏秦冢⑦,冢旁有宝明寺。众僧常见秦出入此家,车马羽仪⑧,若今宰相也。

孝义里东,即是洛阳小市。北有车骑将军张景仁宅。景仁,会稽山阴人也⑨。正光年初从萧宝夤归化⑩,

---

① 杨椿:字延寿,华阴人,永安初年官至太保、侍中,后为尔朱世隆所害。《魏书》卷五十八有传。　②洛邑:即洛阳。　③司空:官名,掌管工程。　④宽雅:宽宏闲雅。　⑤三从(zòng纵):指从曾祖父、从祖父、从父。　⑥义居:旧时指数代同居,以孝义著称的大家庭。　⑦苏秦:战国时东周洛阳人。苏秦起初劝说秦惠王并吞天下,惠王不用,后便游说燕、赵、韩、魏、齐、楚六国合纵抗秦,佩六国相印,为纵约之长。合纵为张仪所破,苏秦到齐国任客卿,被人刺死。　⑧羽仪:古时仪仗队中用鸟羽装饰的旌旗之类。　⑨会(kuài快)稽:郡名。故地相当于现在的江苏东南部及浙江西部。治所山阴县(今浙江绍兴市)。　⑩萧宝夤:字智亮,南朝齐明帝萧鸾第六子,景明二年(501年)投奔北魏。见《魏书》卷五十九本传。此言"正光年初",与史有异。

拜羽林监,赐宅城南归正里。民间号为吴人坊,南来投化者多居其内①。近伊、洛二水,任其习御②。里三千余家,自立巷市。所卖口味,多是水族,时人谓为鱼鳖市也。景仁住此以为耻,遂徙居孝义里焉。

时朝廷方欲招怀荒服③,待吴儿甚厚,搴裳渡于江者④,皆居不次之位⑤。景仁无汗马之劳,高官通显。永安二年,萧衍遣主书陈庆之送北海入洛阳僭帝位⑥。庆之为侍中。景仁在南之日与庆之有旧⑦,遂设酒引邀庆之过宅。司农卿萧彪、尚书右丞张嵩并在其座⑧,彪亦是

---

① 投化:投奔归顺。 ② 习御:即习御长风的意思。这里指南方习于舟楫之人恃己之所长便用伊洛二水。 ③ 招怀:招致安抚。荒服:远方。古代以离京城二千五百里为荒服,有的说指四千五百里以外的地方。 ④ "搴(jiǎn 简)裳"句:搴,揭起,撩起。《诗·郑风·搴裳》:"子惠思我,搴裳涉溱。"《诗序》以为是"思大国之正己"。 ⑤ 不次:不依寻常次序,等于说超擢,破格提拔。 ⑥ 北海:指北海王元颢。僭帝位:越分窃居帝位。僭,超越本分,旧指冒用在上者的名义、礼仪或器物。 ⑦ 有旧:有老交情。旧,指故交,旧谊。 ⑧ 司农卿:官名。掌管粮食积储、仓廪管理及京朝官员禄米供应等事务。尚书右丞:尚书省属官。尚书省设左、右丞分管事务。萧彪、张嵩二人史书无传。

南人。唯有中大夫杨元慎、给事中大夫王昫是中原士族①。庆之因醉谓萧、张等曰："魏朝甚盛,犹曰五胡②;正朔相承③,当在江左。秦朝玉玺④,今在梁朝。"元慎正色曰："江左假息⑤,僻居一隅,地多湿垫⑥,攒育虫蚁⑦,疆土瘴疠⑧,蛙黾共穴⑨,人鸟同群。短发之君⑩,无杼首之貌⑪;文身之民⑫,禀蕞陋之质⑬。浮于三江⑭,棹于五

景宁寺

---

① 中大夫:官名,备顾问应对。给事中大夫:官名,即在皇帝左右供职的中大夫。士族:即世族,东汉以后在统治阶级内部逐渐形成的世家大族,在政治、经济各方面享有特权。② 五胡:晋武帝死后,晋室内乱,北方的匈奴、羯、鲜卑、氐、羌五个少数民族相继建立王朝,旧史称为"五胡"。③ 正朔:"正"为年始,"朔"为月初;古时改朝换代,新王朝表示"应天承运",须重定正朔,所以正朔一般指帝王新颁的历法。这里则指"应天承运"而颁新历法的帝王。④ 玉玺:专指帝王的玉印,始于秦朝。⑤ 假息:苟延残喘。假,暂且,权宜。⑥ 湿垫:潮湿。垫,下湿。⑦ 攒(cuán 窜阳平):聚集。⑧ 瘴疠:旧指南方山林湿热地区流行的恶性传染病。瘴,瘴气,南方湿热蒸郁致人疾病之气;疠,瘟疫。⑨ "蛙黾(měng 猛)"句:黾,蛙的一种。左思《魏都赋》:"句吴与蛙黾同穴。"⑩ 短发:即断发。⑪ 杼首:梭形的头,长头。古代以杼首为伟人与长寿之相。⑫ 文身:身上刺着花纹。文身与断发都是古代吴越的风俗,以为这样就可以避水中蛟龙之害。⑬ 蕞(zuì 最)陋:矮小。蕞,矮小的样子。⑭ 三江:指娄江、东江与松江。

湖①,礼乐所不沾②,宪章弗能革③。虽复秦余汉罪④,杂以华音⑤,复闽楚难言,不可改变。虽立君臣,上慢下暴。是以刘劭杀父于前⑥,休龙淫母于后⑦,见逆人伦,禽兽不异。加以山阴请婿卖夫⑧,朋淫于家,不顾讥笑。卿沐其遗风,未沾礼化,所谓阳翟之民不知瘿之为丑⑨。我魏

① 五湖:五湖之说甚多,一指滆湖、洮湖、射湖、贵湖及太湖。 ② 礼乐:这里指礼仪教化。 ③ 宪章:典章制度。 ④ 秦余汉罪:左思《魏都赋》:"汉罪流御,秦余徙帑。"帑,残余,指罪人。意思是秦汉流放罪人于南方以御魑魅。 ⑤ 华音:指中原地区口音。 ⑥ 刘劭杀父:刘劭,宋文帝刘义隆之子,元嘉六年(429年)立为太子,元嘉三十年(453年),文帝打算废除他,结果被刘劭所杀。事详《宋书》卷九十九。 ⑦ 休龙淫母:休龙即宋孝武帝刘骏,文帝第三子,字休龙。《魏书》卷九十七说他淫乱无度,曾奸淫自己的母亲路氏。 ⑧ 山阴请婿卖夫:山阴,即山阴公主,宋前废帝刘子业的姐姐,名楚玉。山阴公主淫恣过度,她对弟弟废帝说:"我与你虽然男女有别,但都是先帝所生,你宫中的女人数以万计,而我只有驸马一个男人,事情不公平怎么到了这种程度呢?"于是子业就给她派了三十个面首(男妾)。婿,这里指男妾。事见《宋书》卷七《废帝纪》。 ⑨ "所谓"句:阳翟,郡名,故治在今河南禹县,南近汝水,西与汝州相接。《韵语阳秋》云:"汝人多苦瘿。"瘿,颈部长的囊状瘤子。阳翟人由于水土原因,颈脖子上长瘤子习以为常,所以说"不知瘿之为丑"。

膺箓受图①,定鼎嵩洛②,五山为镇③,四海为家。移风易俗之典④,与五帝而并迹;礼乐宪章之盛,凌百王而独高。岂卿鱼鳖之徒⑤,慕义来朝,饮我池水,啄我稻粱,何为不逊,以至于此?"庆之等见元慎清词雅句,纵横奔发,杜口流汗,含声不言。

于后数日,庆之遇病,心上急痛,访人解治。元慎自云能解,庆之遂凭元慎。元慎即口含水噀庆之曰⑥:"吴人之鬼,住居建康⑦,小作冠帽,短制衣裳,自呼阿侬⑧,语则阿傍⑨。菰稗为饭,茗饮作浆⑩,呷啜莼羹⑪,唼嗍蟹

---

①膺箓受图:旧指帝王接受天命,应运而兴。膺,受,当;箓:符命。图指河图,据传说,伏羲时,有龙马从黄河出现,背"河图",古人认为这是帝王圣者受天命的佳瑞。 ②定鼎嵩洛:定鼎,指建立国都。旧传禹铸九鼎,以象九州,历商至周,作为传国重器,置于国都。后因称定立国都为定鼎。嵩洛,即洛阳,以嵩山在其东而名。 ③五山:指华山、首山、太室山、泰山、东莱山。 ④典:典册、典籍。 ⑤岂:安,哪里。徒:与……同类的人。 ⑥噀(xùn 讯):含在口中而喷出。 ⑦建康:地名,即今南京。 ⑧阿侬:古代吴人的自称,等于说"我","阿"是词头。 ⑨阿傍:带着"阿"字。吴语呼人多冠以"阿"字,所以说"阿傍"。 ⑩茗饮:茶汁。浆:即酪浆,奶酪。 ⑪莼(chún 纯):植物名,一名水葵,多生湖泊河流之中,可以做羹。

景宁寺

黄①，手把荳蔻②，口嚼槟榔。乍至中土③，思忆本乡，急手速去④，还尔丹阳⑤！……"庆之伏枕曰："杨君见辱深矣。"自此后，吴儿更不敢解语⑥。

北海寻伏诛，其庆之还奔萧衍，衍用其为司州刺史⑦，钦重北人，特异于常。朱异怪复问之。曰："自晋、宋以来，号洛阳为荒土⑧，此中谓长江以北尽是夷狄⑨。昨至洛阳⑩，始知衣冠士族并在中原⑪，礼仪富盛，人物殷阜，目所不识，口不能传。所谓帝京翼翼，四方之则⑫，如登泰山者卑培塿⑬，涉江海者小湘、沅，北人安可不重？"庆之因此羽仪服式悉如魏法，江表士庶竞相模楷，

---

① 唼喢（shà shuò 霎朔；喢，或读 suō 梭）：指吃食。唼，水鸟或鱼吃食；喢，吮吸。 ② 荳蔻：草实，皮壳小而厚，核似石榴，气味辛香。 ③ 中土：指中原地区。汉以来，以今河南一带为中土。 ④ 急手速去：一本作"急急速去"。 ⑤ 丹阳：郡名，属扬州，治所建业县（今南京市）。 ⑥ 解语：等于说放言。解，放。 ⑦ 司州：州名，梁朝置，侨治义阳，在今河南信阳县南四十里。 ⑧ 荒土：荒远之地。 ⑨ 夷狄：古代称东方部族为夷，称北方部族为狄。夷狄常用以泛称除华夏以外的各族。 ⑩ 昨：过去。 ⑪ 衣冠：古代士以上戴冠，衣冠连称是古代士以上的服装，这里引申指世族、官绅。 ⑫ "帝京"二句：语出《诗经·殷武》："商邑翼翼，四方之极。"《三家诗》本作"京邑翼翼，四方是则"。意思是商王的京邑里翼翼然都能礼让恭敬，是四方诸侯之国效法的准则。翼翼，恭敬的样子。 ⑬ 培（pǒu 剖上声）塿：小丘。

褒衣博带①，被及秣陵②。

元慎，弘农人③，晋冀州刺史峤六世孙。曾祖泰，从宋武入关④，为上洛太守七年⑤；背伪来朝⑥，明〔元〕帝赐爵临晋侯⑦，广武郡、陈郡太守⑧，赠凉州刺史⑨，谥烈侯⑩。祖抚，明经⑪，为中博士⑫。父辞，自得丘壑⑬，不事王侯。叔父许，河南令，蜀郡太守⑭。世以学行著闻，名高州里⑮。元慎清尚卓逸，少有高操，任心自放，不为

---

① 褒衣博带：古代儒生的装束，等于说宽袍大带。褒，衣襟宽大。 ② 秣陵：即金陵。 ③ 弘农：郡名。治所在今河南灵宝北，辖境相当今河南内乡、宜阳县以西，黄河、华山以南，陕西水县以东。 ④ 宋武：即宋武帝刘裕。 ⑤ 上洛：郡名，治所上洛县（今陕西商县）。 ⑥ 伪：这里指刘宋，因杨衒之是北魏人，所以这样称呼。 ⑦ 明元帝：即拓跋嗣，北魏第二代皇帝，公元409年—423年在位。 ⑧ 广武郡：郡名，治所在今甘肃永登县东南。陈郡：郡名，治所陈县（今河南淮阳县）。 ⑨ 赠：封建王朝以爵位名号赐予臣下及其家属，生者称为"封"，死者称为"赠"。凉州：州名，辖境相当于现在的甘肃、宁夏和青海、内蒙古的一部分。 ⑩ 谥（shì是）：谥号，古代帝王、后妃、贵族、大臣及名人死后，根据他的生平事迹，评定一个表示褒贬的称号。谥在这里用作动词。 ⑪ 明经：通晓经术，汉代曾以明经射策举士。 ⑫ 中博士：学官名。 ⑬ 丘壑：山陵溪谷，常指乡村隐居的地方或隐逸的生活。 ⑭ 蜀郡：郡名，属益州，治所在今四川成都市，辖境包括今四川成都市及温江地区大部分县境。 ⑮ 州里：古代二千五百家为州，二十五家为里，这里泛指本土和乡里。

景宁寺

时羁。乐山爱水，好游林泽。博识文渊，清言入神①，造次应对②，莫有称者。读《老》、《庄》，善言玄理。性嗜酒，饮至一石，神不乱。常慷慨叹不得与阮籍同时生。不愿仕宦，为中散③，常辞疾退闲，未尝修敬诸贵④，亦不庆吊亲知。贵为交友，故时人弗识也。或有人慕其高义，投刺在门⑤，元慎称疾高卧。加以意思深长⑥，善于解梦。孝昌年，广阳王元渊初除仪同三司⑦，总众十万北讨葛荣⑧，夜梦著衮衣⑨，倚槐树而立，以为吉征。问于元慎。元慎曰："三公之祥。"渊甚悦之。元慎退还，告人曰："广阳死矣。槐字是木傍鬼，死后当得三公。"广阳果为葛荣所杀，追赠司徒公，终如其言。建义初，阳城太守薛令伯闻太原王诛百官⑩，立庄帝，弃郡东走，忽梦射得雁，以问

①清言：清雅的言谈议论。 ②造次：仓猝，匆忙。 ③中散：官名，即中散大夫的省称。参与议论朝政，无固定名额。 ④修敬：表示敬意，这里是巴结奉承的意思。 ⑤投刺：递名帖求见。刺，名帖。 ⑥意思：思想，心思。 ⑦广阳王元渊：北魏皇族，封爵广阳王，孝昌二年（526年）率军讨鲜于修礼，为修礼部将葛荣所杀。《北史》卷十六有传。 ⑧葛荣：北魏流民起义首领，原为鲜于修礼部将。孝昌二年称天子，国号曰齐。后被尔朱荣擒杀。 ⑨衮衣：古代皇帝及上公所穿绣龙的礼服，即所谓龙袍。 ⑩阳城：郡名。治所阳城县（今河南登封东南告城镇）。

元慎。元慎曰："'卿执羔，大夫执雁①'。君当得大夫之职。"俄然令伯除为谏议大夫②。京兆许超梦盗羊入狱③，问于元慎。〔元慎〕曰："君当得城阳令④。"其后有功，封城阳侯。元慎解梦，义出万途，随意会情，皆有神验。虽令与侯小乖，按令今百里，即是古诸侯，以此论之，亦为妙著。时人譬之周宣⑤。及尔朱兆入洛阳，即弃官与华阴隐士王腾周游上洛山⑥。

孝义里东市北殖货里。里有太常民刘胡兄弟四人⑦，以屠为业。永安中，胡杀猪，猪忽唱乞命，声及四邻。邻人谓胡兄弟相殴斗而来观之，乃猪也。胡即舍宅为归觉寺，合家入道焉。普泰元年，此寺金像生毛，眉发

景宁寺

---

① 卿执羔，大夫执雁：语出《周礼·春官·大宗伯》。意思是卿拿小羊羔作见面礼，大夫拿雁作见面礼。 ② 谏议大夫：官名，掌议论。 ③ 京兆：地名。汉称京兆尹，三辅之一。魏改称郡。辖境约当今陕西秦岭以北、西安市以东、渭河以南地区。 ④ 城阳：县名，治所在今河南泌阳县南。 ⑤ 周宣：三国曹魏时人，善解梦。 ⑥ 上洛山：在洛州上洛郡上洛县界，即今陕西商县境内。 ⑦ 太常民：太常，即太常寺，为掌礼乐与郊庙祭祀等的官署。太常民是隶属太常寺管辖，为礼乐郊庙祭祀等服务的民户。

悉皆具足。尚书左丞魏季景谓人曰①："张天锡有此事②，其国遂灭。此亦不祥之征。"至明年而广陵被废死③。

【翻译】

　　景宁寺是太保司徒公杨椿修建的。它位于青阳门外三里御道的南面，就是在人们称作景宁里的地方。高祖迁都洛阳的时候，杨椿在景宁里创建了住宅，接着又分出一部分房子作为寺院，因此就用"景宁"这两个字给寺院命名。景宁寺建造装饰得非常漂亮，柱子上雕绘着花纹，帘子是用珠子制成的。杨椿的弟弟杨慎是冀州刺史；杨慎的弟弟杨津任司空。他们都秉性宽宏闲雅，重视道义而轻视钱财，上下四代共同住在一起，一家当中有从曾祖父、从祖父与从父，在朝廷权贵的孝义之家中，还没有像杨椿家这样的。节闵帝普泰年间，杨椿全家被

---

　　① 魏季景：巨鹿下曲阳人，魏收族叔，文才与收齐名。《北史》卷五十六有传。　② 张天锡：安定乌氏人，字纯嘏，小名独活，前凉国君张骏少子。晋哀帝兴宁元年（363年）天锡杀侄玄靓自立，晋孝武帝太元元年（376年）为苻坚所灭。生平事迹见《晋书》卷八十六本传。　③ 广陵：即广陵王元恭，史称节闵帝。恭原爵广陵王，普泰元年（531年）尔朱世隆拥立为主，未久遭废黜。

尔朱世隆杀害，后来，把他家住宅施舍给佛门，成为建中寺。

　　出青阳门外三里，在御道的北面有个孝义里。孝义里的西北角上有苏秦的坟墓，苏秦墓旁边有座宝明寺。宝明寺的和尚们经常看到苏秦在这座坟墓里出出进进，他的车马和羽盖仪仗，就好像现在的宰相一样。

　　孝义里的东面就是洛阳小市，北面有车骑将军张景仁的住宅。张景仁是会稽郡山阴人，孝明帝正光初年跟随萧宝夤归顺我朝，授给他羽林监的官职，在城南归正里赐给住宅。民间称归正里为吴人坊，从南方前来投奔归顺的人都住在那里面。归正里靠近伊河、洛河，让他们住在那里是为了听凭那些习舟楫的南方人便于利用它们。归正里有三千多户人家，自己建立了里弄集市，集市上所卖的食物，都是生活在水里的动物，当时的人们称它作鱼鳖市。张景仁认为住在归正里是羞耻的事情，于是就迁家到孝义里来了。

　　当时朝廷正打算招致和安抚远方的人，所以对吴人特别优待，只要是思大国正己而撩起衣服渡江前来的，都破格处以高位，所以张景仁没有一点汗马功劳，却能够高官显达。永安二年，萧衍派主书陈庆之送北海王元颢进洛阳僭居帝位，陈庆之担任侍中。张景仁在南边的时候与陈庆之有交情，于是他就设酒宴邀请陈庆之光顾他家。当时司农卿萧彪、尚书右丞张嵩都在那席上，萧彪也是南方人。只有中大夫杨元慎与给事中大夫王昫是中原的世家大族。陈庆之趁着酒意对萧彪、张嵩等人说："魏朝很昌盛，可还是'五胡'；应天命颁正朔的帝王应当在江南，秦朝的玉玺，现在就是在梁朝。"杨元慎很严肃地说道："江南苟且偷安，偏僻地处于一个小角落里。那里土地潮湿，繁生蛇虫蚂蚁；国土上瘴气弥漫，瘟疫流行；人与青蛙一起栖息，与鸟儿同群为伍。国君头发截得短短的，没有一点伟人的样子；老百姓身上刺着花纹，天生矮小鄙陋的身躯。人们在三江五湖中游水划船，不曾受礼乐教化的熏陶，典章制度也不能改变他们。虽然在秦、汉二朝曾把犯人流放到那里去，在他们中间掺上中原的口音，但他们那些闽楚一带难听的方言，还是无法改变。虽然设立了君臣的等级制度，但是国君行为轻慢，臣下粗暴无礼，因此先前曾发生过刘劭杀害父亲的事，后来又有刘骏奸淫母亲的丑闻。他们违背人与人的关系准则，与禽兽没有什么两样。加上还有位山阴公主，她向皇帝请求增派男妾，背叛了自己的亲丈夫，在家中集体淫乱，也不顾忌别人讽刺与嘲笑。你深受那样风俗的影响，没有接受过礼的教化，这就是人们所说的阳翟郡的人不知道脖子上的肉瘤是个丑东西。我们魏朝接受天命，在洛阳建立国都，把华山、首山、太室山、泰山、东莱山等五座大山当作方镇,把天下看成是自己的私家。各种移风易俗的典籍,与五帝并驾齐驱;礼乐教化与典章制度的盛多,超过了历代帝王而独自高出一筹。哪里像你这个与鱼鳖为伍之徒!钦慕我国的义方前来朝见,喝的是我国池塘里的水,吃的是我国生产的粮食,为什么不恭敬到了这种地步呢?"陈庆之等人见杨元慎高洁文雅的词句纵横奔发,于是闭上嘴巴,全身流汗,憋住声音不再说什么。

  在发生这事几天以后,陈庆之得了病,胸部剧烈疼痛,他访求人给他医治。杨元慎自称能给他解除病痛,于是陈庆之就任凭他处置。杨元慎含了一口水喷在陈庆之身上,嘴里念道:"吴人的鬼,住在建康。帽子做得很小,衣服裁得不长。称呼自己叫'阿侬',出言吐语请'阿'来帮忙。把菰米稗粒作为饭食,把茶汁代替酪浆。喝的是莼菜汤,吞食着螃蟹黄。手里拿着豆蔻,嘴里嚼着槟榔。刚刚来到中原大地,念念不忘自己故乡。快快离开这里,回到你的丹阳!……"陈庆之伏在枕头上说:"杨君你侮辱我也太厉害了!"从此以后,吴人更加不敢放肆地说话了。

  不久,北海王元颢被杀,那陈庆之回去投奔萧衍,萧衍任命他担任司州刺史。他非常敬重北方人,跟当时的一般情况大为不同。朱异对此感到很奇怪,问他原因。

陈庆之说:"自从晋朝、宋朝以来,都称洛阳为荒远之地,这里的人认为长江以北全都是'夷狄'。我上次到洛阳去,才知道士大夫的大姓世族全都在中原。那里礼仪繁多,人才济济,是我的眼睛所从来没有看到过的,嘴巴说也说不清楚。真是所谓'帝京翼翼,四方之则'。这就好比登上过泰山的人会认为土丘很矮小,曾经渡过长江大海的人把湘水、沅水看成是小河流。对北方的人怎么可以不重视呢?"因此,陈庆之的羽盖仪仗和服装款式全都按照魏国的样子制作,江南的士族和庶族也争先恐后地模仿,结果,儒生的宽袍大带一直影响到了金陵。

杨元慎是弘农郡人,是晋朝冀州刺史杨峤的第六代孙。他的曾祖杨泰,跟随宋武帝刘裕入关,作了七年上洛郡太守。后来,杨泰背叛刘宋归顺我国,明元帝赐给他临晋侯的爵位,又任命他担任广武郡、陈郡太守,死后追赠为凉州刺史,谥号烈侯。他的祖父杨抚通晓经术,担任中博士之职。父亲杨辞,自己喜欢过乡村僻野的隐逸生活,不愿事奉王侯。叔父杨许,曾先后任河南知县、蜀郡太守。他家世世代代都以学问与操行著称,在本土本乡享有很高的声望。杨元慎清洁高尚,优秀特出,少年的时候就有很高的操守。他任凭心意,放任自己,不被时俗所束缚。他喜欢山水,爱好在山林川泽间游玩。他见识广博,文学修养精深,清雅的言谈议论达到了神妙的境界，匆忙间应对答问，没有人能比得上他。他读老子和庄子的著作，擅长谈论道家幽深微妙的道理。他生性喜欢喝酒，饮到十斗酒还神志不乱。他常常慨叹自己不能与阮籍生活在同一个时代。他不愿作官，作了个中散大夫，还常常托病回去闲居。他从不去巴结奉承那些权贵们，也不庆贺和慰问亲戚朋友。这是因为他把交友看得很重，所以当时一般的人不能理解他。有时候有人钦慕他高尚的节操，在门上递名帖求见，元慎推说有病，高卧不起。加上他考虑问题精深长远，所以又善于破解梦境。孝昌年间，广阳王元渊刚刚被任命为仪同三司，统率十万大军到北方去讨伐葛荣，夜里元渊梦见自己身穿龙袍，靠在槐树旁站着。元渊认为这是好兆头，就向元慎询问。元慎说："这是你要得到三公职位的征兆。"元渊听了很高兴。元慎从元渊那儿回来，告诉人说："广阳王要死了。'槐'字是'木'字旁边靠着一个'鬼'，他死后会得到三公的职位。"后来广阳王果然被葛荣杀了，朝廷追赠他为司徒公，终于符合了元慎的预言。建义初年，阳城太守薛令伯听说太原王尔朱荣杀戮百官，拥立了庄帝，就丢弃郡城向东逃跑，他忽然梦见自己射到了一只雁，就把梦中的情况向元慎请教。元慎说："'卿拿的见面礼是小羊羔，大夫拿的见面礼是雁。'你应当得到大夫的职位。"不久，薛令伯被任命为谏议大夫。

京兆人许超梦见自己偷羊进了牢狱,也去向元慎询问。元慎说:"你会得到城阳县令的职位。"后来许超有功劳,被封为城阳侯。元慎解析梦境的时候,通过多种途径把梦的真实含义寻究出来,随其心意领会,都有神奇的应验。虽然"令"与"侯"有小小的差误,考现在的县令管一百里的地方,也就相当于古代诸侯的封地,凭这一点来说,也是很神妙的破解。当时人们都把元慎比作周宣。等到尔朱兆进入洛阳,元慎就丢弃官职,与华阴县的隐士王腾遍游上洛山去了。

  孝义里的东面、集市的北面有个殖货里,里内住着隶属太常寺的民户刘胡兄弟四个人,他们以屠宰为职业。永安年间,刘胡杀猪,猪忽然喊"救命",喊声连四周的邻居都听见了。邻居以为是刘胡弟兄之间互相打架,因此大家都跑来观看,原来竟是猪叫。于是刘胡就施舍住宅,把它改建成归觉寺,全家人都皈依了佛教。普泰元年,这归觉寺里的铜佛像身上长了毛,眉毛与头发都具备了。尚书左丞魏季景对人说:"张天锡的时候有过这样的事,他的国家于是就灭亡了。现在这也是不吉利的征兆。"到了第二年,广陵王被废黜死了。

景 明 寺

本篇选自《洛阳伽蓝记》卷三《城南》。景明寺是北魏世宗宣武皇帝元恪修建的,为洛阳著名寺院之一。本文介绍了景明寺形胜之美、四月八日出像盛会及为寺院撰写碑文的邢子才其人的生平、思想与创作情况。从作者对出像盛会的描述,我们可以窥见当时北方人们崇佛求福之热烈;而对邢子才的介绍,则又使我们看到北魏政权重视文化的一个侧面。

景明寺,宣武皇帝所立也。景明年中立①,因以为

---

① 景明:魏世宗宣武帝元恪年号(500年—503年)。

名。在宣阳门外一里御道东。其寺东西南北方五百步①。前望嵩山、少室②,却负帝城③。青林垂影,绿水为文。形胜之地,爽垲独美④。山悬堂光观盛⑤,一千余间。复殿重房,交疏对霤,青台紫阁,浮道相通⑥。虽外有四时⑦,而内无寒暑。房檐之外,皆是山池。松竹兰芷⑧,垂列阶墀,含风团露,流香吐馥⑨。

至正光年中,太后始造七层浮图一所,去地百仞⑩。是以邢子才碑文云"俯闻激电⑪,旁属奔星⑫",是也。妆饰华丽,侔于永宁⑬。金盘宝铎,焕烂霞表。

寺有三池,萑蒲菱藕⑭,水物生焉。或黄甲紫鳞⑮,

---

① 步:长度单位,历代规定不一。周代以八尺为步,秦朝以六尺为步,旧制以营造尺五尺为步。 ② 嵩山:山名,在洛阳东南。少室:即少室山,是嵩山的最西峰。 ③ 帝城:指洛阳城。 ④ 爽垲:高朗干燥。 ⑤ "山悬"句:原本与范祥雍《校注》均疑此句有脱文。"山悬"与"堂光观盛"之间缺乏内在联系。 ⑥ 浮道:架设在空中的通道。 ⑦ 四时:四季。 ⑧ 芷:即白芷,香草名。 ⑨ 馥:香,香气。 ⑩ 仞:古代长度单位。关于仞的实际长度说法不一,据陶方琦《说文仞字八尺考》,说周制一仞为八尺,汉制为七尺,东汉末则为五尺六寸。 ⑪ 电:指雷电。 ⑫ 属:与"瞩"通,望的意思。 ⑬ 侔:等同。 ⑭ 萑(huán环):芦类植物,幼小时叫"蒹",长成后称"萑"。蒲:即香蒲,一种水生植物。 ⑮ 黄甲:指龟鳖类甲壳动物。紫鳞:指鱼类。

出没于蘩藻①;或青凫白雁②,沉浮于绿水。碾硙舂簸③,皆用水功。伽蓝之妙,最为称首。

时世好崇福④,四月七日,京师诸像皆来此寺。尚书祠部曹录像凡有一千余躯⑤。至八日,以次入宣阳门,向阊阖宫前受皇帝散花⑥。于时金花映日⑦,宝盖浮云,旛幢若林⑧,香烟似雾,梵乐法音⑨,聒动天地⑩。百戏腾骧⑪,所在骈比⑫。名僧德众,负锡为群⑬;信徒法侣⑭,持花成薮⑮。车骑填咽⑯,繁衍相倾⑰。时有西域胡沙门见此,唱言佛国⑱。

---

① 蘩藻:都是水草的名称。 ② 凫:泛指野鸭。 ③ 硙(wèi 位):磨子,这里用作动词。舂(chōng 充):用杵臼捣去谷物皮壳。簸(bǒ 跛):扬去谷米中的糠皮杂物。 ④ 崇福:盛大的祭祀。福,指以祭祀求福。 ⑤ 祠部曹:掌管祭祀的官署。 ⑥ 散花:散布花朵,为向佛致礼的一种仪式。 ⑦ 金花:指莲座。 ⑧ 旛幢(fān chuáng 番床):旛,长方而下垂的旗子;幢,旧时作为仪仗的一种旗帜。旛幢,这里泛指各种旌旗。 ⑨ 梵乐法音:指佛教音乐和诵经的声音。 ⑩ 聒:噪,喧哗。 ⑪ 百戏:各种散乐杂技。如扛鼎、寻橦、吞刀、爬竿、吐火、耍龙灯之类。腾骧:指马戏。 ⑫ 骈比:排列相接的样子。 ⑬ 锡:禅杖。 ⑭ 法侣:僧侣,和尚。 ⑮ 薮:丛林。 ⑯ 车骑:车马的行列。咽:这里指交通要道。 ⑰ 繁衍:连属盛多的样子。 ⑱ 唱言:等于说称叹。佛国:佛出生之地,指印度。

至永熙年中,始诏国子祭酒邢子才为寺碑文①。子才,河间人也②。志性通敏,风情雅润。下帷覃思③,温故知新④。文宗学府⑤,蹄班马而孤上⑥;英规胜范,凌许郭而独高⑦。是以衣冠之士⑧,辐辏其门⑨;怀道之宾,去来满室。升其堂者,若登孔氏之门;沾其赏者,犹听东吴之句⑩。籍甚当时,声驰遐迩。

① 国子祭酒:学官名,为国子监的主管官。邢子才:即邢邵,字子才。《北齐书》卷三十六有传。 ② 河间:郡名,故治在今河北省献县东南。 ③ 下帷:放下室内悬挂的帐幕。指闭门苦读。覃(tán 谈):深。 ④ 温故知新:温习旧业,增加新知。 ⑤ 文宗:受众人宗仰的文章大家。学府:学问的府库,意思是学问很渊博。 ⑥ 蹄:同"腾"。班马:班指班固,马是司马迁。班固是《汉书》的作者,司马迁是《史记》的作者,两人对历史学都有重要贡献,并且都是汉代著名的文章大家。 ⑦ "英规"二句:规,校正圆形的工具。范,模子。许、郭,指东汉时许劭与郭泰,两人都以善于品题人物著称;通过品题人物,实际上也就显示了为人的规矩和模范。这两句是说,邢邵在品题人物方面比许、郭还高明。 ⑧ 衣冠:古代士以上戴冠,衣冠连称是指士以上的服装。也用以借指世族、士绅。 ⑨ 辐(fú 福)辏:车辐凑集于车毂上,比喻人或物聚集一处。辐,车轮中凑集于中心毂上的直木。 ⑩ 东吴之句:指鲁肃称赞吕蒙。据《三国志·吕蒙传》注,鲁肃后来代替周瑜为大都督,到吕蒙那儿去议论,经常被吕蒙问得理屈词穷,鲁肃拍着吕蒙的背说:"我以为大弟你只有武略罢了,到今天你学识英博,不再是吴下阿蒙了。"

正光末,解褐为世宗挽郎①,奉朝请。寻进中书侍郎、黄门〔侍郎〕。子才洽闻博见,无所不通,军国制度,罔不访及。自王室不靖②,虎门业废③。后迁国子祭酒,谟训上庠④。子才罚惰赏勤,专心劝诱,青领之生⑤,竞怀雅术。洙泗之风⑥,兹焉复盛。永熙年末,以母老辞,帝不许之。子才恪请⑦,辞情恳至,涕泪俱下,帝乃许之。诏以光禄大夫归养私庭⑧,所在之处,给事力五人⑨,岁一入朝,以备顾问。王侯祖道⑩,若汉朝之送二疏⑪。

---

① 解褐:指脱去布衣(平民服装)而换上官服,即作官之意。挽郎:即挽车郎,牵引灵柩而唱挽歌的人。 ② 靖(jìng净):安定。 ③ 虎门:本来指路寝之门,即古代天子、诸侯的正室,因为门外画虎,所以称"虎门"。这里是指国子学而言。《周礼·地官·师氏》:"居虎门之左,司王朝,掌国中失之事以教国子弟。" ④ 谟:谋,筹划。训:引导。庠:学校;上庠指太学、国子监。 ⑤ 青领:古代学生穿的服装。 ⑥ 洙泗之风:指儒家的礼乐教化。洙、泗,鲁国两条河流的名称,孔子曾讲学于洙、泗之间。 ⑦ 恪:恭敬。 ⑧ 光禄大夫:官名,掌顾问应对。魏晋以后,皆为加官及褒赠之官,并非正职。 ⑨ 事力:仆人。 ⑩ 祖道:旧时为出行的人祭祀路神,并饮宴送行。 ⑪ 二疏:指疏广、疏受。疏广,西汉东海兰陵人,少年好学,精通《春秋》。家居教授学徒,远方的人都前来就学。后征为博士,宣帝时任太子太傅,其侄疏受也以贤良起家,官至少傅。在任五年,两人都称病还乡,临行时,公卿、士大夫、故人、学生设帐于东都门外为他们饯行,送行的车子有几百辆。事见《汉书》本传。

暨皇居徙邺①,民讼殷繁,前革后沿,自相与夺,法吏疑狱,簿领成山②。乃敕子才与散骑常侍温子昇撰《麟趾新制》十五篇。省府以之决疑③,州郡用为治本。武定中④,除骠骑大将军、西兖州刺史⑤。为政清静⑥,吏民安之。后征为中书令。时戎马在郊,朝廷多事⑦,国礼朝仪,咸自子才出。所制诗、赋、诏、策、章、表、碑、颂、赞、记五百篇⑧,皆传于世。邻国钦其模楷,朝野以为美谈也。

【翻译】

　　景明寺是宣武皇帝修建的,建于景明年间,所以就用"景明"这两个字给它命名。它位于宣阳门外一里,在御道的东面。寺院东西南北见方五百步。前面与嵩山、少室山遥遥相望,后面则背靠着洛阳城。青青的树林垂下倒影,碧绿的河水形成美丽的波纹。这风景优美的地

---

① 皇居:指京城。 ② 簿领:登记的文簿。 ③ 省府:省,指尚书省、中书省、门下省等官署,一说指宫禁中;府,大臣宰执办公之处。省府这里指中央政府机构。 ④ 武定:东魏孝静帝元善见年号(543年—550年)。 ⑤ 西兖州:州名,孝昌二年(526年)置,领沛、济阴二郡,治所定陶(今山东定陶县),后徙左城(河北安平县一带)。 ⑥ 清静:即清静无为。 ⑦ 多事:多变故,多患难。 ⑧ 诗、赋、诏、策、章、表、碑、颂、赞、记:都是文体名称。

方,高朗干燥,独擅其美。寺中殿堂观阁光辉隆盛,像是从山上悬挂下来似的,总共一千多间。佛殿与僧房重重叠叠,刻有花纹的窗子与屋檐瓦罍两两相对。青色的高台与紫色的楼阁之间,凌空架设着通道交相往来。虽然寺院外部有四季的变化,而寺院里面却没有寒冷与暑热的分别。房檐的外面,都是山与池沼。青松、翠竹、兰草、白芷,分布排列在台阶两旁,它们被风吹拂着,身上带着圆圆的露珠,散发出浓郁的芳香。

　　到孝明帝正光年间,胡太后才在这里造了一座七层宝塔,宝塔距离地面一百仞。所以邢子才在撰写的碑文上说"在塔上低身弯腰听雷声,在自己身边看流星",那就是指它的这种高度。宝塔的装饰华丽,与永宁寺塔不相上下。塔上的铜盘与大铜铃在云外焕发出灿烂的光辉。

　　景明寺有三所池塘,芦苇、香蒲、菱角、莲藕等水中植物生长在里面。有时龟鳖与鱼儿在水草中出没,有时黑色的野鸭与白色的雁鹅在绿水中沉浮。这里碾米、磨面、舂谷、扬糠,都是利用水力的作用。寺院之奇妙,这里要称为第一。

　　当时,世上的人喜欢搞盛大的祭祀活动。四月七日这一天,京城里各个寺院的佛像都运到景明寺里来。尚书省祠部曹登录的佛像共有一千多尊。到四月八日,这些佛像按照次序进入宣阳门,到阊阖宫门前去接受皇上散花行礼。在这时候,金色的莲花佛座辉映着太阳,悬在佛像上的伞盖就像天上飘浮的云彩,各种各样的旗帜密密麻麻如同树林一般,焚香所生发出的烟气缭绕,好似弥天大雾。佛教音乐和诵经的声音喧哗得连天地都震动了。各种散乐杂技马戏,到处排列相接。有名望有德行的和尚们肩扛禅杖,成群结队;信徒和僧侣们手持的鲜花密集如同丛林。车马的行列堵塞了交通要道,连续不断,互相挤压。当时有位从西域来的和尚见了这般情景,称叹说这里好像就是佛祖出生之地。

到了永熙年间,孝武帝才命令国子监祭酒邢子才撰写寺院的碑文。邢子才是河间郡人,秉性颖悟敏慧,风度雅正温润,他闭门苦读深思,温习旧业,吸收新知。他是文坛的宗主,学问的总汇,超出了汉代的班固和司马迁,无人更在他之上。他为英秀、佳胜之人提供立身的规范,凌驾于许劭与郭泰之上,没有人能像他那样高明。因此,冠服整饬的士人们就像车辐凑在车毂上一样,都聚集到他的门下;有学问有德行的宾客,来来往往,把房间都挤满了。能登上他家厅堂的,就好像是登孔子的门;获得他的称赏,就如同听了东吴的鲁肃称赞吕蒙一样。邢子才在当时名声显赫,传遍了远远近近。

正光末年,邢子才出仕作官,担任为世宗宣武皇帝牵引灵车的挽郎,又为奉朝请。不久晋升为中书侍郎、黄门侍郎。子才见闻广博,没有什么事情不了解,军队和国家制订法规法度,全都向他征求意见。自从国家不安宁以来,国子学已经废弛,后来子才升迁国子祭酒,规划、引导国子学的工作。他罚懒奖勤,一心劝诱,那些青年学子争着去掌握正确的学问。儒家的礼乐教化在这里得到复兴。永熙末年,因为母亲年迈请求辞职,孝武帝不允许。子才再恭敬地请求,言辞情意十分恳切,以至都流下了眼泪,孝武帝这才答应了他。孝武帝下诏让他以光禄大夫的官衔回家奉养老母,他所在的地方,配给五个仆役;每年上朝一次,以备咨询。才子离京回家的时候,连王侯都前来饯行,就好像汉朝送疏广、疏受叔侄俩退休时一样。

等到京都迁移到邺城,老百姓的诉讼案件十分繁多,刑法条款前面废除后面又因袭沿用,自相矛盾,法官对许多案件捉摸不定、难以判处,登记这类案件的文簿堆积成山。于是,皇上就命令邢子才与散骑常侍温子昇撰写了《麟趾新制》十五篇,中央政府机构用它来判决案件,各州各郡用它来作为治理的依据。孝静帝武定年间,任命邢子才为骠骑大将军,西兖州刺史。子才治理政事注重清静无为,下属官吏与老百姓因此而得到安宁。后来,邢子才被征召作了中书令。当时,战争就发生在都城郊外，朝廷多患难变故，这时国家的礼制仪典，都出自邢子才之手。他所撰写的诗、赋、诏、策、章、表、碑、颂、赞、记，一共有五百篇，都在世上流传。邻国把他作为榜样来钦敬，朝廷和民间都以此作为美谈。

秦太上公二寺

本篇选自《洛阳伽蓝记》卷三《城南》。其中关于洛水之神的故事，简直是一则神话性质的小说，作者写来，有名有姓，好像实有其事。鲁迅先生在《中国小说史略》里说得好："中国本信巫，秦汉以来，神仙之说盛行，汉末又大畅巫风，而鬼道愈炽；会小乘佛教亦入中土，渐见流传。凡此皆张皇鬼神，称道灵异。故自晋迄隋，特多鬼神志怪之书。"本篇也正是这种风气下的产物。但作为小说史料来看，却是值得重视的。

东有秦太上公二寺①,在景明寺南一里。西寺,太后所立;东寺,皇姨所建。并为父追福,因以名之,时人号为双女寺。并门邻洛水,林木扶疏,布叶垂阴。各有五层浮图一所,高五十丈,素彩画工,比于景明。至于六斋②,常有中黄门一人监护③,僧舍、衬施、供具④,诸寺莫及焉。

寺东有灵台一所⑤,基址虽颓⑥,犹高五丈余,即是汉光武所立者。灵台东有辟雍⑦,是魏武所立者⑧。至我正光中造明堂于辟雍之西南⑨,上圆下方,八窗四闼⑩。汝南王复造砖浮图于灵台之上。

孝昌初⑪,妖贼四侵,州郡失据,朝廷设募征格于堂之北⑫,从戎者拜旷掖将军、偏将军、裨将军。当时甲胄之士,号明堂队。时有虎贲洛子渊者,自云洛阳人。昔

---

① 东:指大统寺东。 ② 六斋:即"六斋日"。指阴历每月初八、十四、十五、二十三、二十九、三十。佛教认为这六个日子是恶日,应该持斋修福。 ③ 中黄门:在宫廷中服役的太监。 ④ 衬施:布施。供具:供佛的香花、饮食、幡盖等物品。 ⑤ 灵台:观天象的地方。 ⑥ 颓:坍塌、败坏,这里指下陷。 ⑦ 辟雍:即太学。 ⑧ 魏武:即魏武帝曹操。 ⑨ 明堂:古代天子宣明政教的地方,凡朝会及祭祀、庆赏、选士、养老、教学等大典,均在其中举行。 ⑩ 闼:门。 ⑪ 孝昌:孝明帝元诩年号(525年—527年)。 ⑫ 募征格:募人从军、杀敌的赏格。

孝昌年戍在彭城①,其同营人樊元宝得假还京师,子渊附书一封,令达其家,云:"宅在灵台南,近洛河,卿但至彼,家人自出相看。"元宝如其言,至灵台南,了无人家可问②。徙倚欲去③,忽见一老翁来,问从何而来,徬徨于此④。元宝具向道之。老翁云:"是吾儿也。"取书引元宝入,遂见馆阁崇宽,屋宇佳丽。既坐,命婢取酒。须臾,见婢抱一死小儿而过。元宝初甚怪之,俄而酒至,色甚红,香美异常。兼设珍羞,海陆备具。饮讫,辞还。老翁送元宝出,云:"后会难期⑤,以为悽恨!"别甚殷勤⑥。

老翁还入,元宝不复见其门巷。但见高岸对水,绿波东倾,唯见一童子可年十五,新溺死,鼻中出血,方知所饮酒是其血也。及还彭城,子渊已失矣。元宝与子渊同戍三年,不知是洛水之神也。

【翻译】

　　大统寺的东面有叫作秦太上公的两所寺院,它们位于景明寺南面一里远的地方。秦太上公西寺是胡太后修建的,秦太上公东寺是孝明帝的姨母修建的。她们修

---

　①戍:驻防。彭城:地名,即今江苏省徐州市。　②了:完全。　③徙倚:徘徊,流连不去。　④徬徨:同彷徨,指徘徊,游移不定。　⑤"后会"句:以后不能再见面了。"难期"为难望之意。　⑥殷勤:情意恳切深厚。

寺院都是为了替自己死去的父亲祈求冥福，所以用父亲的封号"秦太上公"给寺院命名，当时人们称作双女寺。这两座寺院都是大门靠近洛河，树木枝条四面伸展，布散的树叶垂下阴影。两寺各有一座五层宝塔，高五十丈，白色与彩色的绘画工艺，可以与永宁寺的相比类。到了六斋日，经常有一名太监在这里督察。这里和尚住的房间、所得的布施以及供佛的物品，其他的寺院没有哪一个能比得上。

寺院的东面有一座祭天的灵台，它的基址虽然下陷了，但仍然有五丈多高，这就是东汉光武帝刘秀修建的那一座灵台。灵台的东面有一所太学，这是魏武帝曹操修建的。到了我朝正光年间，在太学的西南面造了所明堂，明堂上边圆形，下边正方形，开了八扇窗四扇门。汝南王元悦又在灵台上面造了座砖砌的宝塔。

孝昌初年，妖人贼党四方侵扰，不少州郡失守，朝廷在明堂北面设置招募人从军、杀敌的赏格，从军的人任命为旷掖将军、偏将军、裨将军。当时招募到的那些武士号称为"明堂队"。那时候，有个叫作洛子渊的勇士，自称是洛阳人。孝昌年间洛子渊在彭城驻防，他同一个营房的樊元宝得到假期回京城，子渊附上一封书信，让樊元宝送到他家去。洛子渊说："我家房子在灵台南面，靠近洛河，你只要到了那里，家里人自然出来看你。"元宝按照他吩咐,到了灵台南面,完全没有人家可问。他徘徊了一阵子正打算离开,忽然看见有一个老头来了。老头问:"你是从哪儿来的,老是在这里徘徊?"元宝把事情经过全都对老头说了。老头说:"他是我儿子。"说着就取了信领着元宝进去。元宝就看到了高大宽敞、有楼阁的建筑,房子美好漂亮。坐下以后,老头让婢女拿酒来。一会儿,只见婢女抱了一个死小孩在面前经过,元宝开始感到很奇怪,不一会儿功夫酒上来了,颜色很红,味道芳香醇美,不同一般。并且又摆上了珍贵的食品,海里产的陆地上生长的全都有。饮完酒,元宝辞别回家。老头送元宝出来,说:"以后不可能再会面了,我真为此感到难过和遗憾!"临别的时候,情意十分恳切深厚。

老头回身进屋去了,元宝也不再看到那门巷了,但见高峻的河岸对着洛水,碧绿的波涛向东流去。只看到一位大约十五岁左右的少年刚刚淹死,鼻子里正在流血。元宝这时才知道刚才自己在老头家里喝的酒就是这少年的血。等到元宝返回彭城,洛子渊已经不见了。樊元宝与子渊在一起驻防三年,一点也不知道他就是洛水之神。

报 德 寺

本篇选自《洛阳伽蓝记》卷三《城南》。文章详细介绍了国子学堂前的"三体石经"和"一字石经"的有关情况及寺院周围的果木园林。所谓石经，就是刻在石碑上的儒家经典。汉熹平四年(175年)，以经籍流传久远，文字多谬，俗儒穿凿，疑误后学，蔡邕等奏求正定《六经》(或作《五经》)文字，并亲以朱笔写于石碑，使工镌刻，树立首都洛阳太学门外。这是我国文化史上的一件大事。由于熹平石经已经毁坏，自宋以来，人们对其使用何种字体颇多争论。本篇为解决这一问题提供了重要的资料。

报德寺,高祖孝文皇帝所立也。为冯太后追福①。在开阳门外三里。

开阳门御道东有汉国子学堂,堂前有三种字石经二十五碑,表里刻之,写《春秋》、《尚书》二部,作篆、科斗、隶三种字,汉右中郎将蔡邕笔之遗迹也②。犹有十八碑,余皆残毁。复有石碑四十八枚,亦表里隶书,写《周易》、《尚书》、《公羊》、《礼记》四部③。又《赞学》碑一所④,并在堂前。魏文帝作《典论》六碑⑤,至太和十七年犹有四碑。高祖题为劝学里。武定四年,大将军迁石经于邺⑥。

里内有大觉、三宝、宁远三寺。周回有园,珍果出

---

① 冯太后:北魏文成帝皇后,孝文帝祖母,长乐信都人。献文帝时,杀专权大臣乙浑,临朝听政。孝文帝时继续执政。太和年间曾改革吏治,推行三长制和均田制。前后临朝共二十五年,死后谥文明太皇太后。《魏书》卷十三《后妃传》有传。 ② 蔡邕:东汉陈留人,字伯喈。灵帝时拜郎中,与杨赐等奏定《六经》文字,立碑太学门外。应董卓征召,官至中郎将。后以卓党死于狱中。《后汉书》卷六十(下)有传。 ③《公羊》:即《公羊传》。春秋三传之一,相传为战国时公羊高所撰。 ④ 所:量词。等于说"座"。 ⑤ 魏文帝:即曹丕。《典论》:书名,魏文帝曹丕撰。《典论》原书五卷,已散佚,今仅存《论文》一篇。 ⑥"武定"二句:大将军,指高澄。澄字子惠,高欢长子。魏天平中入邺辅政。其所迁汉魏石经凡五十二枚,见《北齐书》卷四《文宣帝纪》。按,此二句别本在下文"宁远三寺"后。

焉。有大谷含消梨①,重十斤,从树着地,尽化为水②。世人云:报德之梨③,承光之柰。承光寺亦多果木,柰味甚美,冠于京师。

【翻译】

报德寺是高祖孝文皇帝修建的,他修建这所寺院是为了替祖母冯太后祈求冥福。寺院坐落在开阳门外三里远的地方。

开阳门御道的东面有汉朝的国子学堂。国子学堂前有二十五块刻着三种字体经文的石碑。石碑的正反两面都刻字,刻写着《春秋》与《尚书》两部经书,用的是篆书、蝌蚪文和隶书三种字体,它是东汉中郎将蔡邕手笔的遗迹。这些石碑现在还有十八块,其余的都残缺毁坏了。另外又有四十八块石碑,也是里外都刻字,用的是隶书字体,刻写的是《周易》、《尚书》、《公羊传》、《礼记》四部经书。又有《赞学》碑一座,这些石碑都在国子学堂的前面。刻写着魏文帝所撰《典论》的六块石碑,到太和十七年还剩下四块。高祖给这地方题名为"劝学

---

① 大谷:地名,在洛阳城南数十里,产梨有名。含消:此二字原无,从范祥雍《校注》据他本补。 ②"重十斤"三句:此三句原本无,从范祥雍《校注》据他本补。 ③"世人"二句:此二句原本无,从范祥雍《校注》据他本补。

里"。孝静帝武定四年,大将军高澄把这些石碑都迁移到了邺城。劝学里内有大觉、三宝、宁远三所寺院。

报德寺四周有果园,园子里出产珍贵的水果。其中有一种大谷含消梨,每只梨子重十斤,从树上落下来砸在地上就化成了水。世上的人说:"报德寺的梨子,承光寺的奈子。"承光寺也栽种着很多果木,奈子的味道十分鲜美,在全洛阳城里数第一。

正 觉 寺

本篇选自《洛阳伽蓝记》卷三《城南》。

太和十七年(493年),孝文帝从平城(今山西大同)迁都洛阳,改鲜卑姓氏为汉姓,改变鲜卑风俗、服制和语言,奖励鲜卑和汉族通婚,加强鲜卑贵族和汉族的联合统治,并参照南朝典章制度制定官制朝仪。这就是历史上有名的"孝文帝改革"。本篇写王肃在北朝受重视的情况,正是这一历史事件中的一个插曲。王肃出身于南朝世家大族,且又博识先朝典章文物,所以醉心汉化的孝文帝特别看重他,甚至亲昵地称他为"王生",并把妹妹嫁给了他。至于元勰讽刺给事中刘缟,元乂戏弄萧正德,则反映了保守的鲜卑贵族的民族偏见。

劝学里东有延贤里,里内有正觉寺,尚书令王肃所立也①。

肃字恭懿,琅琊人也②,伪齐雍州刺史奂之子也③。赡学多通,才辞美茂,为齐秘书丞④,太和十八年背逆归顺⑤。时高祖新营洛邑,多所造制,肃博识旧事⑥,大有裨益,高祖甚重之,常呼王生。延贤之名,因肃立之。

肃在江南之日,聘谢氏女为妻⑦;及至京师,复尚公主⑧。其后谢氏入道为尼,亦来奔肃,见肃尚主⑨,谢作五言诗以赠之。其诗曰:"本为箔上蚕⑩,今作机上丝。

---

① 王肃:《魏书》卷六十三有传。 ② 琅琊:郡名,故治在今山东临沂县。 ③ 奂:王奂,字彦孙,齐永明年间为镇北将军、雍州刺史,后被杀。《南齐书》卷四十九有传。 ④ 秘书丞:秘书监的属官,掌管图书文籍。 ⑤ 背逆归顺:指背叛齐国,投降北魏。杨衒之是魏人,所以称齐为"逆"而以魏为"顺"。 ⑥ 旧事:先代的典章文物。 ⑦ 谢氏女:指陈郡谢庄之女。 ⑧ 公主:此指陈留长公主,高祖元宏妹。见《魏书》卷六十三《王肃传》。 ⑨ "其后"三句:此三句原本无,从范祥雍《校注》据《太平广记》补。 ⑩ 箔(bó 泊):蚕帘,养蚕用的竹筛、竹席之类。

得路逐胜去①,颇忆缠绵时②?"公主代肃答谢云:"针是贯线物,目中恒任丝③。得帛缝新去④,何能纳故时⑤?"肃甚有愧谢之色,遂造正觉寺以憩之⑥。

肃忆父非理受祸,常有子胥报楚之意⑦。卑身素服,不听音乐,时人以此称之。

肃初入国,不食羊肉及酪浆等物,常饭鲫鱼羹⑧,渴饮茗汁。京师士子道肃一饮一斗,号为"漏卮"⑨。经数年已后,肃与高祖殿会,食羊肉酪粥甚多。高祖怪之,谓肃曰:"卿中国之味也!羊肉何如鱼羹?茗饮何如酪浆?"肃对曰:"羊者是陆产之最,鱼者乃水族之长。所好不同,并各称珍。以味言之,甚是优劣。羊比齐、鲁大

---

① 胜:织机上持经线的器具,在这里语意双关,喻王肃弃旧攀新。 ② 颇:疑词,等于说"可"。缠绵:缠绕,固结不解,喻情意深厚,也是一语双关。 ③ 目:针孔。丝:这里指线,即通常所说丝线。 ④ 帛:丝织品。 ⑤ 纳:容纳。 ⑥ 憩:休息,这里指安置。 ⑦ 子胥报楚:伍员字子胥,春秋时吴国大夫,楚大夫伍奢次子。楚平王七年(前522年),伍奢与长子伍尚均被杀害,伍子胥逃到吴国,帮助阖闾刺杀吴王僚,夺取王位,又佐阖闾伐楚,攻占郢都,掘平王墓,鞭尸三百。"子胥报楚"即指其事。 ⑧ 饭:食。 ⑨ 卮:装酒、水的器具。卮如已漏,则装入的不断漏去,再也装不满了。故以"漏卮"来形容王肃喝茶之多。

邦,鱼比邾、莒小国①,唯茗不中②,与酪作奴。"高祖大笑。因举酒曰:"三三横,两两纵,谁能辨之,赐金钟③。"御史中尉李彪曰:"沽酒老妪瓮注㼶④,屠儿割肉与秤同。"尚书左丞甄琛曰⑤:"吴人浮水自云工,妓儿掷绳在虚空⑥。"彭城王勰曰:"臣始解此字是'習'字。"高祖即以金钟赐彪。朝廷服彪聪明有智,甄琛和之亦速。彭城王谓肃曰:"卿不重齐、鲁大邦,而爱邾、莒小国。"肃对曰:"乡曲所美⑦,不得不好。"彭城王重谓曰:"卿明日顾我⑧,为卿设邾、莒之食,亦有酪奴。"因此复号茗饮为酪奴。

　　时给事中刘缟慕肃之风,专习茗饮。彭城王谓缟

---

　　① 邾、莒:国名。邾、莒都是春秋时邻近齐、鲁的小国,后为楚所灭。　② 不中:不行。　③ "三三"四句:这是个字谜,谜底是"習"(即习)字。后两句是说猜中后的奖赏。钟,酒器。④ "沽酒"两句:这两句是说沽酒老妪与屠儿的本领均是日久练习而成。李彪说此二句,意味着他已猜出"習"字。妪(yù玉),老妇人。㼶(hóng红):瓦制酒器,即长颈罂(yīng英),口小腹大。　⑤ 甄琛:字思仰,中山无极人。《魏书》卷六十八有传。　⑥ "吴人"两句:意思是说,吴人善于游泳和妓儿能掷绳空中也是久经练习而成。吴人,指江南人。云,等于说"然"。　⑦ 乡曲:乡里,家乡。　⑧ 顾:光顾。

曰："卿不慕王侯八珍①，好苍头水厄②。海上有逐臭之夫③，里内有学颦之妇④，以卿言之，即是也。"其彭城王家有吴奴，以此言戏之。自是朝贵谦会虽设茗饮，皆耻不复食，唯江表残民远来降者好之⑤。后萧衍子西丰侯萧正德归降⑥，时元乂欲为之设茗，先问："卿于水厄多少？"正德不晓乂意，答曰："下官虽生于水乡⑦，而立身以来，未遭阳侯之难⑧。"元乂与举坐之客皆笑焉。

① 八珍：八种珍贵的食物，具体食物说法不尽相同。后世一般以龙肝、凤髓、豹胎、鲤尾、鸮炙、猩唇、熊掌、酥酪蝉为八珍。 ② 水厄：溺于水的灾难。这里戏称初习饮茶。 ③ 逐臭：追逐臭味，比喻嗜好的怪癖。语出《吕氏春秋·遇合篇》。 ④ 学颦：学皱眉。颦，皱眉。语本《庄子·天运》所载丑妇效西施捧心皱眉的故事。意思是说不配仿效而仿效，适足以见其丑。 ⑤ 残：残余、残存。自南朝来投奔北朝的人，从南朝政权的角度来看，都是叛逆，应该刑处。因此，他们是在应该杀戮的人中侥幸留存下来的。 ⑥ 萧正德：梁萧宏第三子，起初梁武帝萧衍无子，养正德为己子；后太子萧统生，正德仍归萧宏，封西丰侯，正德以此不快，奔魏。后又自魏逃归，为侯景所杀。《梁书》卷五十五有传。 ⑦ 下官：做官的人对自己的一种谦称。 ⑧ 阳侯：古代传说中的水神。本为陵阳国侯，其国近水，阳侯溺水而死，死后为神，能兴大波。阳侯之难即溺水之难。

【翻译】

　　劝学里的东面有个延贤里,延贤里内有所正觉寺,这寺是尚书令王肃修建的。

　　王肃字恭懿,琅琊郡人,是伪齐国雍州刺史王奂的儿子。王肃学识渊博,知道的东西很多,才情与文辞又美又丰富。他原先在齐国担任秘书丞,太和十八年背叛齐国归顺我朝。当时高祖刚刚经营洛阳城,建造制作的东西很多,王肃广泛通晓先代的典章文物,对高祖补益很大。高祖非常看重他,常常称他作"王生"。"延贤"这个名字,就是因为王肃而起的。

　　王肃在江南的时候,已经聘了谢庄的女儿作妻子;等他到了洛阳,又重新娶了陈留长公主。后来谢氏皈依佛教做了尼姑,她也前来投奔王肃。谢氏看见王肃娶了公主,就作了一首五言诗赠给他。那诗上说:"本来是蚕帘上的一条蚕,如今变成了织布机上的丝。寻到了路子就追逐好的去,你还记得不记得那两情缱绻时?"公主代替王肃答诗谢氏说:"针儿本来就是穿线的,经常任凭丝线穿在针眼里。得到帛就用新线缝,针眼里怎么还能容纳旧时丝?"王肃很有些觉得对不起谢氏的样子,于是就造了所正觉寺来安置她。

　　王肃记着父亲无缘无故遭受祸害,经常怀有伍子胥报复楚国那样的想法。因而他自我谦抑,全身穿着白衣服,不听音乐,当时的人都因为这一点而称赞他。

　　王肃当初来到我们魏国的时候,不吃羊肉和奶酪等东西,经常吃鲫鱼汤,渴了就喝茶。京城里的士大夫说王肃一次要喝一斗茶,称他作"漏卮"。过了几年以后,王肃参加高祖的宫殿宴会,吃羊肉和奶酪吃得很多。高祖对此感到很奇怪,对王肃说:"你是中原地方人的口味呀!你觉得羊肉和鱼汤相比怎么样?茶汁与奶酪哪个强?"王肃回答说:"羊是陆地上出产的最好的东西,鱼在水中生长的动物里面排列第一。由于人的爱好不同,它们各自被不同的人称为珍品。如果按味道评价它们的话,那就很有优劣之别。羊可比作齐国、鲁国那样的大邦;鱼就好像是邾、莒那样的小国。只有茶不行,只能给奶酪当奴仆。"高祖听后大笑。接着,他举起酒杯说:"三个三横,两个两竖,谁能识别这个字,就赐他一只金酒钟。"御史中尉李彪说:"卖酒的老太婆能把瓮中的酒倒进小口的长颈罂,屠户切肉手跟秤称的一样准。"尚书左丞甄琛说:"吴人游泳自然游得好,玩杂技的女子能在空中抛彩绳。"彭城王元勰说:"我现在才明白这个字是'习'字。"高祖就把金钟赏赐给李彪。朝廷上的人都佩服李彪聪明有智慧,甄琛和得也快。彭城王对王肃说:"你不重视齐、鲁那样的大国,却爱邾、莒那样的小国。"王肃回答说:"家乡认为美的东西,不能不喜爱。"彭城王又对他说:"你明天光顾我家,替你准备邾、莒那样的食物,也有'酪奴'。"因此又称茶汁为"酪奴"。

  当时给事中刘缟钦慕王肃的风采,专门练习饮茶。彭城王对刘缟说:"你不羡慕王侯吃的'八珍',却喜欢奴仆的'水厄'。海上有追逐臭味的男人,里巷内有学皱眉头的女子,按你的行为来说,就是这类的人。"那彭城王家里有吴人当奴仆的,所以用这话来和刘缟开玩笑。从此,朝廷权贵宴会虽然设茶,大家都认为饮茶是羞耻的事情,就再也不去饮了,只有江南幸存下来、远道来归降的人们喜欢它。后来,萧衍的儿子西丰侯萧正德归降我朝,当时元乂打算替他准备茶,先问他:"你在水厄方面,是多是少?"萧正德不明白元乂话的意思,回答说:"我虽然生在水乡,但自从树立己身以来,却没有遭受过溺水之难。"王乂与所有在坐的宾客都笑了。

龙华寺　追圣寺

本篇选自《洛阳伽蓝记》卷三《城南》。

这一篇文字最值得我们重视的是有关"四夷馆"与"四夷里"的记载。北魏中期经历了孝文帝改革以后,社会相对安定,经济文化得到了一定的发展。这时,北魏与南朝、与其他民族乃至亚洲各国的交流进一步繁荣起来。各民族、各国不断有人前往洛阳,或经商,或定居。从本篇关于"四夷馆"及"四夷里"的记叙中,我们正可以看到当时北魏经济繁荣及与各国、各民族之间交往的活跃场面。

龙华寺,广陵王所立也①;追圣寺,北海王所立也②。并在报德寺之东。法事僧房③,比秦太上公。京师寺皆种杂果,而此三寺园林茂盛,莫之与争。

宣阳门外四里,至洛水,上作浮桥④,所谓永桥也⑤。

南北两岸有华表⑥,举高二十丈,华表上作凤凰似欲冲天势。

永桥以南,圜丘以北⑦,伊、洛之间,夹御道,东有四夷馆,一曰金陵,二曰燕然⑧,三曰扶桑⑨,四曰崦嵫⑩。

---

① 广陵王:指元羽,羽字叔翻,献文帝子,元恭父。太和中封广陵王。《魏书》卷二十一有传。 ② 北海王:指元详。元详字季豫,也为献文帝子。元颢之父。宣武帝时位至侍中、大将军、录尚书事。《魏书》卷二十一有传。 ③ 法事:指诵经、祈祷、施舍及供养佛像等活动。 ④ 浮桥:用船、筏或浮箱联接成的桥。 ⑤ 原文于此句下引有常景所作《汭颂》,旨在赞美洛阳地理形势优越,歌颂北魏功德,且有"君权神授"思想,与全篇的其他部分又无紧密联系,故删去。 ⑥ 华表:古代设置在桥梁、宫殿、城垣或陵墓前作为标志和装饰用的大柱。 ⑦ 圜丘:古代祭天的坛。 ⑧ 燕然:本为山名,燕然山在今蒙古人民共和国境内。东汉窦宪破北单于,曾登燕然山刻石纪功而还。因为安置北人,所以取"燕然"为名。 ⑨ 扶桑:木名。上古神话传说以为日出于扶桑,后人乃称东海以外之国如日本等作扶桑,扶桑馆义则由此出。 ⑩ 崦嵫:山名。上古神话传说日入于崦嵫。崦嵫山在甘肃天水县西。所以安置西方人来归的叫崦嵫馆。

道西有四夷里,一曰归正,二曰归德,三曰慕化,四曰慕义。

吴人投国者处金陵馆,三年已后,赐宅归正里。景明初,伪齐建安王萧宝寅来降,封会稽公,为筑宅于归正里。后进爵为齐王,尚南阳长公主。宝寅耻与夷人同列,令公主启世宗①,求入城内。世宗从之,赐宅于永安里。正光四年中,萧衍子西丰侯萧正德来降,处金陵馆,为筑宅归正里,后正德舍宅为归正寺。

北夷来附者处燕然馆,三年已后,赐宅归德里。正光元年,蠕蠕主郁久闾阿那肱来朝②,执事者莫知所处,中书舍人常景议云:"咸宁中单于来朝③,晋世处之王公、特进之下④。可班那肱蕃王、仪同之间⑤。"朝廷从其议。又处之燕然馆,赐宅归德里。北夷酋长遣子入侍者,常秋来春去,避中国之热,时人谓之雁臣。

东夷来附者处扶桑馆,赐宅慕化里。西夷来附者处

---

① 启:启奏,陈说。 ② 蠕蠕:我国古代北方民族名,即柔然。 ③ 咸宁:晋武帝司马炎年号(275年—279年)。单(chán)于:匈奴最高首领的称号。 ④ 特进:官名。西汉末始置,以授列侯中有特殊地位者,位在三公上,南北朝时为加官,无实职。 ⑤ 蕃王:即藩王,诸侯王。"蕃"通"藩"。仪同:仪同三司的略称。

崦嵫馆,赐宅慕义里。自葱岭已西①,至于大秦②,百国千城,莫不款服③。商胡贩客④,日奔塞下,所谓尽天地之区已⑤。乐中国土风因而宅者⑥,不可胜数。是以附化之民,万有余家。门巷修整,阊阖填列⑦。青槐荫陌,绿柳垂庭。天下难得之货,咸悉在焉。

别立市于洛水南,号曰四通市,民间谓为永桥市。伊、洛之鱼,多于此卖,士庶须脍⑧,皆诣取之⑨。鱼味甚美。京师语曰:"洛鲤伊鲂,贵于牛羊。"

永桥南道东有白象、狮子二坊⑩。白象者,永平二年乾陀罗国胡王所献⑪。背设五采屏风⑫、七宝坐床,容数人,真是异物。常养象于乘黄曹⑬,象常坏屋毁墙,走出于外。逢树即拔,遇墙亦倒,百姓惊怖,奔走交驰。太后遂徙象于此坊⑭。

---

① 葱岭:地名,即现在的帕米尔高原和昆仑山与天山西段。 ② 大秦:指古罗马帝国。 ③ 款服:诚心归服。 ④ 商胡:古称到中国经商的胡人,多指粟特、大食商人。 ⑤ 所:可。 ⑥ 土风:风土习俗。 ⑦ 阊阖:门。填列:充溢,密集。 ⑧ 脍(kuài 快):细切的鱼肉,特指生食的鱼片。 ⑨ 诣:往,到……去。 ⑩ 坊:里弄的通称。 ⑪ 永平:宣武帝元恪年号(508年—512年)。乾陀罗:国名,也作健驮罗、犍陀罗,相当今巴基斯坦之白沙瓦及毗连的阿富汗东部一带。 ⑫ 五采:即五彩,指青、黄、赤、白、黑五色。 ⑬ 常:尝,曾经。乘黄曹:官署名,掌皇帝车马。 ⑭ 太后:指胡太后。

狮子者，波斯国胡王所献也。为逆贼万俟丑奴所获①，留于寇中。永安末，丑奴破灭，始达京师。庄帝谓侍中李彧曰②："朕闻虎见狮子必伏，可觅试之。"于是诏近山郡县捕虎以送。巩县、山阳并送二虎一豹③。帝在华林园观之。于是虎豹见狮子，悉皆瞑目，不敢仰视。园中素有一盲熊，性甚驯，帝令取试之。虞人牵盲熊至④，闻狮子气，惊怖跳踉⑤，曳锁而走。帝大笑。普泰元年，广陵王即位，诏曰："禽兽囚之，则违其性，宜放还山林。"狮子亦令送归本国。送狮子者以波斯道远，不可送达，遂在路杀狮子而返。有司纠劾⑥，罪以违旨论⑦。广陵王曰："岂以狮子而罪人也？"遂赦之。

【翻译】

龙华寺是广陵王元羽修建的，追圣寺是北海王元详

---

① 万俟（mò qí 漠齐）丑奴：北魏末关陇各族起义军首领，鲜卑族人。永安三年（530年）为魏军所败，被俘死。事见《魏书》卷十《孝庄帝纪》、卷七十五《尔朱天光传》。　② 李彧：李延寔之子，娶庄帝姊，封东平郡公。位侍中、左光禄大夫、中书监。后以罪弃市。《魏书》卷八十三有传。　③ 巩县：魏时属北豫州成皋郡，即今河南巩县。山阳：县名，魏时属司州汲郡，在今河南修武县西北。　④ 虞人：古代掌管山泽、苑囿与田猎的官。　⑤ 跳踉（liáng 粮）：跳跃。　⑥ 有司：官吏。古代设官分职，各有专司，因称官吏为"有司"。　⑦ 论：定罪，判罪。

修建的，它们都位于报德寺的东面。龙华寺诵经、祈祷及供养佛像等佛教活动以及和尚们住的房舍，近似于秦太上公寺。京城里的寺院都栽种各种果树，而这三所寺院园林的茂盛，没有哪一所寺院能与它们争高低。

出宣阳门外四里，就到了洛河，洛河上架设着浮桥，这就是人们所说的"永桥"。

南北两岸均有华表，全高二十丈，柱子顶端刻着凤凰，好像要冲天飞去的姿势。

从永桥往南，圜丘往北，伊水与洛水之间，夹着御道的两旁，东面有"四夷馆"，第一个馆叫金陵馆，第二个叫燕然馆，第三个叫扶桑馆，第四个叫崦嵫馆；御道西面有"四夷里"，第一个叫归正里，第二个叫归德里，第三个叫慕化里，第四个叫慕义里。

吴人前来投奔我国的安置在金陵馆，三年以后，在归正里赐给住宅。宣武帝景明初年，齐国的建安王萧宝寅前来投降，封他作会稽公，替他在归正里建了住宅。后来萧宝寅晋升爵位作了齐王，并且娶了南阳长公主。萧宝寅耻于与夷人同住在四夷里，他让公主启奏世宗宣武帝，请求进入城内居住。世宗依从了这请求，在永安里赐给了住宅。正光四年的时候，萧衍的儿子西丰侯萧正德前来投降，也把他安置在金陵馆，替他在归正里建了住宅。后来萧正德施舍住宅改建成了归正寺。

北方夷人前来归附的安置在燕然馆,三年以后,在归德里赐给住宅。孝明帝正光元年,蠕蠕族首领郁久闾阿那肱前来朝见,执掌其事的官员不知道把他怎样安置,中书舍人常景发表意见说:"晋武帝咸宁年间匈奴首领单于来朝见,晋朝把他的位次安排在诸侯王、三公和特进之后,如今我们可以把郁久闾阿那肱的位次排列在藩王和仪同三司之间。"朝廷听从了常景的建议。又把那肱安置在燕然馆,在归德里赐给住宅。北方夷人的酋长们派遣他们的儿子到中国来侍奉皇帝,常常是秋天来,春天离开,以避开中国夏天的炎热,当时的人称他们作"雁臣"。

东方夷人前来归附的,安置在扶桑馆,在慕化里赐给住宅;西方夷人前来归附的,住在崦嵫馆,在慕义里赐给住宅。从葱岭往西,一直到大秦帝国,许许多多的国家与城邦,没有一个不诚心归服。到中国经商的胡人与贩客们每天都往边关上跑,真可谓包括了天下所有的地区。喜爱中国的风土习俗因而在这里安家的,多得无法计算,所以前来归顺的人有一万多户。这里房屋漂亮整齐,门户密密匝匝,青青的槐树遮掩着道路,翠绿的柳枝在庭院中低垂着头。天下难以得到的货物,全都集中在这里。

另外又在洛水南面设立了集市,叫作"四通市",民间称它作"永桥市"。伊水与洛水出产的鱼,大多在这里出售,无论作官的还是庶民百姓,需要生鱼片,都到那里去买。那鱼的味道十分鲜美,京城里有句谚语说:"洛水鲤鱼与伊水鲂鱼,比牛羊还贵。"

永桥南面的御道之东有白象坊,狮子坊。白象是宣武帝永平二年乾陀罗国国王进贡的。白象的背上安放着青、黄、赤、白、黑五色屏风,还放着装饰有金、银、琉璃、玛瑙、砗磲、玻璃、珍珠等宝物的坐榻,上面可以容纳几个人,实在是珍奇的东西。曾经把白象饲养在乘黄曹,白象经常毁坏房屋推倒围墙,逃到外面去。那白象逢到树木就把它拔起来,遇到墙壁也把它撞倒。老百姓都很害怕,交相奔逃。太后于是就把大象转移到这座白象坊里来了。

那狮子是波斯国国王进贡的,曾经被反贼万俟丑奴中途截获,扣留在他那里。孝庄帝永安末年,万俟丑奴被打败消灭了,狮子才被送抵京城。庄帝对侍中李彧说:"我听说老虎见了狮子必然畏服,可以去找头老虎来试一试。"于是庄帝下命令让靠近山区的郡县捕捉老虎送到京城来。巩县与山阳县一起送了两只老虎,一头豹子。庄帝在华林园里观看。这时,老虎和豹子见了狮子,全都闭上眼睛,不敢抬起头来看。华林园里平时有一只瞎眼熊,性子很驯顺,庄帝命令把它取来试试看。

于是管兽的官牵来盲眼熊,那熊闻到了狮子身上的气味,害怕得跳起来,拖着铁链子逃走了。庄帝看了大笑。

普泰元年,广陵王元恭登上皇位,下诏书说:"把禽兽囚禁起来,这违背了它们的本性,应该把它们放还到山林里去。"这头狮子也命人送回它的本国去。送狮子的人认为波斯离中国路很远,无法送到,于是在半路上杀了狮子,自己返回了。官吏举发弹劾送狮子的人,要判他个违背圣旨的罪。广陵王说:"怎么可以因为狮子而判人的罪呢?"于是就赦免了那送狮子的人。

菩 提 寺

本篇选自《洛阳伽蓝记》卷三《城南》。这又是一篇类似志怪性质的小说。一个人死了十几年后被发掘出来,竟然还活着,并能说出自己的姓名、住址与家世,能说出死后十余年的经历,这当然是受了阴阳轮回说的影响。但记事生动活泼,最后并以有人怀疑卖棺材的人贿赂这位在地下埋了十几年的崔涵作结,更使人认为此事乃系实有。这类手法,对后世的志怪小说颇有影响。

菩提寺,西域胡人所立也,在慕义里。
沙门达多发冢取砖,得一人以进。时太后与明帝在华林都堂①,以为妖异。谓黄门侍郎徐纥曰:"上古以来,颇有此事否②?"纥曰:"昔魏时发冢,得霍光女婿范明友家奴③,说汉朝废立④,与史书相符,此不足为异也。"后令纥问其姓名,死来几年,何所饮食。死者曰:"臣姓崔,名涵,字子洪,博陵安平人也⑤。父名畅,母姓魏,家在城西阜财里。死时年十五,今满二十七。在地十有二年,常似醉卧,无所食也。时复游行,或遇饭食。如似梦中,不甚辨了⑥。"

后即遣门下录事张隽诣阜财里⑦,访涵父母,果得崔畅,其妻魏氏。隽问畅曰:"卿有儿死否?"畅曰:"有息子洪⑧,年十五而死。"隽曰:"为人所发,今日苏活,在华林园中,主上故遣我来相问⑨。"畅闻惊怖,曰:"实无此儿,向者谬言。"

隽还,具以实陈闻,后遣隽送涵回家。畅闻涵至,门前起火,手持刀,魏氏把桃枝。谓曰:"汝不须来,吾非汝

---

① 都堂:即都亭,在华林园西角。参见本书《景林寺》篇注。 ② 颇:可。 ③ 范明友:汉霍光女婿,任未央卫尉。 ④ 汉朝废立:此指霍光废昌邑王刘贺,立汉宣帝事。 ⑤ 博陵:郡名,治所在今河北安平县。 ⑥ 辨了:分辨明白。 ⑦ 门下:即门下省,与尚书省、中书省并立,同为中央政权机构。录事:官名,掌管文书。 ⑧ 息:儿子。 ⑨ 主上:原作"主人",从范祥雍《校注》改。

父,汝非吾子,急手速去,可得无殃。"

涵遂舍去,游于京师,常宿寺门下。汝南王赐黄衣一具①。涵性畏日,不敢仰视,又畏水火及兵刃之属,常走于逵路②,遇疲则止,不徐行也。时人犹谓是鬼。

洛阳大市北有奉终里,里内之人,多卖送死之具及诸棺椁③。涵谓曰:"作柏木棺,勿以桑木为欀④。"人问其故,涵曰:"吾在地下见发鬼兵,有一鬼诉称:'是柏棺,应免。'主兵吏曰:'尔虽柏棺,桑木为欀。'遂不免。"京师闻此,柏木踊贵⑤。人疑卖棺者货涵发此言也⑥。

【翻译】

菩提寺是西域外国人修建的,位于慕义里。

和尚达多挖掘坟墓取砖的时候,挖到了一个活人,就把他送交给朝廷。当时胡太后与孝明帝正在华林园都亭,他们认为这是件妖异的事,就问黄门侍郎徐纥说:"从上古以来,是不是曾经有过这样的事情呢?"徐纥说:"从前三国魏朝时挖坟,挖到了霍光女婿范明友家的一个奴仆,他陈述霍光废昌邑王立汉宣帝的事情,与史书

---

① 一具:一套。 ② 逵路:大路。逵,四通八达的大路。 ③ 棺椁:椁,套在棺外面的外棺。 ④ 欀:指棺里。 ⑤ 踊贵:物价上涨。 ⑥ 货:贿赂。

记载的相符合。这件事算不上奇怪。"胡太后就让徐纥问问那个人的姓名，死了几年，这几年来喝什么吃什么。那个死人回答说："我姓崔，名涵，字子洪，是博陵安平人。父亲名叫崔畅，母亲姓魏，家在城西头阜财里。我死的时候年纪十五岁，现在已经满二十七，在地下十二年了，经常像喝醉了酒睡着那样，不吃什么东西；有时候又起来到处走走，偶尔也能碰上吃的。这些事情都好像是在梦里一样，不能分辨得十分清楚。"

胡太后马上就派遣门下省的录事张隽到阜财里去查访崔涵父母，果然找到了崔畅和他的妻子魏氏。张隽问崔畅说："你是否有个儿子死掉了？"崔畅说："我有个儿子崔涵，十五岁就死了。"张隽说："已经被人挖出来了，今天已活转过来，现在华林园里面，所以皇上派我来问问你。"崔畅听说后十分吃惊害怕，说："我实际上是没有这样一个儿子，刚才是胡说。"

张隽回去以后，把事情经过一一如实地向太后作了汇报，胡太后就派张隽送崔涵回家。崔畅听说崔涵来了，就在门前生起火，手上拿把刀，魏氏也手持桃树枝。崔畅对崔涵说："你不必回来，我不是你的父亲，你也不是我儿子，你赶快离开，就可以没有灾祸。"

崔涵于是就弃家走了。他在京城里游逛，经常在菩提寺门边过夜。汝南王元悦赏赐给他一套黄颜色的衣服。崔涵生性害怕见阳光，不敢抬头看太阳；又怕水、火和武器之类的东西；他经常在大路上奔跑，等到疲劳了就停下来，从不慢步走，所以当时的人还认为他是鬼。

　　洛阳大市北面有个奉终里，奉终里内的人大多是卖送葬的器具和各种棺椁的。崔涵对人们说："你们做柏木棺材，不要用桑木做棺里。"人们追问其中原因，崔涵说："我在地下的时候，看到征发鬼兵，有一个鬼说：'我用的是柏木棺材，应该免征。'主管征兵的官吏说：'你虽然用的是柏木棺材，但是用桑木作棺里的。'于是那个鬼就没有免征。"京城里的人听了以后，柏木棺材突然大涨价。有人怀疑是卖棺材的人贿赂崔涵让他说这番话的。

高 阳 王 寺

本篇选自《洛阳伽蓝记》卷三《城南》。这一篇文字描写人物的手法颇有独到之处。高阳王元雍是北魏诸王中最富有的,也最为豪华奢侈,他"一食必以数万钱为限,海陆珍馐,方丈于前"。而陈留侯李崇虽也富倾天下,僮仆千人,但每餐吃饭时只有熟韭菜与腌韭菜。一个是挥霍无度,一个是惜财如命,两相对比,人物的性格跃然纸上。另外,文中用"行路听者,俄而成市"这种侧面烘托的手法赞美徐月华歌声之美,用李才的无言以对反衬荀子文善辩有口,都给人留下了深刻的印象。

高阳王寺,高阳王雍之宅也①。在津阳门外三里御道西。雍为尔朱荣所害也,舍宅以为寺。

正光中②,雍为丞相,给羽葆鼓吹、虎贲班剑百人③。贵极人臣,富兼山海。居止第宅,匹于帝宫。白壁丹楹,窈窕连亘,飞檐反宇④,绮辂周通⑤。僮仆六千,妓女五百⑥,隋珠照日⑦,罗衣从风⑧。自汉、晋以来,诸王豪侈,未之有也。出则鸣驺御道⑨,文物成行⑩,饶吹响发,笳

---

① 高阳王雍:即元雍,北魏皇族,字思穆。孝明帝时官至丞相,以豪奢著名。建义元年尔朱荣入洛阳,元雍于河阴遇害。《魏书》卷二十一有传。　② 正光:孝明帝元诩年号(520年—525年)。　③ 羽葆:仪仗名,即用鸟羽饰车帷。鼓吹:本来指用鼓、钲、箫、笳等乐器合奏的乐曲,这里是指演奏鼓吹乐的乐队。虎贲班剑百人:佩带班剑的随从一百人。虎贲,勇士之称,这里指随从。班剑,饰有花纹的木剑。汉朝规定,朝服带剑,后来以木代之,称为班剑。鼓吹、虎贲班剑这里都是指仪仗而言。　④ 反宇:指屋边瓦头向上翻卷、仰起。　⑤ 绮辂(jiāo gé 交格):纵横交错的样子。　⑥ 妓女:指歌女舞女。　⑦ 隋珠:古代传说中的明珠。据说隋侯曾救活过一条受伤的大蛇,后蛇于大江中衔来明月宝珠来报答他,后世称之为隋珠。这里是指明月珠。　⑧ 从风:随着风。　⑨ 鸣驺(zōu邹):驺,驺从,即随从前后的骑卒;鸣,喝道声。古代贵显出行,随从的骑卒吆喝开道叫作鸣驺。　⑩ 文物:指仪仗而言。

声哀转；入则歌姬舞女，击筑吹笙①，丝管迭奏②，连宵尽日。其竹林鱼池，侔于禁苑③，芳草如积，珍木连阴。

雍嗜口味④，厚自奉养⑤，一食必以数万钱为限⑥。海陆珍馐，方丈于前⑦。陈留侯李崇谓人曰："高阳一食，敌我千日。"崇为尚书令、仪同三司，亦富倾天下，僮仆千人。而性多俭悋⑧，恶衣粗食。食常无肉，止有韭茹、韭菹⑨。崇客李元祐语人云："李令公一食十八种⑩。"人问其故，元祐曰："二韭一十八。"闻者大笑。世人即以此为讥骂。

及雍薨后⑪，诸妓悉令入道⑫，或有嫁者。美人徐月华，善弹箜篌⑬，能为《明妃出塞》之歌⑭，闻者莫不动容。永安中，与卫将军原士康为侧室，宅近青阳门。徐鼓箜

---

① 筑：古代的一种击弦乐器，形状似筝，演奏时，用竹尺敲击丝弦而发出声音。 ② 迭：轮流，更替。 ③ 禁苑：皇帝的园囿。 ④ 口味：美味、珍馐。 ⑤ 奉养：指生活待遇。 ⑥ 一食：一顿饭。 ⑦ 方丈：指食物列在面前见方一丈。 ⑧ 俭悋：吝啬。 ⑨ 茹：菜。菹：同"葅"，酢菜，腌菜。韭菹即腌韭菜。 ⑩ 李令公：指李崇，李崇为尚书令，所以尊称令公。 ⑪ 薨(hōng烘)：古代王侯死称作薨。 ⑫ 入道：此指出家作尼姑。凡皈依宗教，出家为僧尼或道士都可称"入道"。 ⑬ 箜篌：一种拨弦乐器。据说是师延所作，为空国之侯所保存，所以也称"空侯"；又因其音坎坎应节奏，又称坎侯。 ⑭《明妃出塞》之歌：即述王昭君遣嫁匈奴事的歌曲。据说为晋太康年间石崇所作，声多哀怨。明妃即昭君，晋人为避司马昭讳，改称明君或明妃。

篌而歌①,哀声入云,行路听者,俄而成市。徐常语士康曰②:"王有二美姬,一名修容,一名艳姿,并蛾眉皓齿,洁貌倾城③。修容亦能为《绿水歌》,艳姿善为《火凤舞》,并爱倾后室,宠冠诸姬。"士康闻此,遂常令徐鼓《绿水》、《火凤》之曲焉。

　　高阳宅北有中甘里。里内颍川荀子文④,年十三,幼而聪辨,神情卓异,虽黄琬、文举无以加之⑤。正光初,广宗潘崇和讲《服氏春秋》于城东昭义里⑥,子文摄齐北

---

①鼓:弹奏。 ②常:通"尝",曾经。 ③倾城:形容女子容貌极其美丽。典出《汉书·外戚传》:"北方有佳人,绝世而独立。一顾倾人城,再顾倾人国。" ④颍川:郡名,故地在今河南省中部及南部。 ⑤黄琬:字子琰,东汉时人,少年时即聪明多知。光和末年任青州刺史,董卓秉政,征为司徒。后与王允同谋董卓,下狱处死。见《后汉书》卷九十一《黄琼传》。文举:即孔融,孔融字文举,少年时也十分聪明,后被曹操所杀。事见《后汉书》卷七十本传。 ⑥广宗:郡名,治所在今河北威县东。《服氏春秋》:即服虔所撰《春秋左氏传解谊》。服虔,汉河南荥阳人,字子慎,官至九江太守。所著《春秋左氏传解谊》在晋朝时立有博士,南北朝时北方还十分流行,自从唐孔颖达撰《左传正义》专用杜预注,服氏所注《春秋》逐渐失传。

面①,就和受道。时赵郡李才问子文曰②:"荀生住在何处?"子文对曰:"仆住在中甘里③。"才曰:"何为住城南?"城南有四夷馆,才以此讥之。子文对曰:"国阳胜地④,卿何怪也?若言川涧,伊、洛峥嵘;语其旧事⑤,灵台、《石经》。招提之美,报德、景明⑥。当世富贵,高阳、广平⑦。四方风俗,万国千城⑧。若论人物,有我无卿!"才无以对之。崇和曰:"'汝颍之士利如锥,燕赵之士钝如锤⑨。'信非虚言也。"举学皆笑焉。

---

① 摄齐北面:摄齐,提起衣服摆。齐,通"斋",指衣裳下边的缝。古人穿长袍,登堂时提起衣摆,防止跌倒,表示恭敬有礼。北面:古时,臣子拜见君主,卑幼拜见尊长,都面朝北行礼,因而居臣下、晚辈之位称"北面"。这里是指拜人为师,行弟子敬师之礼。 ② 赵郡:郡名,北魏时治所平棘(今赵县)。 ③ 仆:自称谦词。 ④ 国阳:国都的南面。国,京城,国都。 ⑤ 旧事:指文物、古迹。 ⑥ "招提"二句:招提,寺院的别称。报德,指报德寺;景明,即景明寺。 ⑦ 高阳、广平:指高阳王元雍与广平王元怀。 ⑧ "四方"二句:因为城南有四夷馆、四夷里,用来安置从四面八方前来投奔的人,这些人风俗各异,所以说"四方风俗,万国千城"。 ⑨ "汝颍"二句:汝、颍、燕、赵均是地名。汝是汝州,北魏改汝北郡,治所在今梁县;颍即颍川。汝、颍均属今河南省。燕即古燕国地,在今河北省北部和辽宁西端;赵,即古赵国地,在今河北南部、山西北部。裴启《语林》:"祖士言与钟雅相调,钟语祖曰:我汝颍之士利如锥,卿燕代之士钝如槌。"二句语本此。

【翻译】

　　高阳王寺，就是以前高阳王元雍的住宅。它位于津阳门外三里，在御道的西面。元雍被尔朱荣杀害了，因此就把他的住宅施舍给佛门，改建成寺院。

　　孝明帝正光年间，元雍当丞相，配备给他的仪仗，有用鸟羽装饰的车帷、奏演鼓吹乐的乐队以及身佩花纹木剑的随从一百人。他的贵显在臣子当中达到了极点，他的财富兼有着高山和大海的各种出产。他居住的宅院府第，可以与皇帝的宫殿相媲美：洁白的墙壁，红彤彤的大柱；内宅窈窕深邃，房间连绵不断；屋檐上翘，有如飞翼；瓦头反卷，向上仰起；过道纵横交错，四周可以通行。家中供使唤的仆役有六千，歌姬舞女有五百名。明月宝珠光辉灿烂，如同太阳照耀；人们穿着绫罗衣服，随风飘动。自从汉朝、晋朝以来，诸侯王们的豪华奢侈还没有过这样的情况。元雍出门的时候，随从的骑卒在御道上吆喝开路，仪仗的队列排成一行行，铙歌震天作响，笳声婉转。在家里则有歌姬舞女陪伴，她们击筑吹笙，管弦音乐轮流更替地演奏，以至整日整夜都不休息。家里的那些竹林鱼池，与皇家的园囿也不相上下，种植的香草如同堆积的一般，珍贵的树木连成一片，挡住了阳光。

　　元雍喜爱美味佳肴，奉养自己十分丰厚，每一顿饭必定要以几万吊钱的代价作为标准。就餐的时候，海里出产的和陆地上生长的各种珍贵的食物，排列在他面前有一丈见方。陈留侯李崇对人说："高阳王吃一顿，抵得上我吃一千天。"李崇担任尚书令、仪同三司之职，也是全国最富有的，家中奴仆有上千人。可是他生性很吝啬。穿的是低劣的衣服，吃的是粗糙的食品。吃饭的时候常常没有肉，只有熟韭菜和腌韭菜。李崇的门客李元祐对人说："李令公一餐吃十八种菜。"人家追问他原因，元祐说："二韭（九）就是一十八呀！"听的人大笑。当时的人就拿这个来讥笑中伤李崇。

　　等到元雍死了以后，让那些歌姬舞女全都做了尼姑，偶而也有嫁人的。美人徐月华善于弹奏箜篌，能够演奏《明妃出塞》的歌曲，听的人没有一个不显出受感动的表情。孝庄帝永安年间，徐月华嫁给卫将军原士康作妾，住宅靠近青阳门。徐月华一边弹奏箜篌，一边歌唱，凄凉的乐声、歌声直入云霄，路过此地停下来听的人，很快就聚集起来，好像集市里的一样。月华曾经对士康说："高阳王有两个漂亮的侍妾，一个名叫修容，一个名叫艳姿。两人都长着蚕蛾触须般细细长长的眉毛，光亮洁白的牙齿，美丽的容貌足以'倾城'。修容也能唱《绿水歌》，艳姿善于跳《火凤舞》。她们两个在内室姬妾当中是最受宠爱的。"原士康听了这话，于是就常常让徐月华弹奏《绿水歌》与《火凤舞》的曲调。

高阳王住宅的北面有个中甘里，中甘里内有个颍川人荀子文，年纪十三岁。他年幼的时候就聪慧明辨，精神意态高超非凡，即使是汉朝的黄琬、孔融也不比他强。正光初年，广宗郡的潘崇和在城东头的昭义里讲解服虔的《春秋左氏传解谊》，荀子文非常恭敬有礼地上门拜崇和为师，到他那里去听讲。当时赵郡的李才问子文说："你住在什么地方？"子文回答说："我住在中甘里。"李才说："为什么住城南呢？"因为城南有四夷馆，所以李才拿这个来讽刺他。荀子文回答说："国都的南面是很好的地方，你为什么对我住在那里感到奇怪呢？如果说起河流，那里有深险的伊水、洛水；如果要谈文物古迹，那里有观天象的灵台与《石经》。说到寺院之美，那儿有报德寺、景明寺。当世富豪，则有高阳王、广平王。要说各地的风俗，那里集中了万国千城的特点。至于论及人才，那里有我荀子文，却没有你！"李才没有什么话好回答他。潘崇和说："'汝州颍川的士人比锥子还锐敏，燕地赵地的士人比铁锤还迟钝。'这实在不是假话啊！"全学馆的人都笑了。

宣 忠 寺

本篇选自《洛阳伽蓝记》卷四《城西》。佛教认为，今世的祸福穷富，皆种因于前世的所作所为。《周易》也称，多作善事的人家，德泽能施及后代，多作坏事的人家，灾祸就会降临其门。这就是所谓"善有善报，恶有恶报"。本篇中记寇祖仁以贪财杀了元徽，后来元徽便托梦于尔朱兆，增金、马之数，假手尔朱兆报了一刀之仇，正是上述因果报应思想的反映。但其中揭露封建统治阶级的凶残与内部的勾心斗角，也颇鲜明、生动。

宣忠寺,侍中司州牧城阳王徽所立也①。在西阳门外一里御道南。永安中,北海王入洛,庄帝北巡,自馀诸王,各怀二望②,唯徽独从庄帝至长子城。大兵阻河,雄雌未决,徽愿入洛阳③,舍宅为寺。及北海败散,国道重晖,遂舍宅焉。

永安末,庄帝谋杀尔朱荣,恐事不果,请计于徽。徽曰:"以生太子为辞④,荣必入朝,因以毙之。"庄帝曰:"后怀孕未十月,今始九月,可尔以不⑤?"徽曰:"妇人生产,有延月者,有少月者,不足为怪。"

帝纳其谋,遂唱生太子⑥。遣徽特至太原王第,告云皇储诞育⑦。值荣与上党王天穆博戏⑧,徽脱荣帽,欢舞盘旋。徽素大度量,喜怒不形于色,绕殿内外欢叫,荣遂信之,与穆并入朝。庄帝闻荣来,不觉失色⑨。中书舍人温子昇曰:"陛下色变!"帝连索酒饮之,然后行事。荣、

---

① 司州:州名,北魏太和十七年(493年)改洛州置,治所洛阳县(今河南洛阳市东北)。城阳王徽:即元徽,徽字显顺,封城阳王。《魏书》卷十九有传。 ② 二望:谓持两端而观望。 ③ 愿:指向神佛祈祷许愿。 ④ 辞:托辞,借口。 ⑤ 不(fǒu否):同"否"。 ⑥ 唱:唱言,扬言。 ⑦ 皇储:储君,太子。 ⑧ 博戏:古代的六博等棋戏(六博,用十二只棋子,黑棋白棋各半,两人相博,分胜负输赢)。 ⑨ 失色:变了脸色。

穆既诛,拜徽太师、司马①,馀官如故,典统禁兵②,偏被委任③。

及尔朱兆擒庄帝,徽投前洛阳令寇祖仁④。祖仁一门刺史⑤,皆是徽之将校,以有旧恩,故往投之。祖仁谓子弟等曰:"时闻尔朱兆募城阳王甚重⑥,擒获者千户侯。今日富贵至矣!"遂斩送之。徽初投祖仁家,赍金一百斤、马五十匹,祖仁利其财货,故行此事。所得金、马,缌亲之内均分之⑦。所谓"匹夫无罪,怀璧其罪"⑧,信矣!

兆得徽首,亦不勋赏祖仁,兆忽梦徽云:"我有黄金二百斤、马一百匹在祖仁家,卿可取之。"兆悟觉,即自思量:"城阳禄位隆重⑨,未闻清贫,常自入其

---

① 司马:官名,掌军政和军赋。 ② 典统:掌管,统领。禁兵:皇帝的亲兵。 ③ 偏:本来是不公平的意思,这里说庄帝对元徽的待遇超过众人。 ④ 寇祖仁:即寇弥,弥字祖仁,上谷人。《魏书》卷四十二有传。 ⑤ 一门刺史:寇弥父寇臻、兄寇治、长子寇胡之、侄寇遵贵都任刺史,所以说"一门刺史"。 ⑥ 募:悬赏征求。 ⑦ 缌亲之内:即五服之内。缌,缌麻,丧服的第五等。 ⑧ "匹夫"二句:语出《左传·桓公十年》虞叔引周谚,意思是:"人本来没有罪,怀藏玉璧就成了他的罪。"因别人要图谋他的玉璧,就会加以罪名而害他。 ⑨ 禄位:俸禄与官职。

家采掠①，本无金银，此梦或真。"至晓，掩祖仁②，征其金、马③。祖仁谓人密告，望风款服④，云实得金一百斤，马五十匹。兆疑其藏隐，依梦征之。祖仁诸房素有金三十斤⑤、马三十匹，尽送致兆，犹不充数⑥。兆乃发怒，捉祖仁，悬首高树，大石坠足，鞭捶之以及于死⑦。时人以为交报⑧。

　　杨衔之曰："崇善之家，必有馀庆；积祸之门，殃所毕集⑨。祖仁负恩反噬，贪货杀徽⑩，徽即托梦增金马，假手于兆，还以毙之。使祖仁备经楚挞⑪，穷其涂炭⑫，虽

宣忠寺

179

①采掠：搜拿。　②掩：收捕。　③征：求，索取。　④服：指服罪。　⑤房：指家族的分支。素：原先，先前。　⑥充数：足数，满数。　⑦捶：抽打。　⑧交报：佛教语，交互受报应。即种善因得善果，种恶因得恶果。　⑨"崇善"二句：语出《周易·坤卦》，略有改动。意思是，不断作善事的人家，后代一定能享受到先人的遗泽；累做坏事的人家，灾祸全都集中在他那里。崇，聚积。馀庆，先代的遗泽。　⑩货：财物。　⑪楚挞：拷打。楚，刑杖。　⑫涂炭：涂，泥淖；炭，炭火。比喻极端困苦的境地。

魏其侯之笞田蚡①,秦主之刺姚苌②,以此论之③,不能加也!"

【翻译】

宣忠寺是侍中兼司州牧城阳王元徽修建的。它位于西阳门外一里御道的南面。永安年间,北海王元颢进了洛阳,庄帝被迫向北巡行,其馀诸侯王各自持两端而观望,只有元徽独自一人跟随庄帝到了长子城。当时大兵被黄河阻隔,胜败未分,元徽向神佛祈祷许愿,如果能重新回到洛阳,他就施舍自己的住宅作寺院。等到北海

---

① 魏其(jī机)侯之笞田蚡:魏其侯即窦婴,西汉大臣,窦太后侄。田蚡,汉景帝王皇后同母弟,封武安侯,官至丞相。窦婴与灌夫友善,灌夫与田蚡不和。灌夫酒醉得罪田蚡,被判死罪;窦婴为救灌夫,也弃市渭城。后田蚡得病,专呼谢罪。视鬼女巫去看后说,是魏其侯窦婴与灌夫用鞭抽打他。田蚡终于被打致死。事见《史记》卷一百七《魏其武安侯列传》。笞(chī吃),鞭打;杖击。 ② 秦主之刺姚苌:秦主指苻坚。姚苌,十六国时期后秦的建立者,公元384年—393年在位。姚苌原是羌人首领,为前秦皇帝苻坚的部下,累有战功。公元383年苻坚在淝水之战大败。次年,姚苌率羌人独立,称秦王,进据北地。不久,擒杀苻坚。姚苌称帝后,又掘苻坚墓,并把尸体剥去衣服放在荆棘上。据说后来姚苌得病,梦苻坚率领天官使者与鬼兵几百人冲入宫里,宫人举枪刺鬼,却误中姚苌阴部,姚苌因此而死。 ③ 论:通"伦",比,伦比。

王兵败逃散,国运重现光辉,于是元徽就把自己的住宅施舍给佛门了。

　　永安末年,庄帝图谋杀掉尔朱荣,担心事情不能成功,就向元徽请教计策。元徽说:"您就以生太子为借口,尔朱荣必然来入宫朝见,趁这机会杀了他。"庄帝说:"皇后怀孕还不到十个月,现在才只有九个月,可不可以这样做呢?"元徽说:"妇女生孩子,有超过月份的,也有不足月份的,九个月生太子不值得奇怪。"

　　庄帝采纳了元徽的计谋,于是就大肆张扬说皇后生了太子,庄帝派遣元徽特地到太原王尔朱荣府上,告诉他说皇太子出世了。当时恰逢尔朱荣与上党王元天穆玩棋戏,元徽脱掉尔朱荣的帽子,高兴地舞蹈旋转。元徽平素度量很大,高兴或是发怒都不在脸上表现出来,这时他却绕着大殿内外欢叫,尔朱荣于是就对他的话信以为真,与元天穆一起进了宫。庄帝听说尔朱荣来了,不知不觉变了脸色。中书舍人温子昇说:"皇上您脸变色了!"庄帝就连连讨酒来喝,然后才下手行事。尔朱荣与元天穆被杀以后,元徽被任命为太师、司马,其馀官职还照旧,并且统领禁卫军,最受庄帝重用。

　　等到尔朱兆抓住了庄帝,元徽就去投奔从前的洛阳县令寇弥。寇弥一家的父子兄弟都担任刺史,都是元徽部下高级武官,元徽凭着自己对寇弥一家有旧恩,所以前去投奔他。寇弥对子侄们说:"时时听说尔朱兆悬赏征求城阳王,赏格很重,抓住他的封千户侯,今天富贵来了!"于是就杀了元徽,把他的首级送交尔朱兆。元徽当初投奔寇弥家的时候,携带了一百斤黄金,五十匹马,寇弥贪图元徽的财物,所以做下了这样的事情。寇弥所得到的黄金与马匹,五服之内的人平均分了。《左传》上所说的"人本来没有罪,因为怀藏玉璧就成了他的罪",这话的确不假啊。

  尔朱兆得到了元徽的人头,也不给寇弥记功奖赏。尔朱兆忽然梦见元徽对他说:"我有二百斤黄金与一百匹马在寇弥家里,你去把它们拿去。"尔朱兆睡醒后就自个儿想:"城阳王禄重位高,从没有听说过他清廉贫寒,我曾经亲自到他家中去搜拿,本就没搜到金子银子。这梦中的事或许是真的。"到第二天早晨,尔朱兆收捕了寇弥,向他索取元徽的那些黄金、马匹,寇弥以为是人告了密,观察风头、气势就诚心服罪了,他说:"我确实得了元徽的一百斤黄金,五十匹马。"尔朱兆怀疑他隐瞒,就按照梦中元徽告诉他的数目索取。寇弥家族各房原先积储有三十斤黄金,三十四马,全部把它送去交给尔朱兆,还是不足梦中之数。尔朱兆于是大发雷霆,叫手下人捉住寇弥身体,然后把他的脑袋悬挂在高树上,脚上吊着大石头,用皮鞭木棍抽打他,一直把他打死。当时人们都认为这是一报还一报。

杨衒之说:"不断作善事的人家,一定能享受到先代的遗泽;累作恶事的人家,灾祸全都集中在那里。寇弥背负恩义,反咬恩主,贪图财物,杀死元徽,元徽就托梦给尔朱兆并夸大寇弥所得黄金马匹的数目,借尔朱兆之手,回过头来又杀了他。并且让寇弥经历了各种拷打的折磨,受尽了困苦,即使是魏其侯窦婴作鬼鞭打田蚡,前秦国君苻坚死后刺伤姚苌,与元徽报复寇弥比起来,也不见得比它厉害。"

白 马 寺

本篇选自《洛阳伽蓝记》卷四《城西》。

佛教究竟自何时开始传入中国？历代传说纷纭，且多穿凿附会。本篇在这方面提供了较为可信的史料。尽管它不是关于这一问题的最早的文字记载（最早的记载是《佛说十二经》与《牟子理惑论》），并有若干神话式的渲染，但仍对我们了解中国佛教的起源及中国与西域的交通有相当帮助。至于本文后半部分记沙门宝公之事，则反映了佛教与当时北朝盛行的谶纬相结合这一事实，读者当然不能相信宝公真能前知后晓，"预睹三世"。

白马寺,汉明帝所立也①,佛教入中国之始。

寺在西阳门外三里御道南。帝梦金神,长丈六,项背日月光明,胡人号曰佛②。遣使向西域求之,乃得经像焉。时以白马负经而来,因以为名。明帝崩,起祇洹于陵上③。自此以后,百姓冢上或作浮图焉。寺上经函,至今犹存,常烧香供养之④。经函时放光明,耀于堂宇。是以道俗礼敬之,如仰真容⑤。

浮图前柰林、蒲萄异于馀处⑥,枝叶繁衍,子实甚大。柰林实重七斤,蒲萄实伟于枣,味并殊美,冠于中京⑦。帝至熟时,常诣取之,或复赐宫人。宫人得之,转饷亲戚⑧,以为奇味。得者不敢辄食,乃历数家。京师语曰:"白马甜榴,一实直牛⑨。"

有沙门宝公者,不知何处人也。形貌丑陋,心识通达,过去未来,预睹三世⑩。发言似谶⑪,不可得解,事过之后,始验其实。胡太后闻之,问以世事。宝公曰:"把

---

① 汉明帝:即刘庄,东汉皇帝,公元57年—75年在位。 ② "胡人":原作"胡神",从范祥雍《校注》据《太平御览》改。 ③ 祇洹:即精舍,修行者所居。 ④ 供养:佛教称以香花、明灯、饮食等供献神佛为"供养"。 ⑤ 真容:指佛。 ⑥ 柰林:果名,即涂林,石榴的别名。 ⑦ 中京:指洛阳。 ⑧ 饷(xiǎng)想):赠送。 ⑨ 直:同"值"。 ⑩ 三世:佛家以过去、现在、未来为"三世"。 ⑪ 谶(chèn 趁):谶语。一种预言,即用隐语来预示吉凶。

粟与鸡呼朱朱①。"时人莫之能解。建义元年,后为尔朱荣所害,始验其言。时亦有洛阳人赵法和请占早晚当有爵否。宝公曰:"大竹箭,不须羽;东厢屋,急手作。"时人不晓其意。经十余日,法和父丧。大竹箭者,苴杖②;东厢屋者,倚庐③。造《十二辰歌》,终其言也④。

【翻译】

　　白马寺是汉明帝建造的,这是佛教进入中国的开端。

　　寺院在西阳门外三里,位于御道的南面。汉明帝梦中见到一位金甲神人,身长一丈六尺,脖领背脊间放出太阳与月亮的光芒,胡人都称他作"佛"。明帝就派人向西域去求取,于是就求得了佛经与佛像。因为当时佛经是用白马驮来的,所以就用"白马"二字给寺院命名。明帝死时,给他在陵墓上修了一座精舍,从此以后,老百姓

---

①"把粟"句:朱朱,唤鸡声。"朱朱"即是二朱,"二"与"尔"音近,隐指尔朱荣。此句是说,胡太后要被尔朱荣所害,就像粟要被鸡吃掉一样。　②苴杖:粗糙的竹杖,古时居父丧时所用。　③倚庐:古人守丧时住的房子。倚木搭建,门向北开,用草木等物盖成。　④"造《十二辰歌》"二句:创作《十二辰歌》,把他的预言全都包含在里面。《十二辰歌》,形式大致与敦煌石窟发现的《禅门十二时》相类似,全歌共由十二段组成,每一段分别与一个时辰相联系。终,尽。

的坟墓上也有造宝塔的了。寺院里装佛经的盒子到现在还保存着,常常烧香供奉着它。那匣子不时地放出光来,在殿堂里照耀闪烁,所以无论僧徒还是普通人都很敬重它,向它致礼,好像见到了真佛一样。

白马寺宝塔前面栽种的石榴、葡萄跟别处的不一样,枝叶繁盛蔓延,结的果实很大。石榴果每只重七斤,葡萄比枣子还大,味道都特别甜美,在洛阳要数第一。等到石榴与葡萄成熟的季节,皇上常常到白马寺去采摘,有时还把它赏赐给嫔妃、官女。嫔妃与官女得到这些石榴与葡萄,又把它转赠给父母兄弟或亲属,把它当作珍贵的食物。得到的人不敢马上就吃掉,于是要周转好几家。京城里有句谚语说:"白马寺的甜石榴,一只果子价值一头牛。"

有位名叫宝公的和尚,也不知道他是什么地方人,他的外貌特别丑陋,但知识通达,能够预见过去、现在和未来三世的事情。讲话好像谶语,使人无法理解,等事情过去以后,他讲话的实际含意才得到应验。胡太后听说后,就向他询问起当代的事情。宝公说:"手拿谷子给鸡吃嘴里唤'朱朱'。"当时的人没有谁能破解。到建义元年,胡太后被尔朱荣杀害,这才应验了宝公的话。当时又有个叫赵法和的洛阳人请宝公替他预测一下是不是迟早会有官爵,宝公说:"大竹箭,不需要羽毛;东厢屋,快快建造。"当时人们不明白他这话的意思。过了十几天,赵法和的父亲死了。原来大竹箭指的是服丧时所用的竹杖,东厢屋是居丧时所住的房子。宝公又作《十二辰歌》,把他的预言全都包括在内。

法 云 寺

　　本篇选自《洛阳伽蓝记》卷四《城西》。文章介绍了三个方面的内容：一、法云寺的修建者西域乌场国和尚昙摩罗其人及寺院的建制；二、居住寺北的临淮王元彧其人其事；三、洛阳大市东南西北四市的商业、手工业和民间伎艺的发展及富人的奢侈生活。其中对洛阳大市四市的介绍作者着墨尤多，不仅写了它的繁盛情况，作者还猎奇拾遗，搜辑了一些遗闻佚事，读来富有情趣。

法云寺,西域乌场国胡沙门昙摩罗所立也①。在宝光寺西,隔墙并门。

摩罗聪慧利根②,学穷释氏。至中国,即晓魏言及隶书,凡所闻见,无不通解,是以道俗贵贱,咸归仰之。

作祇洹一所,工制甚精。佛殿僧房,皆为胡饰。丹素炫彩,金玉垂辉。摹写真容,似丈六之见鹿苑③;神光壮丽,若金刚之在双林④。伽蓝之内,花果蔚茂,芳草蔓合,嘉木被庭。京师沙门好胡法者⑤,皆就摩罗受持之⑥。戒行真苦⑦,难可揄扬⑧。秘咒神验⑨,阎浮所无⑩。咒枯树能生枝叶,咒人变为驴马,见之莫不忻

---

① 乌场:古国名,《魏书·西域传》作"乌苌",在今巴基斯坦河沿岸。 ② 利根:佛教术语,梵文 Tikṣa-indriya 的意译。意思是根性明利,即能敏锐地理解佛法,并能圆满地达到解脱的根茎。 ③ 丈六:借指佛身。据《佛说十二经》,佛身长一丈六尺。鹿苑:又名鹿野苑,释迦牟尼成道后说法的地方,其地在中印度波罗奈国。 ④ 金刚:宝石名,这里借指佛身,取其不可朽坏之义。双林:即娑罗双树,为佛涅槃之处。据《大般涅槃经》载,释迦牟尼在拘尸那国阿利罗拔河边娑罗双树前入般涅槃(圆寂)。其地在今印度北方 Kasia。 ⑤ 胡法:此指西域佛法。 ⑥ 受持:佛教语,指领受在心,持久不忘。 ⑦ 戒行:指随顺戒体,在身、语、意三方面恪守戒律的行为。真:真实,指确实付诸行动。 ⑧ 揄扬:宣扬。 ⑨ 咒:即咒语,旧时僧、道、方士等施行法术时嘴里所念的一种口诀。 ⑩ 阎浮:即阎浮提洲,指印度。

怖①。西域所赍舍利骨及佛牙、经像皆在此寺②。

寺北有侍中尚书令临淮王彧宅③。彧博通典籍,辨慧清悟④,风仪详审,容止可观。至三元肇庆⑤,万国齐臻,金蝉曜首⑥,宝玉鸣腰,负荷执笏⑦,逶迤复道⑧,观者忘疲,莫不叹服。彧性爱林泉,又重宾客。至于春风扇扬,花树如锦,晨食南馆⑨,夜游后园,僚寀成群⑩,俊民

① 忻怖:既心喜又害怕。 ② 舍利:佛骨,梵文Śarīra的音译,一译"设利罗",也称舍利子。据说释迦牟尼逝世后,用香木焚尸,灵骨分碎,大小如粒,击之不坏,烧之不焦,经常有光明神验。佛教徒奉为珍宝,予以供奉。佛牙:相传释迦牟尼死后,曾留下四颗牙齿,也被佛徒当珍宝供奉。 ③ 临淮王彧:即元彧,北魏皇族,封临淮王,尔朱兆入洛时被害。《魏书》卷十八有传。 ④ 清悟:清虚善悟。 ⑤ 三元:阴历正月初一是年、月、日三者之始,所以称作"三元"。 ⑥ 金蝉:古代的一种冠饰。冠上加黄金珰,附蝉为文,插貂尾为饰。 ⑦ 负荷:指稍微弯着腰,像驮着东西的样子。笏(hù 户):即朝笏,古时臣子朝见君主时手中所执,用玉、象牙或竹片制成,形狭长,以为指画及记事之用。也叫"手板"。 ⑧ 逶迤:曲折行进的样子。复道:指宫中上下道。 ⑨ 馆:这里指房舍。 ⑩ 僚寀:僚指同僚,即同官,同事;寀是官属。

法云寺

满席①。丝桐发响②,羽觞流行③,诗赋并陈,清言乍起④,莫不领其玄奥,忘其褊吝也⑤。是以入或室者,谓登仙也。荆州秀才张斐常为五言,有清拔之句云⑥:"异林花共色,别树鸟同声。"或以蛟龙锦赐之。亦有得绯绅紫绫者⑦。唯河东裴子明为诗不工,罚酒一石。子明饮八斗而醉眠,时人譬之山涛⑧。及尔朱兆入京师,或为乱兵所害,朝野痛惜焉。

出西阳门外四里,御道南有洛阳大市,周回八里⑨。市南有皇女台,汉大将军梁冀所造⑩,犹高五丈余。景明中比丘道恒立灵仙寺于其上。台西有河阳县,台东有侍中侯刚宅⑪。市西北有土山鱼池,亦冀之所造,即《汉书》

---

① 俊民:贤人,才智杰出的人。　② 丝桐:指琴。琴是用桐木做成的,所以称琴作"丝桐"。　③ 羽觞流行:羽觞,古代饮酒用的耳杯,像雀形,有头、尾、羽翼,所以称"羽觞";流行,周流传递。　④ 清言:同"玄言",指魏晋南北朝时期以老、庄学说和《易经》为依据而辨析名理的言谈。乍:骤然,忽然。　⑤ 褊吝:褊狭鄙吝。　⑥ 清拔:清妙脱俗。　⑦ 绯绅:绛色绸。　⑧ 山涛:晋河内怀县人,字巨源,仕至司徒,"竹林七贤"之一,《晋书》卷四十三本传称他"饮酒至八斗方醉"。　⑨ 周回:即周围,四周。　⑩ 梁冀:字伯卓,东汉安定乌氏人。两妹分别为顺帝、桓帝皇后。其父梁商死后,冀继为大将军,专断朝政近二十年。后桓帝与宦官单超定计诛梁氏,冀自杀。《后汉书》卷六十四有传。　⑪ 侯刚:字乾之,上谷人,以善于鼎俎进用,官至侍中、左卫将军。事迹详《魏书》卷九十三《恩幸传》。

所谓"采土筑山,十里九坂,以像二崤"者①。

市东有通商、达货二里。里内之人,尽皆工巧、屠贩为生②,资财巨万。有刘宝者,最为富室。州郡都会之处皆立一宅,各养马十匹。至于盐粟贵贱,市价高下,所在一例③。舟车所通,足迹所履,莫不商贩焉。是以海内之货,咸萃其庭,产匹铜山,家藏金穴④。宅宇逾制⑤,楼观出云,车马服饰,拟于王者。

市南有调音、乐律二里。里内之人,丝竹讴歌,天下

---

① "采土"三句:见《后汉书》六十四《梁冀传》。崤,即崤山,一称嵚崟山,在河南省西部,秦岭东段支脉,延伸至黄河、洛河间,崤山分东西二座,所以说"二崤"。 ② 工巧:工艺,技艺。 ③ 一:皆。例:比照。 ④ "产匹"二句:极言其富有。匹,匹敌,相当。《史记·佞幸列传》载,汉文帝曾赐邓通蜀严道铜山,得自铸钱,邓氏钱遍于天下。《后汉书·郭皇后纪》载,郭后弟郭况曾经九次得到皇帝赏赐,丰盛莫比,京师号其家为金穴。 ⑤ 逾制:古代各等级的人,其屋宇、车马、服饰等都有一定的规格,超出规格,谓之逾制。

妙伎出焉。有田僧超者，善吹笳，能为《壮士歌》、《项羽吟》①，征西将军崔延伯甚爱之②。正光末，高平失据③，虎吏充斥，贼帅万俟丑奴寇暴泾岐之间④，朝廷为之旰食⑤，诏延伯总步骑五万讨之。延伯出师于洛阳城西张方桥，即汉之夕阳亭也。时公卿祖道，车骑成列。延伯危冠长剑耀武于前⑥，僧超吹《壮士》笛曲于后，闻之者懦夫成勇，剑客思奋⑦。延伯胆略不群，威名早著，为国展

---

①《壮士歌》：也称"壮士声"。战国末，荆轲欲刺秦王，与燕太子丹诀别易水，作歌曰："风萧萧兮易水寒，壮士一去兮不复还。"《壮士歌》即指此。《项羽吟》：即《拔山歌》。楚汉之争，项羽被困垓下。闻汉军四面皆楚歌，项羽起饮帐中。当时有美人姓虞氏常幸从左右，有骏马名骓，为项羽心爱坐骑，于是项羽悲歌慷慨，自为诗曰："力拔山兮气盖世，时不利兮骓不逝。骓不逝兮可奈何，虞兮虞兮奈若何！" ②崔延伯：博陵人。史称延伯有气力，胆气绝人，兼有谋略，所在征讨，多有战功。《魏书》卷七十三有传。 ③高平失据：据《资治通鉴》载，正光五年（524年）夏四月，高平镇民赫连恩等反，推敕勒酋长胡琛为高平王，攻高平镇。同年十一月，胡琛入据高平。高平即今宁夏固原，为北魏西方军事重镇之一。 ④寇暴：侵夺劫掠。泾岐：泾指泾州，故地在今甘肃东部泾川一带；岐是岐州，辖境在今陕西周至、麟游、陇县、宝鸡、太白等地。 ⑤朝廷：指皇帝。旰食：晚食，指心忧事忙而不能按时吃饭。 ⑥危冠：高冠。 ⑦剑客：精于剑术的人。奋，奋起，振作。

力二十馀年①,攻无全城,战无横阵,是以朝廷倾心送之。延伯每临阵,常令僧超为《壮士》声,甲胄之士莫不踊跃②。延伯单马入阵,旁若无人,勇冠三军,威镇戎竖③。二年之间,献捷相继④。丑奴募善射者射僧超亡,延伯悲惜哀恸,左右谓伯牙之失钟子期不能过也⑤。后延伯为流矢所中⑥,卒于军中。于是五万之师,一时溃散。

市西有延酤、治觞二里,里内之人多酝酒为业⑦。河东人刘白堕善能酿酒⑧。季夏六月,时暑赫晞⑨,以罂贮酒⑩,暴于日中⑪,经一旬,其酒味不动。饮之香美,醉而经月不醒。京师朝贵多出郡登藩⑫,远相饷馈,逾于千里。以其远至,号曰鹤觞,亦名骑驴酒。永熙年中,南青

---

① 展力:等于说效力,效劳。 ② 甲胄之士:指将士,武士。甲,铠甲;胄,兜鍪,头盔。 ③ 戎竖:对戎人的贱称。戎,戎人,古代指西方边境上的少数民族。因延伯当时讨伐的乃是西方边境的少数民族,故称之为"戎竖"。 ④ 献捷:古代于战胜后进献所获得的俘虏与战利品叫"献捷"。 ⑤ 伯牙:春秋时人,以精于琴艺而著名。据说伯牙善鼓琴,只有钟子期能理解,牙伯意在高山流水,钟子期都能凭琴音知道。后来钟子期死了,伯牙认为世上再无知音之人,于是终身不复鼓琴。 ⑥ 流矢:飞矢,没有确定目标的乱箭。 ⑦ 酝:酿造。 ⑧ 河东:地名。指山西境内黄河以东地区。 ⑨ 赫晞:十分炎热的样子。 ⑩ 罂(yīng婴):一种小口大腹的盛酒器。 ⑪ 暴:"曝"的古字,晒。 ⑫ 藩:诸侯领地,后也用以指地方官的辖区。此处"登藩",即指地方官上任。

州刺史毛鸿宾赍酒之藩①,路逢贼盗,饮之即醉②,皆被擒获,因此复名擒奸酒。游侠语曰③:"不畏张弓拔刀,唯畏白堕春醪④。"

市北〔有〕慈孝、奉终二里,里内之人以卖棺椁为业,货辒车为事⑤。有挽歌孙岩,娶妻三年,妻不脱衣而卧。岩因怪之,伺其睡,阴解其衣,有毛长三尺,似野狐尾。岩惧而出之⑥。妻临去,将刀截岩发而走。邻人逐之,变成一狐,追之不得。其后京邑被截发者,一百三十余人。初变为妇人,衣服靓妆⑦,行于道路,人见而悦近之,皆被截发。当时有妇人着彩衣者,人皆指为狐魅⑧。熙平二年四月有此,至秋乃止。

别有阜财、金肆二里,富人在焉。

凡此十里,多诸工商货殖之民⑨。千金比屋⑩,层楼对出⑪,重门启扇,阁道交通,迭相临望。金银锦绣,奴婢

---

① 南青州:北魏太和二十二年(498年)改东徐州为南青州,故治即今山东沂水县。毛鸿宾:北地三原人,官至北雍州刺史。《北史》卷四十九有传。 ② 饮(yìn 印):使喝。 ③ 游侠:古代指轻生重义,勇于急人之难的人。 ④ 春醪:春酒(冬天酿制,及春而成)。醪,醇酒。 ⑤ 辒(ér 而)车:古代载运棺柩的丧车。 ⑥ 出:出妻,即离弃妻子。 ⑦ 靓(jìng 镜)妆:脂粉妆饰,引申为妆饰艳丽。 ⑧ 狐魅:狐妖,狐狸精。 ⑨ 货殖:经商。 ⑩ 比:并,连。 ⑪ 层楼:重叠的高楼。

缇衣①;五味八珍②,仆隶毕口。神龟年中,以工商上僭③,议不听衣金银锦绣。虽立此制,竟不施行。

【翻译】

法云寺是西域乌场国胡僧昙摩罗修建的,它在宝光寺的西面,与宝光寺隔着一堵院墙,大门互相并列。

昙摩罗聪明多智,根性明利,佛家学说他学得很透彻。来到中国以后,马上就学会了魏国的语言和隶书,凡是他所听见所看到的,没有什么不能贯通理解。因此,无论是佛家子弟还是凡夫俗子,是高贵显达者还是低贱平庸的人,全都归依和敬仰他。

昙摩罗修造的这一所佛寺,工艺制作十分精妙。寺院里供佛的殿堂和和尚们住的房间,都是西域的装饰。红颜色与白颜色鲜艳夺目,黄金和玉石焕发光辉。描绘雕刻佛像,就如同佛在波罗奈国的鹿野苑里现身说法;那灵性的光辉壮盛宏丽,又好像佛在娑罗双树前入般涅槃时一样。寺院的里面,鲜花珍果丰蔚茂盛,香草蔓延遍布,美好的树木覆盖了整个庭院。京城里喜欢西域佛

---

① 缇衣:缇,帛丹黄色。缇衣指鲜明之衣。 ② 五味:本指甜、酸、苦、辣、咸五种味道,此指调和众味而成的美味食品。 ③ 上僭:逾越规定,即擅自使用高于自己身份的名义、礼仪或器物等。

法的和尚，全都到昙摩罗这里来向他受持。戒行既真且苦，难以用言语表达。那秘密的咒语灵验如神，是阎浮提洲所没有的。对着枯树念咒，枯树能长出枝叶；对人念咒，人能变成驴马。看到的人没有一个不是既高兴又害怕。昙摩罗从西域带来的佛骨以及佛牙、佛经与佛像全都放置在这所寺院里。

　　法云寺的北面有侍中尚书令临淮王元彧的住宅。元彧广泛通晓各种典册图籍，聪明多辩才，清虚而善悟，风度仪表安详审慎，容貌举止十分优美，到了正月初一开始举行庆典，很多国家的人都来了，元彧他附有蝉纹的黄金珰在头上明亮闪烁，腰间的佩玉铿锵作响，稍微弯着身子，手上拿着朝笏，在宫中上下的道路上从容行进，观看的人都忘记了疲劳，没有人不慨叹佩服。元彧生性爱好山水，又很尊重宾客。到了那春风吹拂、鲜花树木如同锦绣的时节，他早晨在南边寓舍里吃饭，晚上到后园里游赏；届时同僚与官属成群结队，贤明的人们坐满了宴席；琴上奏出悠扬的音乐，耳杯周流传递。大家写诗作赋，忽而又相互清谈，没有一个人不因此而领会老庄的精深微妙之旨，忘却了自己的鄙吝和褊狭。因此，凡是进入元彧家的人，都认为自己如同成仙。荆州的秀才张斐曾经作过一首五言诗，其中有清妙脱俗的句子："异林花共色，别树鸟同声。"元彧就把绣有蛟龙的丝锦赏赐给他。也有得到他所赐的绛色绸与紫色绫的。只有河东郡的裴子明作诗不好，罚他饮一石酒，裴子明饮了八斗就醉倒了，当时的人把他比作山涛。等到尔朱兆进洛阳的时候，元或被乱兵杀害，朝廷和民间都十分惋惜。

出西阳门外四里，在御道南面有个洛阳大市，大市四周有八里长。大市的南面有座皇女台，是后汉大将军梁冀建造的，到现在还有五丈多高。宣武帝景明年间，和尚道恒在皇女台上修起了灵仙寺。皇女台的西面是河阳县，东面是侍中侯刚的住宅。大市的西北面有土山和鱼池，也是梁冀建造的，这就是《后汉书》上所说的"采取土块修筑小山，每十里长就有九里是山坡，用它来仿效东西两座崤山"的地方。

洛阳大市的东面有通商里、达货里。里内的人全都以工艺、屠宰和贩卖为生，所拥有钱财的数目十分巨大。其中有个名字叫刘宝的，他家是这里最富的人家。刘宝在州里郡里和京城里都建有一所住宅，每处养十匹马。至于这些地方的食盐、谷子价格的高低，市场物价的大小，全都加以比照。凡是车船能够通行、足迹所能到达之处，他没有不去经商贩卖的。因此，天下的货物他家里都有，他的产业可以和铜山相匹敌，家中有藏金子的洞窟。刘宝家的住宅修建得超过了朝廷对商人的规定，高大的建筑高出云霄,车辆、马匹、衣服及装饰可以和藩王相比拟。

洛阳大市的南面有调音里、乐律里。这二里中的人们擅长弦管乐器与歌唱,全国最好的艺人出在这里。有个名字叫田僧超的人善于吹奏胡笳,他能吹奏《壮士歌》与《项羽吟》的曲子,征西将军崔延伯非常喜欢他。孝明帝正光末年,高平失守,凶狠的官吏到处都是,反贼主帅万俟丑奴在泾州与岐州一带侵夺劫掠,皇上为此心忧事繁而不能按时吃饭,下命令让崔延伯统率五万步兵骑兵前去征讨。崔延伯在洛阳城西边的张方桥带兵出征,这地方就是从前汉朝的夕阳亭。当时大臣们前来饯行,车马的队伍排成行列。崔延伯头戴高帽、身佩长剑在前面炫耀威武。田僧超在其后面吹着《壮士曲》,听见那曲声的人,懦夫也变成了勇士,精通剑术的人更是想奋起建功。崔延伯胆识和谋略超群拔俗,很早就威名卓著,为国家效力二十多年,没有什么城邑他攻不下来,没有什么横排的阵势他冲不破,所以朝中官员全心全意为他送行。崔延伯每次上战场,总是让田僧超吹奏《壮士曲》的乐调,将士们听了以后,没有人不踊跃向前。于是崔延伯单枪匹马冲入敌阵,不把身旁的人放在眼里,勇猛居全军之首,威风镇服了戎人。出兵两年之间,向朝廷进献的俘虏和战利品连续不断。万俟丑奴招募擅长射箭的人射死了田僧超,崔延伯悲伤痛惜,哀声大哭,他身边的人说,就是伯牙失去钟子期的时候也比不上那场面。后来,崔延伯被飞矢射中,死在乱军之中。于是五万人的军队一下子崩溃逃散了。

　　洛阳大市的西面有延酤里、治觞里。这两个里内的人大多把酿酒作为职业。有个河东郡人刘白堕最擅长酿酒。季夏六月,天气十分炎热,把他所酿的酒装在罂里放在太阳底下晒,经过十天,那酒的味道一点不变。他酿的酒喝起来又香又美,喝醉了则经过一个月也不会苏醒。京城里的朝廷显贵们有不少人被派出去镇守州郡,他们用这酒老远地互相馈赠,最远的要越过一千多里路程。由于它是从远道而来,所以称它作"鹤觞",也叫"骑驴酒"。孝武帝永熙年间,南青州刺史毛鸿宾带着这酒上任去,路上遇到强盗,毛鸿宾让他们喝这酒,强盗们马上就醉倒了,结果全部被活捉。因此,人们又称这酒叫"擒奸酒"。游侠们有句口头语说:"不怕箭在弦、刀在手,就怕刘白堕酿春酒。"

　　洛阳大市的北面有孝慈里、奉终里。这两个里的人都把卖棺椁、出租灵车作为职业。有位唱挽歌的孙岩,他娶妻子三年了,妻子总是不脱衣服睡觉。孙岩因而对这件事感到很奇怪,于是他趁妻子睡着的时候,偷偷地解开她的衣服,发觉妻子身上有一大丛三尺长的毛,样子好像狐狸的尾巴。孙岩感到很害怕,因而就离弃了她。妻子临走的时候,拿刀割了孙岩的头发就奔逃,邻居们去追赶,孙岩的妻子变成了一只狐狸,结果追她没追到。打那以后,京城里被割头发的有一百三十多人。狐狸都是起初变成妇女,衣服打扮得漂漂亮亮的,在道路上行走,男人们见了很高兴地和她们亲近,结果都被割了头发。当时有穿花衣服的妇女,人们都指着她说是狐狸精。熙平二年四月开始发生截割男人头发的事,到那年秋天才停止。

另外,又有阜财里、金肆里,富人们住在那里。

以上这十个里,里面住着很多各种各样的匠人与商贩,千金之家一户挨一户,重叠的高楼相对耸立,多层的门开启着,空中架设着天桥互相通达,站在高处彼此可以望见。这些人家的奴婢与仆人们都穿的是用金线银线织成的色彩鲜明的丝衣服,吃的是各种珍贵的美味食品。孝明帝神龟年间,因为工匠与商人"上僭",朝中议定不让他们穿用金线银线织的丝衣服。虽然制订了这项规定,但终于没有贯彻执行。

寿 丘 里

　　本篇摘选自《洛阳伽蓝记》卷四《城西》"阜财里内有开善寺"条,篇名为译注者所加。

　　孝文帝改革,给北魏王朝带来了一些兴旺景象,北魏统治阶级因而也更加骄奢腐化起来。本篇尽管对当时的政治现实有所美化,但却借寿丘里这一皇家宗室聚居的典型环境,描述了北魏王公贵族的奢侈生活、腐朽思想和贪婪性格。同时,作者还以清丽的笔法描绘了寺院的园林风景,文句秾丽秀逸,给人以美的享受。

自延酤以西①,张方沟以东②,南临洛水③,北达芒山,其间东西二里,南北十五里,并名为寿丘里,皇宗所居也④。民间号为王子坊⑤。

　　当时四海晏清⑥,八荒率职⑦,缥囊纪庆⑧,玉烛调辰⑨。百姓殷阜,年登俗乐⑩。鳏寡不闻犬豕之食,茕独不见牛马之衣⑪。于是帝族王侯,外戚公主⑫,擅山海之富,居川林之饶⑬,争修园宅,互相夸竞⑭,崇门丰室,洞

---

① 延酤:洛阳城西里弄名。 ② 张方沟:沟渎名,在洛阳城西,上有石桥,名张方桥。 ③ 临:靠近。 ④ 皇宗:皇帝的宗族。 ⑤ 坊:住宅区的一种名称。 ⑥ 晏清:本来指天空清朗无云,这里比喻天下太平无事。 ⑦ "八荒"句:八荒,八方边远的地方;荒,边远之地。率职,遵循职守。这句是说八方极远之地都归顺臣服。 ⑧ "缥(piǎo瞟)囊"句:缥,帛青白色;缥囊,盛书的淡青色口袋,这里用以泛指文史著作。庆,吉庆,幸福。这句是说文献著作记载着国家的吉庆幸福。 ⑨ 玉烛调辰:指四季气候调和。古时认为,人君德美如玉,可致四时祥和之气。辰,时,季节。 ⑩ 年登:指庄稼丰收。年,年成,收成。 ⑪ "鳏(guān官)寡"二句:老而无妻的人叫鳏,老而无夫称寡。茕独,指孤独无依的人。牛马之衣,即牛衣马衣,一种用麻编织的披在牛马身上的粗糙织物。汉代董仲舒形容当时人民的贫困生活有"故贫民常衣牛马之衣,而食犬彘之食"的话(见《汉书·食货志上》),这里反其意而用之。 ⑫ 外戚:指皇帝的母族与妻族。 ⑬ 居:占。 ⑭ 夸竞:夸耀比赛,这里指夸耀比赛豪华。

户连房①,飞馆生风,重楼起雾②。高台芳榭③,家家而筑;花林曲池,园园而有。莫不桃李夏绿,竹柏冬青。

而河涧王琛最为豪首④,常与高阳争衡⑤。造文柏堂,形如徽音殿⑥,置玉井金罐⑦,以五色缋为绳⑧。妓女三百人,尽皆国色。有婢朝云,善吹箎⑨,能为《团扇歌》、陇上声⑩。琛为秦州刺史⑪,诸羌外叛⑫,屡讨之不降。琛令朝云假为贫妪⑬,吹箎而乞。诸羌闻之,悉皆流涕⑭。迭相谓曰:"何为弃坟井⑮,在山谷为寇也?"即相率归降⑯。秦民语曰:"快马健儿⑰,不如老妪吹箎。"

---

① 洞户:指门户相对。洞,通。 ②"飞馆"二句:意思是建筑物高耸空中,风雾像是从它们中间发生、兴起。飞、重,都是形容建筑物的高峻。 ③ 台:四方而高并且上面是平的建筑物。榭(xiè谢):构筑在高土台上的一种敞屋。 ④ 河间王琛(chēn嗔):即元琛,字昙宝,北魏皇族,封爵河间王。《魏书》卷二十有传。 ⑤ 高阳:即高阳王元雍。争衡:较量,争强斗胜。 ⑥ 徽音殿:洛阳北魏宫殿名。徽音是美德的意思。 ⑦ 罐:指井罐,一种从井中吸水的器皿。 ⑧ 缋:丝带、丝绳之类。 ⑨ 箎(chí持):古乐器名。用竹子制成,单管横吹。 ⑩《团扇歌》:乐府吴声歌曲,也称《团扇郎歌》。陇上声:陇上的曲调,即《陇头流水》、《陇上歌》之类。 ⑪ 秦州:州名,故治在今甘肃省天水县。 ⑫ 羌:我国古代西部的少数民族。汉代以后,甘肃东部是羌人较多的地区之一。 ⑬ 假为:装扮作。妪(yù裕):老妇人。 ⑭ 涕:眼泪。 ⑮ 坟井:指家乡,故土。 ⑯ 相率:一个领着一个。 ⑰ 健儿:指士兵。

琛在秦州，多无政绩。遣使向西域求名马，远至波斯国。得千里马，号曰追风赤骥。次有七百里者十馀匹，皆有名字。以银为槽，金为环锁①，诸王服其豪富②。琛常语人云："晋室石崇③，乃是庶姓④，犹能雉头狐腋⑤，画卵雕薪⑥，况我大魏天王⑦，不为华侈？"造迎风馆于后园，窗户之上，列钱青琐，玉凤衔铃，金龙吐佩。素柰朱李，枝条入檐，伎女楼上，坐而摘食。

琛常会宗室⑧，陈诸宝器。金瓶银瓮百余口，瓯、檠、盘、盒称是⑨。自馀酒器，有水晶钵、玛瑙琉璃碗、赤玉卮数十枚⑩。作工奇妙，中土所无，皆从西域而来。又陈女乐及诸名马⑪。复引诸王按行府库⑫，锦罽珠玑⑬，冰罗

---

① 环锁：链子。 ② 豪富：巨富。 ③ 石崇：西晋人。任荆州刺史时，以劫远使客商致财产无数。与贵戚王恺、羊琇等争为侈靡。曾在河阴造金谷园，又与王恺斗富，以蜡代薪，作锦步障五十里，王恺虽得晋武帝支持，仍不能敌。事见《晋书》卷三十三本传。 ④ 庶姓：皇室和外戚以外的姓。 ⑤ 雉头狐腋：都是名贵的毛皮衣服，前者集野鸡头上羽毛而成，后者集狐狸腋下毛皮而成。雉，即野鸡。 ⑥ 画卵雕薪：画卵，在吃的蛋上画图画；雕薪，在烧的柴火上雕刻花纹。 ⑦ 天王：等于说"大王"。 ⑧ 会：会合，邀集。宗室：皇族。 ⑨ 瓯：小盆子。檠（jīng 京）：有脚的盘碟。称（chèn 衬）是：与此相等。 ⑩ 卮（zhī 知）：古代的一种盛酒器皿。 ⑪ 女乐：即歌女舞女。 ⑫ 按行：巡行，来回视察。 ⑬ 罽（jì 寄）：一种毛织品，似毡子之类。玑：不圆的珠子，珠玑连用就是指珠子。

雾縠①,充积其内,绣缬、紬绫、丝彩、越葛、钱绢等②,不可数计。琛忽谓章武王融曰③:"不恨我不见石崇,恨石崇不见我!"

融立性贪暴④,志欲无限,见之叹惋,不觉生疾。还家卧三日不起。江阳王继来省疾⑤,谓曰:"卿之财产,应得抗衡⑥,何为叹羡,以至于此?"融曰:"常谓高阳一人宝货多于融,谁知河间,瞻之在前⑦!"继笑曰:"卿欲作袁术

---

① 冰罗雾縠:罗与縠都是轻软有稀孔的丝织品,"冰"与"雾"用来比喻罗与縠的轻薄、透明。 ② 绣:有刺绣的丝织品。缬(xié斜):印染有花纹的丝织品。越:即越布。越地所出产的一种轻薄漂亮的纤维织物。葛:葛布。绢:较粗糙的生丝织物。 ③ 章武王融:即元融,字永兴,北魏皇族,封章武王。元融秉性贪残,喜聚敛财富。《魏书》卷十九有传。 ④ 贪暴:贪婪暴虐。 ⑤ 江阳王继:即元继,北魏皇族,封江阳王。肃宗时位至太尉公、侍中、太师、录尚书事。元继也贪婪聚敛无已。《魏书》卷十六有传。省(xǐng醒)疾:探病。 ⑥ 抗衡:匹敌,不相上下。 ⑦ 瞻之在前:语出《论语·子罕》:"瞻之在前,忽焉在后。"本来是指孔子学问高深莫测,元融引此文的意思是说谁知河间王的财富也超过了自己。

之在淮南,不知世间复有刘备也①?"融乃蹶起②,置酒作乐③。

　　于时国家殷富,库藏盈溢④,钱绢露积于廊者,不可校数⑤。及太后赐百官负绢,任意自取,朝臣莫不称力而去⑥。唯融与陈留侯李崇负绢过任,蹶倒伤踝⑦。太后即不与之,令其空出,时人笑焉⑧。侍中崔光止取两匹。太后问曰:"侍中何少?"对曰:"臣有两手,唯堪两匹⑨。所获多矣。"朝贵服其清廉。

---

　　①"卿欲"二句:据《后汉书·吕布传》载,袁术与刘备在淮水一带对峙,袁术想联合吕布打刘备,就写信给吕布,信中有"术生年以来,不闻天下有刘备"的话,元继在这里用这个故事提醒元融,要尊重事实。他不知道元琛财富超过他时,元琛财富还是超过他的,正如袁术不知刘备时刘备仍然存在一样。既然这是事实,为什么要因知道了事实而不愉快呢?
② 蹶(jué掘)起:蹶然而起。蹶,受惊而迅速动作的样子。
③ 作乐(yuè月):演奏音乐。　④ 库藏(zàng葬):存放财物的地方,等于说府库。盈溢:过满,指财物多得放不下了。
⑤ 校数:核实计算。　⑥ 称(chèn衬)力:按照自己的力量。称,符合,相副。　⑦ 蹶倒:跌倒。踝(huái怀):即踝骨,人体小腿下连接脚跟两旁突起的部分。　⑧"太后"三句:原本无此三句,从范祥雍《校注》据《太平广记》补。　⑨ 堪:经得起,这里是拿得了的意思。

经河阴之役①,诸元歼尽,王侯第宅,多题为寺②。寿丘里间③,列刹相望④,祇洹郁起⑤,宝塔高凌⑥。四月初八日,京师士女多至河间寺⑦,观其廊庑绮丽,无不叹息,以为蓬莱仙室亦不是过。入其后园,见沟渎蹇产⑧,石磴嶕峣⑨,朱荷出池,绿萍浮水,飞梁跨阁⑩,高树出云,咸皆唧唧⑪,虽梁王兔苑想之不如也⑫。

【翻译】

　　从延酤往西,张方沟往东,南面靠近洛河,北面直抵邙山,这中间东西宽二里,南北长十五里,一起称它作寿丘里,它是皇帝的宗族居住的地方,民间叫它王子坊。

---

　　① 河阴之役:即尔朱荣起兵攻洛阳,于河阴之野大肆屠杀皇族与大臣的事件,详《永宁寺》篇。　② 多题为寺:大多题上匾额,变成佛寺。题,指在匾额上题写寺院的名字。　③ 里间:古代二十五家为里,又称间,这里泛指聚居的里巷。　④ 刹:这里指佛寺。　⑤ 祇洹:即精舍。　⑥ 高凌:高高矗起。凌,升,高出。　⑦ 河间寺:即河间王元琛住宅改成的佛寺。　⑧ 沟渎(dú 读):沟渠,水道。蹇产:曲折的样子。　⑨ 石磴:石级,石台阶。嶕峣(jiāo yáo 焦尧):峭峻高耸的样子。　⑩ 飞梁:悬空的桥。　⑪ 唧唧:象声词,叹息的声音。　⑫ 兔苑:即兔园,也称梁园,汉文帝儿子梁孝王所筑的园囿,作为游乐和招纳宾客之所。园中有山有池,宫观很多,极为豪华。故址在今河南商丘县东。

当时天下太平无事,八方边远的地方都遵循职守,归顺臣服。文史著作记载着国家的吉庆,人君德光普照,调节着四季的风雨气候。老百姓家家殷实富足,庄稼丰收,民间欢乐。即使是鳏夫寡妇也不用吃猪狗吃的粮食,无依无靠的人所穿的也不是披在牛马身上那种粗糙的织物。在这时候,皇帝的宗族以及王侯、外戚、公主等拥有着全国山海所出产的大量财富,占有河流森林的富饶产品。于是,大家争着修建庄园与住宅,互相夸耀,比赛豪华。这些庄园宅院一个个都是高门大室,宅内门户相对,房间相连。高峻的建筑物耸入空中,风雾就好像是从它们中间发生、兴起。家家都构筑着高大的台、漂亮的榭,园园都有长满鲜花的丛林、蜿蜒曲折的水池。夏天到了,没有一家不是桃树、李树一片葱绿,冬天里则竹子与柏树苍苍青青。

其中河间王元琛最为奢侈豪华,在当时居于首位。他常常与高阳王元雍比赛较量,争强斗胜。元琛建造的文柏堂,形状如同皇宫中的徽音殿,设有用美玉砌的水井与用金子制成的井罐,用五彩的丝绳作井绳。家中蓄着三百名歌姬舞女,都是全国最漂亮的女子。有个婢女名叫朝云,她善于吹篪,能够吹奏《团扇歌》与陇上的曲调。元琛担任秦州刺史的时候,羌族各部落纷纷反叛,屡次起兵去讨伐他们,他们都不肯投降。于是,元琛让朝云装扮成贫穷的老妇人模样,一边吹箎,一边乞讨,羌族人听到箎声,一个个全都痛哭流泪,互相说道:"我们为什么要抛弃自己的故乡,在这高山深谷里做强盗呢?"于是就一个领着一个前来归顺投降。所以秦州的老百姓有谚语说:"飞快的战马,骄健的士兵,比不上老妇人吹箎声。"

元琛在秦州的时候,政事上很没有什么成效。他派遣使者向西域购买名马,最远的曾到达过波斯国,买得一匹千里宝马,称它作"追风赤骥"。次一等的有每天走七百里的马十几匹,它们也全都有名字。元琛用银子制马槽,用金子做马的锁链,其他的藩王们对元琛的豪富都很佩服。元琛常常对人说:"晋朝石崇不是皇族外戚,尚且能够穿用野鸡的头毛与狐狸腋下的毛皮制成的衣服,在吃的蛋上画图画,在烧的柴上雕花纹;何况我是堂堂魏国的大王爷,能不做豪华奢侈的事吗?"他在后园里建造迎风馆,窗子与门户上都雕刻着排列成钱币的图案和青色的连环纹,镶嵌着用玉石雕琢的凤凰与黄金塑成的龙,凤凰与龙的嘴里分别衔着金铃与环佩。青白色的奈子与红通通的李子,枝条伸进了迎风馆的屋檐,那些歌姬舞女们坐在楼上就可以伸手摘来吃。

元琛曾经会集皇族中的人,把自己的珍宝器皿陈列出来给大家看。陈列的金瓶银瓮有一百多口,金银的盆子、架子、盘子、盒子与金瓶银瓮的数量相仿。其馀是酒器,有水晶钵、玛瑙琉璃碗、赤玉卮,一共几十只。它们的做工新奇精妙,是中国所没有的,都是从西域一带弄来的。元琛又把歌女舞女和所有的名马也陈列出来。接着,他又带领着藩王们巡回视察他的仓库,里面堆满着精致华丽的罽,各种各样的珠子,透明如冰的罗,轻薄似烟雾般的縠,至于各种刺绣、彩缯、绸子、绫子、染色与无色的丝织品、越布、葛布、钱、绢等等,多得无法计数。元琛突然对章武王元融说:"我不为没有见到过石崇而遗憾,遗憾的是石崇没有见到我!"

元融天性贪婪暴虐,欲望没有止境,他看到元琛的财富以后,就嗟叹惋惜,不知不觉生起病来。回到家里,睡了三天没有起床。江阳王元继前来探病,对元融说:"你的财产,应该能和河间王的相匹敌,为什么你却赞叹羡慕,以致到了这等地步呢?"元融说:"我一直以为只有高阳王一个人珍宝财物比我多,谁知道河间王的财富看来也超过了我!"元继笑道:"你想要像袁术在淮南时那样,说自己从不知道世间上还有个刘备吧?"元融听了,蹶然而起,让人摆设酒席,演奏音乐。

当时国家殷实富足,存放财物的仓库里面堆得满满的,放也放不下,钱币和绢没有遮盖地堆放在走廊里的,多得无法核实计算。等到胡太后赏赐百官背绢回家,让大家按自己的意思随便取时，朝廷大臣们没有一个不是在自己力所能及的范围内拿的。只有章武王元融与陈留侯李崇背绢超过了自己的负担能力，结果跌倒扭伤了踝骨。胡太后就不给他们绢，让他们空着手出去，当时的人都嘲笑这件事。侍中崔光拿绢只拿了两匹，胡太后问他："崔侍中你为什么拿得这么少呢？"崔光回答说："臣子我只有两只手，只能拿得了两匹。我所得到的已经很多了。"朝廷的权贵们因此都佩服崔光清白廉洁。

　　经过河阴事件之后，元氏贵族都被杀光了。被杀王侯的府第，大多题上佛寺匾额，成了寺院。寿丘里一带许多佛寺彼此相对，精舍聚在一起，宝塔高高耸立。四月初八日，京城里的男女们大多来到河间王元琛府第改成的佛寺，看到那游廊房舍的华丽，没有人不赞叹，认为蓬莱岛神仙住的房子也不会超过它。进入它的后园，见到沟渠水道蜿蜒曲折，石头台阶峭峻高耸，朱红的荷花立于池中，青绿色的浮萍漂在水面上，悬空的桥梁横跨楼阁之间，高大挺拔的树木直插云霄，大家全都啧啧称叹：即使是梁孝王的兔园，想来也是比不上它的啊。

追 先 寺

本篇选自《洛阳伽蓝记》卷四《城西》。文章专记元略事,似是元略的一篇传记,但与《魏书·元略传》不同。《元略传》只是较简略地记其一生履历,好像一篇流水账;本文则较细致地刻划了元略的言行,使人物有血有肉;而且还特别提到他"博洽群书"、"好道不倦"、"文学优赡",使我们看到北魏中期以后鲜卑贵族确在向汉士族转化。

追先寺,在寿丘里,侍中尚书令东平王略之宅也①。

略生而岐嶷②,幼则老成,博洽群书③,好道不倦。神龟中,为黄门侍郎。元义专政,虐加宰辅④,略密与其兄相州刺史中山王熙欲起义兵⑤,问罪君侧⑥。雄规不就,衅起同谋⑦。略兄弟四人并罹涂炭,唯略一身逃命江左。

萧衍素闻略名,见其器度宽雅,文学优赡⑧,甚敬重之。谓曰:"洛中如王者几人?"略对曰:"臣在本朝之日,承乏摄官⑨。至于宗庙之美⑩,百官之富,鹓鸾接翼⑪,杞

---

① 东平王略:即元略,字儁兴,中山王元英之子,尔朱荣入洛时被害。《魏书》卷十九有传。 ② 岐嶷:谓能有所识别。《诗·大雅·生民》:"克岐克嶷。"毛传:"岐,知意也;嶷,识也。" ③ 博洽:通晓。 ④ 虐加宰辅:指杀清河王元怿事。宰辅,辅政的大臣,一般指宰相。 ⑤ 相州:州名,故治在今河南临漳县西。中山王熙:即元熙,字真兴,袭封中山王。神龟初为安东将军、相州刺史,及元义杀清河王元怿,乃起兵。事败,熙及三子同时遇害。事见《魏书》卷十九本传。 ⑥ 君侧:君主身边左右的亲信、佞臣。这里指元义。 ⑦ 衅起同谋:在同谋者之间产生了罅隙。衅,罅隙,衅隙。 ⑧ 文学:等于说学问。优赡:渊博丰富。 ⑨ 承乏摄官:旧时官吏常用的谦辞,是说所任职位一时乏人,暂由自己代理、充数。摄,兼理,代领。 ⑩ 宗庙:朝廷或王室的代称。美:指人才之美。 ⑪ 鹓鸾:鹓与鸾都是凤凰一类的鸟,用以比喻贤人。

梓成阴①。如臣之比,赵咨所云:车载斗量,不可数尽②。"衍大笑。乃封略为中山王,食邑千户③,仪比王子④。又除宣城太守⑤,给鼓吹一部,剑卒千人。略为政清肃⑥,甚有治声。江东朝贵⑦,侈于矜尚⑧,见略入朝,莫不惮其进止⑨。寻迁信武将军,衡州刺史⑩。

孝昌元年,明帝宥吴人江革⑪,请略归国。江革者,萧衍之大将也。萧衍谓曰:"朕宁失江革,不得无王。"略曰:"臣遭家祸难,白骨未收,乞还本朝,叙录存没⑫。"因即悲泣。衍哀而遣之。乃赐钱五百万,金二百斤,银五

① 杞梓:即杞木与梓木。两木都是良材,这里用以比喻优秀特出的人才。 ② "赵咨"句:赵咨,汉末南阳人,仕吴为都尉。为人博闻多识,应对辩捷。建安二十五年,赵咨使魏,魏文帝很喜欢他,问:"吴国像你这样的人才有多少?"赵咨回答说:"聪明特达者,八九十人;如臣之比,车载斗量,不可胜数。"见《三国志·吴志》卷二《吴主孙权传》注。 ③ 食邑:封地。因收其地赋税而食,所以称食邑。 ④ 仪比:犹"比仪",即相匹。 ⑤ 宣城:郡名,治所宛陵县(今安徽宣城县)。 ⑥ 清肃:清廉简肃。 ⑦ 江东:自汉以来,称安徽芜湖以下的长江下游南岸地区为江东,这里指梁朝。 ⑧ 矜尚:自尊自大。 ⑨ 进止:进退举止。 ⑩ 衡州:州名。治所含洭县(今广东英德县西北洸洸)。 ⑪ 江革:字休映,济阳考城人。仕梁为豫章王长史,镇守彭城。彭城失守被俘,后还朝。官至光禄大夫,领步兵校尉。南北兖二州大中正。《梁书》卷三十六有传。 ⑫ 存没:生者与死者。

百斤,锦绣宝玩之物,不可称数。亲帅百官送于江上,作五言诗赠者百馀人。凡见礼敬如此。

比略始济淮,明帝拜略侍中、义阳王,食邑千户。略至阙①,诏曰:"昔刘苍好善,利建东平②;曹植能文,大启陈国③。是用声彪盘石④,义郁维城⑤。侍中义阳王略,体自藩华⑥,门勋夙著⑦,内润外朗,兄弟伟如⑧。既见义忘家,捐生殉国,永言忠烈,何日忘之?往虽弛担为梁⑨,

---

① 阙:即阙下,指朝廷。 ② "刘苍"二句:刘苍,汉光武帝刘秀第八子,封东平王。苍好经术,明帝时为骠骑将军,永平年间,与公卿大臣共定南北郊冠冕车服制度。后上疏归藩,明帝问处家什么最快乐,刘苍回答说行善最快乐。见《后汉书》卷七十二《光武十王列传》。利建,即利建侯。语出《易·屯卦》,原意是利于建侯以宁民。这里是"封土建侯"的意思。东平,故地在今山东东平县。 ③ "曹植"二句:曹植,字子建,三国魏曹操第三子。早年曾以文学才华为曹操所重视,一度欲立为嗣。及曹丕、曹叡相继为帝,颇受猜忌。明帝曹叡太和六年(232年),以陈四县封植,为陈王。见《三国志·魏志》卷十九本传。陈国治所在今河南睢阳县。 ④ 盘石:同"磐石",即厚大的石头,这里借指封藩的宗室。《史记·孝文本纪》:"高帝封王子弟地,犬牙相制,此所谓磐石之宗也。"
⑤ 维城:连城以卫国,这里也借指封藩的宗室。《诗·大雅·板》:"宗子维城。" ⑥ 藩华:藩,宗藩,即宗室中受分封者;华,华族,即高门贵族。 ⑦ 夙:早。 ⑧ 伟如:卓异出群的样子。 ⑨ 弛担:卸去负担或责任。

今便言旋阙下①,有志有节,能始能终。方传美丹青②,悬诸日月。略前未至之日,即心立称③,故封义阳。然国既边地,寓食他邑,求之二三④,未为尽善。宜比德均封⑤,追芳曩烈⑥。可改封东平王,户数如前。"寻进尚书令,仪同三司,领国子祭酒,侍中如故。

略从容闲雅⑦,本自天资,出南入北,转复高迈。言论动止,朝野师模。建义元年薨于河阴,赠太保,谥曰文贞。嗣王景式舍宅为此寺⑧。

【翻译】

追先寺在寿丘里,原先是侍中、尚书令、东平王元略的住宅。

元略生下来就能有所识别,幼年时则老练成熟。他广博通晓各种书籍,爱好道义孜孜不倦。孝明帝神龟年间任黄门侍郎。当时元乂独揽朝政,暴虐地杀死了辅政大臣清河王元怿,元略秘密地与哥哥相州刺史中山王元熙一道,打算举义兵追究国君身边佞臣的罪行,雄伟的

---

① 言旋:返还,归来。言,语助词,无义。 ② 丹青:指史册。古代丹册纪勋,青史纪事。 ③ 立称:即立名。 ④ 求:探求,考虑。 ⑤ 比:比照,按照。 ⑥ 追芳:等于说追美。曩烈:指汉刘苍而言。烈,美。 ⑦ 闲雅:安舒高雅的样子。 ⑧ 景式:即元略世子元顼,元顼字景式。见元略《墓志》。

计划没有实现,同谋者之间却产生了罅隙。元略哥哥弟弟有四人一起惨遭祸害,只有元略只身一人逃命到了江南。

梁武帝萧衍很早就知道元略的名声,如今又亲眼看见他度量宽宏,学问渊博,因此十分敬重他。萧衍对元略说:"洛阳像东平王您这样的有几人呢?"元略回答说:"我在本朝的时候,黄门侍郎一时缺人,就让我暂时代理一下。至于朝廷上人才之美,百官的众多,就好像凤凰成群,翅膀与翅膀可以互相连接,又如同无数杞木和梓木连成一片,能把日光遮住。与我不相上下的人,就像赵咨所说的,多到用车子装、用斗去量,也无法数清楚。"萧衍听后大笑。于是就封元略为中山王,给他一千户人家的封地,与王子相当。又任命他担任宣城太守,配备给他一部演奏鼓吹乐的乐队和带剑的士兵一千人。元略处理政事清廉简肃,在政绩上很有声名。梁朝的权贵们非常自尊自大,然而见到元略从治所到朝廷里来,没有人不对他的进退举止感到害怕。不久,他又升任信武将军、衡州刺史。

孝昌元年,孝明帝释放了被俘的梁朝人江革,请求让元略回本国。江革是萧衍的大将。萧衍对元略说:"我宁愿失去江革,不能没有您。"元略说:"我全家遭遇祸难,亲人的白骨还没有掩埋,请允许我回到本朝,去和活着的人叙一叙,并记录一下死者的情况。"说着就伤心地哭了。萧衍很同情他,就打发他回去。于是赏赐给他钱币五百万,黄金二百斤,白银五百斤,至于各种精致华丽的丝织品和珍贵的赏玩物品,多得无法计算。萧衍还亲自率领众官把元略送到长江上,当时作五言诗赠行的有一百多人。他所受到的各种礼待敬遇到了如此程度。

等到元略一渡过淮水,孝明帝就任命他为侍中,封义阳王,并赐给一千户的封地。元略来到朝廷,孝明帝下圣旨说:"从前刘苍喜欢行善,被分封在东平;曹植擅长文学,光大了陈国。因此,他们在封藩的宗室中声名彪炳,德义盛大。侍中义阳王元略,他出身于宗藩华族,家门先代功勋卓著,他本人内心宽润,外表清朗,兄弟们卓异出群,不同凡响。他们看见义方就忘掉了自己私家,舍弃生命以身殉国,永远可以称得上是忠贞节烈之士,我哪一天忘了他们呢?以前元略他虽然卸去重任在梁朝作官,现在却回归了本朝。他有志向,有操守,能有始有终。他的美名将要在史册上流传,并且与日月同辉。元略先前还没有到达京城的时候,我就在心里给他立了名称,所以封他作义阳王。然而义阳封国既是边远地方,又是寄食他邑,我对这件事考虑再三,觉得还不是最好。应该比照他的善德合理封赐,追美汉代的刘苍,可改封他为东平王,封地的户数与先前一样。"不久,元略又升任为尚书令、仪同三司,并且兼任国子祭酒,侍中的官职还照旧。

　　元略气度从容安舒高雅,这是出自他的天性。他从南方回到北方后,更加高超不凡。他的言谈议论与行动举止,成为朝廷与民间学习效法的楷模。孝庄帝建义元年元略死在河阴,后追赠为太保,谥号作"文贞"。继承王位的长子元硕施舍住宅建起了这所寺院。

永 明 寺

本篇选自《洛阳伽蓝记》卷四《城西》。

北魏是佛法极盛行的时期,洛阳是当时政治、经济和文化的中心,也是佛法经像集中之地。于是,西至古罗马帝国,南至马来半岛等许许多多国家和地区的僧徒法侣,都纷纷赴洛阳而来。他们或在此处定居,或交流佛法。本篇记载了中外佛教交流史上的这一盛况,并且还介绍了那些国家的物产与风俗习惯,这是考察中外文化交流史及南亚、西亚地理史的重要资料。本篇还写了长分桥、千金堰等,这种由近及远,由寺院兼及附近地理形势的写法,也是《洛阳伽蓝记》常用的手法。

永明寺,宣武皇帝所立也①,在大觉寺东。时佛法经像,盛于洛阳,异国沙门,咸来辐辏,负锡持经②,适兹乐土③。世宗故立此寺以憩之。房庑连亘④,一千馀间。庭列修竹,檐拂高松,奇花异草,骈阗阶砌⑤。百国沙门,三千馀人。

西域远者,乃至大秦国⑥,尽天地之西垂。耕耘绩纺,百姓野居,邑屋相望;衣服车马,拟仪中国⑦。

南中有歌营国⑧,去京师甚远,风土隔绝⑨,世不与中国交通⑩,虽二汉及魏⑪,亦未曾至也。今始有沙门菩提拔陀至焉。自云:"北行一月,至句稚国⑫。北行十一日,至典孙国⑬。从典孙国北行三十日,至扶南国⑭。方五千里,南夷之国,最为强大。民户殷多,出明珠金玉及水

---

① 宣武皇帝:即世宗元恪。 ② 锡:指锡杖,禅杖。 ③ 乐土:安乐之地。 ④ 庑:堂下周围的廊屋,这里与房连用泛指房屋。 ⑤ 骈阗:也作"骈田"或"骈填",即罗布,连续不断的意思。 ⑥ 大秦国:即古罗马帝国。 ⑦ 拟仪:谓仿其仪式。 ⑧ 南中:这里泛指南部地区,南方。歌营国:古国名,其地在今马来半岛南部。歌营,古书或作"加营"。 ⑨ 风土:风俗习惯和地理环境。 ⑩ 交通:往来。 ⑪ 二汉:指西汉、东汉。 ⑫ 句稚国:古国名,其地在今马来半岛西岸北纬十度泊沽河(Pakchan)一带地方。 ⑬ 典孙国:典孙,字或作"典逊",也作"顿逊",其地在今马来半岛。 ⑭ 扶南:中南半岛古国,意为"山地之王",其地在今柬埔寨及下南圻。

精珍异,饶槟榔。从扶南国北行一月,至林邑国①。出林邑,入萧衍国②。"拔陁至扬州岁馀③,随扬州比丘法融来至京师。京师沙门问其南方风俗,拔陁云:"古有奴调国④,乘四轮马为车;斯调国出火浣布⑤,以树皮为之,其树入火不燃。凡南方诸国,皆因城郭而居,多饶珍丽⑥,民俗淳善,质直好义,亦与西域、大秦、安息、身毒诸国交通往来⑦。或三方四方,浮浪乘风,百日便至。率奉佛教,好生恶杀。"

寺西有宜年里,里内有陈留王景皓⑧、侍中安定公胡元吉等二宅⑨。景皓者,河州刺史陈留庄王祚之子⑩。立性虚豁,少有大度,爱人好士,待物无遗。夙善玄言道

---

① 林邑国:古国名,也称占城、占婆,在今越南中南部。
② 萧衍国:即南朝梁国。 ③ 扬州:州名。梁朝扬州区域甚广,领丹阳、吴、会稽、吴兴、新安、新宁、临海、建安等八郡,治所建康(即今江苏南京市)。 ④ 奴调国:史书无记载,地当在南洋群岛中(从周祖谟说)。 ⑤ 斯调国:据《太平御览》引《南州异物志》称,斯调是海中洲名,约在歌营东南三千里。日人藤田丰八以为即现在的锡兰,法人费瑯以为爪哇。火浣布:即石棉。
⑥ 珍丽:指珠玉而言。 ⑦ 安息:古国名,在伊朗高原东北部。身(yuán员)毒:古代印度的音译。 ⑧ 陈留王景皓:即元景皓,袭封陈留王。北齐天保时为高洋所诛。见《北齐书》卷四十一《元景安传》。 ⑨ 胡元吉:即胡祥,字元吉,胡国珍之子,胡太后异母弟,袭封安定郡公。见《魏书》卷八十三《胡国珍传》。 ⑩ 河州:州名,治所在今甘肃临夏县。陈留庄王祚:即元祚,字龙寿。事迹见《北齐书》卷四十一、《北史》卷十五。

家之业①,遂舍半宅安置佛徒,演唱大乘数部②。并进京师大德超、光、眦、荣四法师③,三藏胡沙门菩提流支等咸预其席④。诸方伎术之士⑤,莫不归赴。时有奉朝请孟仲晖者,武威人也⑥。父宾,金城太守⑦。晖志性聪明,学兼释氏,四谛之义⑧,穷其旨归。恒来造第,与沙门论

---

① 道家:这里指习佛道者。 ② 大乘(chéng 承):佛教名词,梵文 Mahāyāna(摩诃衍那)的意译。公元一世纪左右逐渐形成的佛教派别。"大乘"强调利他,普度一切众生,提倡以"六度"为主的"菩萨行",比喻修行法门如发大心者所乘的大车,所以称"大乘"。《华严经》、《大般涅槃经》、《法华经》都是大乘经典。 ③ 大德:佛教对年长德高僧人的尊称。 ④ 三藏:三藏法师的简称。"三藏"本来是指佛教经典的总集。佛教以经、律、论为"三藏"。经总说根本教义,论是经义的解释,律记戒律。后来把通晓三藏的僧人称为三藏法师,简称三藏。 ⑤ 伎术:技艺方术。伎,同"技"。 ⑥ 武威:郡名,治所在姑藏县(今甘肃武威县)。 ⑦ 金城:郡名,北魏时治所榆中(今甘肃兰州市东)。 ⑧ 四谛:佛教以苦谛、集谛、灭谛、道谛为四谛,又名"四圣谛"、"四真谛"。苦谛,是对于社会人生以及自然环境所作的价值判断。以为世俗世界的一切,本性都是"苦",有所谓"八苦"等。集谛,亦名"习谛",指造成世间人生及其苦痛的原因,即佛教通常所谓的"业"与"惑"。灭谛,指断灭世俗诸苦得以产生的一切原因,是佛教一切修行所要达到的最高目的。道谛,指超脱"苦"、"集"的世间因果关系而达到出世间之"涅槃"寂静的一切理论说教和修习方法。即八正道等。

议,时号为玄宗先生。晖遂造人中夹纻像一躯①,相好端严②,希世所有③。置皓前厅,须臾弥宝座④。永安二年中,此像每夜行绕其坐,四面脚迹,隐地成文。于是士庶异之,咸来观瞩。由是发心者⑤,亦复无量⑥。永熙三年秋,忽然自去,莫知所之。其年冬,而京师迁邺。武定五年,晖为洛州开府长史⑦,重加采访,寥无影迹。

  出阊阖门城外七里,有长分桥。中朝时以榖水浚急,注于城下,多坏民家,立石桥以限之,长则分流入洛⑧,故名曰长分桥。或云:晋河间王在长安遣张方征长

---

① 人中:"人中尊"的略称,人中尊为佛的德号,意思是人世间的最尊贵者。这里代称佛。夹纻:外来语,意为灰泥。 ② 相好:佛家语。相,指佛身各部之相状;好,指相之细微者。佛经称,释迦牟尼佛有三十二种相,八十二种好。亦用作佛像的敬称。 ③ 希世:世所稀有。 ④ 弥:入,安。通"眯"。 ⑤ 发心:佛教语,即发菩提心,指发动意念舍家弃欲皈依佛教。 ⑥ 无量:无法计算,形容数量极多。 ⑦ 洛州:北魏改司州置,治所在河南洛阳县(今洛阳市东北)。开府长史:官名。南北朝时,凡州刺史带将军称号开府者,其幕府设长史,以总理幕府。 ⑧ 长:这里指水涨溢。

沙王①，营军于此，因名张方桥也。未知孰是。今民间语讹，号为张夫人桥。朝士送迎，多在此处。

长分桥西，有千金堰②。计其水利，日益千金，因以为名。昔都水使者陈勰所造③，令备夫一千，岁恒修之。

【翻译】

永明寺是宣武皇帝世宗修建的，位于大觉寺的东面。当时洛阳佛教很兴盛，佛经佛像很多，外国的和尚们像车辐凑在车毂上一样，全都聚集到这里来。他们扛着禅杖，捧着佛经，前来这安乐之地，所以世宗建了这所寺院来安置他们。寺中房屋连绵不断，共有一千多间。庭院里长着修长的竹子，高高的松树轻拂着屋檐，奇花异草布满了台阶石级。住在这里的各国和尚们，一共有三千多人。

---

① 河间王：指司马颙，晋安平王司马孚之孙，字文载。张方：河间人，以材勇得幸于司马颙，官至中领军、录尚书事，领京兆太守。长沙王：即司马乂，晋武帝子，字士度。按，晋惠帝时，八王争乱，河间王司马颙及成都王司马颖讨伐长沙王司马乂，张方攻入洛阳，劫惠帝及官私奴婢一万多人西还长安。事见《晋书》卷五十九《河间王颙传》及卷六十《张方传》。 ② 千金堰：在洛阳城西。 ③ 都水使者：官名，主管陂池灌溉，保守河渠。陈勰：西晋人，与阮籍同时代。"勰"《水经注》卷十六引作"协"。

西域来的和尚中最远的竟然远至大秦国。大秦国在天地西边的尽头，他们耕种土地，绩麻纺纱，老百姓居住在郊外，城邑房屋互望相对。人们穿的衣服，驾驶的车马，都是仿照中国的仪式。

南方有个歌营国，距离京城洛阳很远，风俗习惯和地理环境与中国远远不同，世代都不与中国往来，即使是西汉、东汉以及曹魏时期，也没有人曾经到过中国。现在才有个和尚菩提拔陁来了。菩提拔陁自己说："我从本国出发，朝北走了一个月，到达句稚国；又向北走了十一天，到了典孙国。从典孙国向北走三十天，抵达扶南国。扶南国土地面积见方五千里，南方各国中，扶南国最为强大，民户很多，出产明珠、金子、宝玉以及水晶等珍贵稀奇的东西，还有丰富的槟榔。从扶南国向北走一个月，到达林邑国。出了林邑国疆界，就进入萧衍的国家。"菩提拔陁到扬州一年多时间，就跟随扬州和尚法融来到洛阳。京城的和尚们向拔陁询问起那些南方各国的风俗，拔陁说："南方古代有个奴调国，人们乘坐四轮马拉车；斯调国出火浣布，布是用树皮做的，那种树放到火里不会燃烧。凡是南方各国，都是凭借城郭居住，珍珠宝玉很丰富，民风淳朴美好，人们质朴爽直，并且好依正道而行。也与西域、大秦、安息、印度等国家互相交往，有时候到三四个国家，驾船乘风百把来天时间就到了。南方各国都信奉佛教,爱惜生灵,厌恶杀戮。"

永明寺的西面有个宜年里,里内有陈留王元景皓、侍中安定公胡元吉等二人的住宅。元景皓是河州刺史陈留庄王元祚的儿子,他生性虚怀若谷,小时候就度量很大;他爱惜人才,待人接物没有什么不周到之处。景皓平素喜爱玄言和习佛道者之事,于是就施舍了一半住宅安置佛教信徒,念诵几部大乘经书。并且又推举京城里年长德高的和尚超、光、眭、荣四位法师,外国僧人菩提流支三藏等人也全都参与那里的讲席。各种通晓技艺方术之人,没有谁不归趋他的门下。当时有个奉朝请孟仲晖,是武威郡人,他父亲孟宾,是金城郡太守。孟仲晖秉性聪明,兼通佛学,完全掌握领会了四谛的旨趣要领。他常常到景皓家里来,与和尚们议论,当时的人称他为玄宗先生。孟仲晖造了一尊灰泥佛像,佛身各部相状端庄美丽,是世间上少有的,放在景皓前厅里,一会儿入了佛座。永安二年,这尊佛像每天晚上绕着那佛座行走,四面都是脚印,隐隐约约地在地上组成了花纹。于是,士大夫与庶民对这件事感到很奇怪,都前来观看,因而发动意念皈依佛教的,又多得无法计算。永熙三年秋天,佛像忽然自己离去,没有人知道它到什么地方去了。那一年的冬天,京都就迁到了邺城。武定五年,孟仲晖任洛州开府长史,多次搜求寻访,结果一点儿踪影也没有。

出阊阖门往城外七里，有座长分桥。晋朝建都洛阳时，因为穀河水流湍急，流入城下，多次冲毁人家，因此造了座石桥限制水流，涨水的时候就分导水流进入洛河，所以给它取名叫长分桥。有的说，晋朝河间王司马颙在长安派遣张方征讨长沙王司马乂，在这里驻扎军队，因此取名张方桥。不知道哪一种说法对。现在民间说差了，称作张夫人桥。朝廷士大夫们送往迎来，大多在这里。

长分桥的西面有座千金堰。因为算一算这堰水带来的利益，每天可增加一千两黄金的收入，因此就用"千金"给它命名。这座堰是从前西晋的都水使者陈勰建造的，他命令常备一千个民伕，每年经常维修它。

凝 玄 寺

　　本篇选自《洛阳伽蓝记》卷五《城北》。文章介绍了凝玄寺地理环境之美及有关上商里的佚事。其中李元谦与冠军将军郭文远家女婢春风用双声语互相嘲戏一事颇为有趣,它不仅说明了当时双声语十分普及这一史实,而且为我们研究古今语音的变化提供了材料。在文中"所谓永平里也"句下有一条注,是作者自己加的。

　　凝玄寺,阉官济州刺史贾璨所立也①。在广莫门外

---

　　① 济州:州名,北魏泰常八年(423年)置,治所在碻磝城(今山东茌平县西南)。贾璨:字季宣,酒泉人。《魏书》卷九十四《阉官列传》有传,作"贾粲"。

一里御道东,所谓永平里也(注:即汉太上王广处①)。迁京之初,创居此里,值母亡,舍以为寺。地形高显,下临城阙,房庑精丽,竹柏成林,实是净行息心之所也②。王公卿士来游观为五言者,不可胜数。

　　洛阳城东北有上商里,殷之顽民所居处也③。高祖名闻义里。迁京之始,朝士住其中,迭相讥刺,竟皆去之。唯有造瓦者止其内,京师瓦器出焉。世人歌曰:"洛城东北上商里,殷之顽民昔所止,今日百姓造瓮子,人皆弃去住者耻。"唯冠军将军郭文远游憩其中④,堂宇园林,匹于邦君。时陇西李元谦乐双声语⑤,常经文远宅前过,见其门阀华美⑥,乃曰:"是谁第宅?过佳!"婢春风出曰:"郭冠军家。"元谦曰:"凡婢双声!"春风曰:"伫奴慢骂⑦!"元谦服婢之能,于是京邑翕然传之。

---

　　① 王:《永乐大典》作"皇"。广,通"圹",墓穴。或疑为"庙"之误。　② 净行:佛家语,意思是修清静行。息心:排除杂念。　③ 顽民:不服从统治的人。这里指亡国后不服从新朝统治的殷遗民。　④ 游憩:游乐与休息。　⑤ 双声语:双声,指两个字的声母相同;双声语即是指每句话都是用双声字遣词造句。　⑥ 门阀:门第阀阅的略称。阀阅,古代仕宦人家大门外的左右柱。　⑦ "是谁"八句:元谦与女奴春风二人对话都是用双声语,按照当时读音,"是"与"谁"、"过佳"与"郭冠军家"、"凡"与"婢"、"双"与"声"、"伫"与"奴"、"慢"与"骂"、"第"与"宅",均分别为双声字。伫奴,劣奴。慢骂,侮慢詈骂。

【翻译】

　　凝玄寺是宦官济州刺史贾璨修建的,位于广莫门外一里御道的东面,就是在所谓的永平里(注:就是汉朝太上皇墓所在地)。刚刚迁都的时候,贾璨在这永平里创建住宅,赶上母亲死了,他就施舍住宅作了寺院。凝玄寺地形又高又显,朝下俯视着都城,房舍精致华丽,竹子与柏树成片成片,实在是修清静行的人排除杂念的好地方。朝廷权贵们来游玩观赏作五言诗的,多得数也数不清。

　　洛阳城东北有个上商里,是亡国后不服从新朝统治的殷遗民居住过的地方。高祖给它起名字叫闻义里。刚开始迁都的时候,朝廷士大夫们住在那里,大家不断互相嘲笑讽刺,最终都离开了。现在只有做陶器的住在里面,京城里的陶器就是那里出产的。人们唱歌说:"洛阳城东北有个上商里,殷代的顽民从前在这里住。今天老百姓在那里造瓮子,因为别人都已搬出去,继续住着的感到很可耻。"只有冠军将军郭文远仍在那里面游乐和休息,他家的房舍、园林与小国之君的相当。当时陇西李元谦爱好双声语,曾经在郭文远住宅前经过,看到那门第阀阅豪华美丽,就说:"这是谁的房子?太美了!"婢女春风出来说:"郭冠军家。"元谦说:"平庸婢女会说双声!"春风说:"劣奴骂人!"李元谦佩服婢女的才能,于是京城里把这件事一致传开了。

闻 义 里

本篇选自《洛阳伽蓝记》卷五《城北》。文章所记崇立寺和尚惠生与敦煌人宋云往西域求取佛经之事,是中国历史上也是中外文化交流史上的一件大事。本篇不仅记载了宋云、惠生等人所经历的国度、沿途的地理环境,而且还涉及了所至各国的社会、政治、经济、风土人情,并且有很多关于佛教的故事传说。它与《晋书》中的《法显传》及唐玄奘的《大唐西域记》同为研究古代中亚的地理、历史及中外文化交流史的极可宝贵的资料,向来为国内外学者所重视。

闻义里有燉煌人宋云宅①,云与惠生俱使西域也。神龟元年十一月冬②,太后遣崇立寺比丘惠生向西域取经,凡得一百七十部③,皆是大乘妙典。

初发京师,西行四十日,至赤岭④,即国之西疆也。皇魏关防⑤,正在于此。赤岭者,不生草木,因以为名。其山有鸟鼠同穴。异种共类,鸟雄鼠雌,共为阳阴⑥,即所谓"鸟鼠同穴"⑦。

发赤岭,西行二十三日,渡流沙⑧,至吐谷浑国⑨。路中甚寒,多饶风雪,飞沙走砾,举目皆满,唯吐谷浑城

---

① 燉煌:郡名,字也写作"敦煌",治所敦煌县(今甘肃敦煌县西),位于党河南岸,为古代赴西域交通要道。 ② 神龟元年:即公元518年。 ③ 凡:总共。 ④ 赤岭:山名,在青海省湟源县西,即今日月山,为古代中原对西南和西域的交通要道。"赤"含有空虚无物之意。因当时此山不生草木,所以称为赤岭。 ⑤ 关防:指驻兵防守的要塞。 ⑥ 阴阳:古代以阴阳解释万物化生,凡天地、日月、男女等都分属阴阳。这里是指雌雄交配。 ⑦ 鸟鼠同穴:《尔雅·释鸟》:"鸟鼠同穴,其鸟为鵌,其鼠为鼵。"在其他古书里也有关于"鸟鼠同穴"的记载。 ⑧ 流沙:沙漠。因为沙随风而流转移动,所以称流沙。 ⑨ 吐谷(yù玉)浑:我国古代鲜卑族所建立的王朝。本居辽东,魏晋时西迁,附阴山而居。晋末又西度陇,居住在今青海北部和新疆东南部地区。

左右暖于馀处①。其国有文字，况同魏②。风俗政治，多为夷法。

　　从吐谷浑西行三千五百里，至鄯善城③。其城自立王，为吐谷浑所吞，今城内主是吐谷浑第二息宁西将军④，总部落三千，以御西胡。

　　从鄯善西行一千六百四十里，至左末城⑤。城中居民可有百家，土地无雨，决水种麦，不知用牛，耒耜而田⑥。城中图佛与菩萨，乃无胡貌。访古老⑦，云是吕光伐胡时所作⑧。

---

　　① 吐谷浑城：即吐谷浑国都伏俟城，在今青海共和县西北黑马镇东北。　② 况：比类，比似。周祖谟先生疑"况同魏"为"衣冠同魏"之误。　③ 鄯善：古西域国名，原名楼兰，汉昭帝元凤四年（前77年）更名鄯善，后为风沙所吞。故址在今新疆罗布泊南岸若羌县境。鄯善故都扜泥城，即今若羌县治卡克里克。　④ "今城"句："内主"二字原本无，据范祥雍《校注》补。息，即息子。宁西将军，官号，为魏所封。　⑤ 左末城：即今新疆且末县治车尔成或其附近。左末，或作"且末"、"沮沫"、"沮末"，皆同语之异译。　⑥ 耒耜：古代一种最原始的翻土工具。　⑦ 古老：年老的人。　⑧ 吕光伐胡：吕光，字世明，氐人，为前秦骁骑将军。建元十八年（382年），苻坚遣光征西域，伐龟兹（qiū cí秋词）、焉耆诸国。后兵还，闻前秦亡，乃于凉州建后凉国。《魏书》卷九十五有传。

从左末城西行一千二百七十五里,至末城①。城旁花果似洛阳,惟土屋平头为异也。

从末城西行二十二里,至捍䴡城②。〔城〕南十五里有一大寺,三百馀僧众。有金像一躯,举高丈六,仪容超绝,相好炳然,面恒东立,不肯西顾。父老传云③:"此像本从南方腾空而来,于阗国王亲见礼拜④,载像归,中路夜宿,忽然不见。遣人寻之,还来本处。王即起塔,封四百户以供洒扫。户人有患,以金箔贴像所患处⑤,即得阴愈。"后人于此像边造丈六像及诸像塔⑥,乃至数千,悬彩幡盖⑦,亦有万计。魏国之幡过半矣。幡上隶书,多云"太和十九年"、"景明二年"、"延昌二年"⑧。唯有一幡,

---

① 末城:他书未载。丁谦《宋云求经记地理考证》以为末城即《梁书》所称"末国",其地在且末西南千馀里,乃汉精绝国地,也即玄奘《西域记》称为"睹货逻"故国。 ② 捍䴡城:即捍弥城。捍弥,古国名,治捍弥城,其地在于阗西三百九十里。 ③ 父老:对老年人的尊称。 ④ 于阗:古西域国名,又名"于寘",在今新疆和田县一带。 ⑤ 金箔:用黄金捶成的薄片,常用以贴饰佛像或者器物。 ⑥ 丈六像:即释迦牟尼佛像。 ⑦ 幡盖:旌旗、华盖之类。 ⑧ "多云"句:太和十九年即公元495年;景明二年为公元501年;延昌,世宗宣武帝元恪年号(512年—515年),延昌二年为公元513年。

观其年号,是姚兴时幡①。

从捍麼城西行八百七十八里,至于阗国。王头著金冠,似鸡帻②,头后垂二尺生绢,广五寸③,以为饰。威仪有鼓角金钲④,弓箭一具,戟二枝,槊五张⑤。左右带刀,不过百人。其俗妇人裤衫束带⑥,乘马驰走,与丈夫无异。死者以火焚烧,收骨葬之,上起浮图。居丧者,剪发劓面⑦,以为哀戚。发长四寸,即就平常。唯王死不烧,置之棺中,远葬于野,立庙祭祀,以时思之⑧。

于阗王不信佛法,有商胡将一比丘名毗卢旃在城南杏树下⑨,向王伏罪云⑩:"今辄将异国沙门来在城南杏树下⑪。"王闻忽怒,即往看毗卢旃。旃语王曰:"如来遣我来⑫,令王造覆盆浮图一所⑬,使王祚永隆⑭。"王言:

---

① 姚兴:十六国时期后秦国君,字子略,姚苌之子,公元394年—416年在位。 ② 鸡帻:鸡冠。 ③ 广:宽。 ④ 威仪:仪仗。 ⑤ 槊:古代兵器,即长矛。 ⑥ 衫:古指短袖单衣。 ⑦ 劓(lí离)面:用刀划面。劓,割,划。 ⑧ 以时思之:语出《孝经·丧亲章》,《注》曰:"寒暑变移,益用增感,以时祭祀,展其孝思也。"时,季节;思,缅怀,追思。 ⑨ 将:带领。 ⑩ 伏罪:同"服罪",指承认自己有罪。 ⑪ 辄:即"专辄"。专断,擅自裁决的意思。 ⑫ 如来:佛的别称,梵文 Tathāgata(多陀阿伽陀)的意译,为释迦牟尼的十种称号之一。"如",即如实,"如来",指从如实之道而来开示真理的人。 ⑬ 覆盆浮图:指所建宝塔之顶圆拱如覆置的盆。 ⑭ 祚:皇位,国统。

"令我见佛,当即从命。"毗卢旃鸣钟告佛,即遣罗睺罗变形为佛①,从空而现真容。王五体投地②,即于杏树下置立寺舍,画作罗睺罗像。忽然自灭,于阗王更作精舍笼之。今覆瓮之影恒出屋外③,见之者无不回向④。其中有辟支佛靴⑤,于今不烂,非皮非彩,莫能审之。案于阗国境,东西不过三千馀里。

神龟二年七月二十九日入朱驹波国⑥。人民山居,五谷甚丰,食则面麦。不立屠煞⑦,食肉者,以自死肉。

---

① 罗睺罗:佛教传说人名,梵文 Rāhula 的音译。相传公元前六世纪至五世纪生于古印度北部迦毗罗卫国(今尼泊尔境内),是释迦牟尼的亲子。在母腹七年,生于释迦成道之夜。罗睺罗十五岁出家,在佛的十大弟子中密行第一。 ② 五体投地:佛教用语,即双肘、双膝与顶着地的行礼仪式,是佛教最敬重的礼节。 ③ 瓮:同"盆"。 ④ 回向:佛家语。回,回转;向,趋向。意思是回转自己所修之功德,而趋向于所期望的。其回转己之种种功德,专向于求成佛果,称作回向佛果,也称作菩提回向;回己所修功德,施与一切众生,期其共成佛道,则称作回向众生。 ⑤ 辟支佛:梵语音译名词,也作辟支伽佛,全称避支迦佛陀。意为"缘觉",也作"独觉"。佛教以在乘喻佛法,根据学者能力,分声闻乘、缘觉乘、菩萨乘等。不逢佛世,独自观十二因缘而悟道为缘觉乘,也称辟支佛乘。 ⑥ 朱驹波:古国名,史籍所载名目不一,或作"朱居波",也作"朱俱波"、"朱俱槃",又作"斫居波",皆为同名之异译。国都原在呼鞬谷(今新疆叶城县西南),后迁今叶城县。 ⑦ 煞:通"杀"。

风俗言音与于阗相似,文字与婆罗门同①。其国疆界可五日行遍。

八月初入汉盘陀国界②。西行六日,登葱岭山。复西行三日,至钵盂城③。三日至不可依山④。其处甚寒,冬夏积雪。山中有池,毒龙居之。昔有三百商人止宿池侧,值龙忿怒,泛杀商人⑤。盘陀王闻之,舍位与子,向乌场国学婆罗门咒⑥,四年之中,尽得其术。还复王位,就池咒龙。龙变为人,悔过向王。王即徙之葱岭山,去此池二千馀里。今日国王十三世祖〔也〕。

自此以西,山路欹侧⑦,长坂千里,悬崖万仞,极天之

---

① 婆罗门:梵语 Brāhmana 的音译,意译"净行"、"净裔"。本是古印度四种姓之一,自称梵天后裔,世代以祭祀、诵经、传教为业,享有特权。这里指古印度国。 ② 汉盘陀:古西域国名,国都在今塔什库尔干塔吉克自治县。 ③ 钵盂城:丁谦《宋云求经记地理考证》以为其地在今博勒根回庄处。周祖谟说:"盖在今之 Onkul 等地。" ④ 不可依山:即小帕米尔地带。 ⑤ 泛:水涨溢。 ⑥ 婆罗门咒:古代印度宗教咒语。 ⑦ 欹侧:倾斜不平。

阻,实在于斯。太行孟门①,匹兹非险;崤关陇坂②,方此则夷。自发葱岭,步步渐高,如此四日,乃得至岭。依约中下③,实半天矣!汉盘陀国正在山顶。自葱岭已西,水皆西流。世人云是天地之中。人民决水以种,闻中国田待雨而种,笑曰:"天何由可共期也④?"城东有孟津河⑤,东北流向沙勒⑥。葱岭高峻,不生草木。是时八月,天气已冷,北风驱雁,飞雪千里。

九月中旬入钵和国⑦。高山深谷,崄道如常。国王

---

① 太行、孟门:都是山名。太行山跨山西、河北、河南三省间,孟门山在河南辉县西部,位于太行山东面,二山均以险峻著称。 ② 崤(xiáo淆)关:即崤山,因山在函谷关东端,所以称"崤关"。在河南省洛宁县北。山分东西二座,中有谷道,坂坡峻陡,险绝异常。陇坂:即陇山,又名陇坻,六盘山南段的别称。在今陕西陇县至甘肃平凉一带,为陕甘要塞。 ③ 依约:仿佛,隐约。 ④ "天何"句:怎么可以跟天一起约定下雨的日子呢?因当地人不知道中国季节变化的规律,以为只有跟天约定下雨的日期,才能在人们需要耕种时下雨,所以有这样的疑问。期,期约。 ⑤ 孟津河:即今塔什库尔干河,一名塔克敦巴什河。 ⑥ 沙勒:古西域国名,《汉书》以下正史皆称"疏勒"。国都疏勒城(今新疆喀什市)。 ⑦ 钵和国:古西域国名,古籍中一名"镬侃"(Hu-Kand),又名"护密"(Hu-Zaedan),或名达摩悉铁帝(Dharmasthiti)。据近人所考,其地当在今和罕(Wakhan)南山间一带,其王城即今之伊塞迦审(Iskashem)。

所住,因山为城。人民服饰,惟有毡衣。地土甚寒,窟穴而居。风雪劲切,人畜相依。国之南界有大雪山,朝融夕结,望若玉峰。

十月之初,至嚈哒国①。土田庶衍②,山泽弥望③。居无城郭,游军而治④。以毡为屋,随逐水草,夏则迁凉,冬则就温。乡土不识⑤,文字礼教俱阙。阴阳运转⑥,莫知其度。年无盈闰⑦,月无大小,周十二月为一岁。受诸

---

① 嚈哒:古民族名,国名。嚈哒,字或作"嚈哒",也作"嚈达"。为大月氏的后裔,一说为高车的别种。五世纪中分布于今阿姆河之南,西史称为白匈奴。建都拔底延城(在今阿富汗北部)。势力曾达到康居、安息、疏勒、于阗等地区。后为突厥木杆可汗所破,部落分散。 ② 庶衍:宽广富饶。 ③ 弥望:满眼,充满视野。 ④ 游军:方向不定临机应变的军队。治,治理。这里指治理房屋。 ⑤ 乡土:故乡。 ⑥ 阴阳:指日月。 ⑦ 年无盈闰:盈,有馀,多出,通"赢"。闰,指闰年,即有闰月的年。中国古代历法:以月亮绕地球一周(29.53088天)为一月的平均值;平年十二个月,大月30日,小月29日,全年354或355日,同回归年(或称太阳年,即地球绕太阳公转之周期,时间为365.2422天)相较,相差10日21时,这10日21时即平年所"盈"时日。为了照顾寒暑节气,就要使历法中年的平均值大略等于回归年。于是必须置闰,即每隔数年积馀下的时日多设1个月,即某一年中设13个月。这多设的1个月即是闰月,有闰月的这一年即是闰年。"年无盈闰"就是说没有平年与闰年之分,这指的是伊斯兰教历。

国贡献,南至牒罗①,北尽敕勒②,东被于阗,西及波斯,四十余国皆来朝贡。

王居大毡帐,方四十步,周回以氍毹为壁③。王著锦衣,坐金床④,以四金凤凰为床脚。见大魏使人,再拜跪受诏书。至于设会,一人唱⑤,则客前;后唱,则罢会。唯有此法,不见音乐。

嚈哒国王妃亦著锦衣,长八尺奇,垂地三尺,使人擎之;头带一角⑥,长三尺,以玫瑰五色珠装饰其上⑦。王妃出则舆之⑧,入坐金床,以六牙白象四狮子为床⑨,自余大臣妻皆随。伞头亦似有角,团圆下垂,状似宝盖⑩。

观其贵贱,亦有服章⑪。四夷之中,最为强大。不信

---

① 牒罗:此国古籍不载,近人张星烺引比尔说,以为牒罗即铁拉布克梯(Tirabhukti),为福力基族(北方月氏人)的旧壤。 ② 敕勒:我国古代北方民族名,也称"铁勒",其习多乘高轮车,因此北魏时又称"高车部"。敕勒为匈奴后裔,其地东起嗢昆河(Orkhan),西抵东罗马帝国。后为突厥所并。 ③ 氍毹(qú shū 渠输):毛褥、毛毯之类。 ④ 床:指坐榻。 ⑤ 唱:长声高呼,喊叫。 ⑥ 角:指木角。 ⑦ 五色:指青、黄、赤、白、黑五种颜色。 ⑧ 舆:这里指轿子。 ⑨ 以六牙白象四狮子为床:指坐榻雕刻成六牙白象的形状,四只脚刻成四只狮子。 ⑩ 宝盖:佛家语,即用七宝装饰的伞盖。为佛、菩萨及讲师的高座上所悬者。 ⑪ 服章:服饰上下有别。

佛法,多事外神①。杀生血食②,器用七宝。诸国奉献,甚饶珍异。按嚈哒国去京师二万馀里。

十一月初入波知国③。境土甚狭,七日行过。人民山居,资业穷煎④。风俗凶慢⑤,见王无礼。国王出入,从者数人。其国有水,昔日甚浅,后山崩截流,变为二池。毒龙居之,多有灾异。夏喜暴雨,冬则积雪,行人由之,多致艰难。雪有白光,照耀人眼,令人闭目,茫然无见。祭祀龙王,然后平复。

十一月中旬入赊弥国⑥。此国渐出葱岭,土田墝埆⑦,民多贫困。峻路危道,人马仅通。一直一道,从钵卢勒国向乌场国⑧,铁锁为桥,悬虚而度,下不见底,旁无挽捉,倏忽之间,投躯万仞,是以行者望风谢路耳⑨!

十二月初入乌场国。北接葱岭,南连天竺,土气和暖,地方数千里。民物殷阜,匹临淄之神州;原田膴膴⑩,

———

① 外神:指火神、天神之类。 ② 血食:指杀牲取血,用以祭祀。 ③ 波知国:古西域国名,位于钵和西南,在 Zebak 与 Chitral 之间。 ④ 穷煎:贫穷匮乏。煎,尽。 ⑤ 凶慢:凶暴轻慢。 ⑥ 赊弥国:赊弥,字又作"商弥",古西域国名。其地在波知南,即今之 Mastuj。 ⑦ 墝埆(yáo què 尧确):土地瘠薄。 ⑧ 钵卢勒:古国名,古籍中又作钵露罗(Bolora)、波路、小勃律。其地在大云山间,今天的印度河上游 Yassin 河与 Gilgit 流域。 ⑨ 望风:观察风头、气势。 ⑩ 原田膴(wǔ 舞)膴:原野上的田地又肥又美。膴膴,肥美的样子。

等咸阳之上土①。鞞罗施儿之所②,萨埵投身之地③,旧

---

①咸阳:地名,故址在今长安县西渭城故城。上土:上等的土地。 ②鞞罗施儿:鞞罗,叶波国太子名Viśvanatara的省译,又作"须大拏"、"须达拏"、"苏达拏"等,皆为同音之异译。据佛经载,往昔不可计劫时,有大国名叶波,王太子名须大拏,好布施,经常把国王珍宝放置四门之外,任人去取。妃名嫚妭,生一男一女。一次太子把国王善斗的大白象施给了敌国,被国王赶出国都,居住在檀特山一十二年。有鸠罗国婆罗门来乞讨太子儿女做奴婢,太子也就给了他。后那婆罗门携太子儿女去叶波国沿街叫卖,被人辨认出来,报告了国王。国王迎孙男孙女入宫,并派人接回太子与嫚妭,敌国也交还白象。太子回来后,布施不休,而自致得佛。这须大拏太子即是释迦牟尼前身。 ③萨埵投身:萨埵,即菩提萨埵的省称,通称则作"菩萨",其位次于佛。这里是指未成佛时的释迦牟尼。投身,即"投身饲饿虎"。据佛经载,过去无量世时,国王大宝有三子。一天,三子共入山林,看到一只老虎刚产下几只小虎,无暇求食。大王子摩诃波罗以为,母虎饥困交迫,一定得吃了小虎才能活下去;二王子摩诃提婆以为,除非给它们吃新鲜血肉,否则不能得救。但他们都撒手不管就离开了。三王子摩诃萨埵看到这种情况就想:我的身体虚弃败坏,对世人没一点好处,为什么不舍弃它救济众生永离忧苦呢?于是他合手投身岩下,用干竹刺颈出血。老虎吃了以后,母子都活下来了。这摩诃萨埵即佛前身。

俗虽远,土风犹存。国王精进①,菜食长斋②,晨夜礼佛,击鼓吹贝③,琵琶箜篌,笙箫备有。日中已后④,始治国事。假有死罪,不立杀刑,唯徙空山⑤,任其饮啄。事涉疑似⑥,以药服之,清浊则验。随事轻重,当时即决。土地肥美,人物丰饶。五谷尽登⑦,百果繁熟。夜闻钟声,遍满世界⑧。土饶异花,冬夏相接,道俗采之,上佛供养。

国王见宋云,云大魏使来,膜拜受诏书⑨。闻太后崇奉佛法,即面东合掌,遥心顶礼⑩。遣解魏语人问宋云曰:"卿是日出人也⑪?"宋云答曰:"我国东界有大海水,日出其中,实如来旨⑫。"王又问曰:"彼国出圣人否?"宋

---

① 精进:佛教"六度"之一。佛教以布施、持戒、忍辱、精进、禅定、知慧为成佛的基本功,称"六度"。能持善道,不自放逸,为"精进"。 ② 长斋:佛家语。素食曰斋,终年如此曰长斋。 ③ 贝:乐器名称,即法螺。 ④ 已:以。 ⑤ 徙:流放。 ⑥ 疑似:是非难辨。 ⑦ 五谷:指稻、黍、稷、麦、豆。登:丰收。 ⑧ 世界:佛家语,世指时间,界指空间,世界即宇宙。 ⑨ 膜拜:举手加额,长跪而拜。为表示极端恭敬和畏服的行礼仪式。 ⑩ 顶礼:佛教徒拜佛最尊敬的礼节。即以头、手、足五体俯伏在菩萨足下叩拜。这里是敬礼、致敬的意思。 ⑪ 日出:指东方。 ⑫ 来旨:来示之旨趣。

云具说周、孔、庄、老之德①；次序蓬莱山上银阙金堂②，神仙圣人并在其上；说管辂善卜③，华陀治病④，左慈方术⑤。如此之事，分别说之。王曰："若如卿言，即是佛国，我当命终，愿生彼国。"

宋云于是与惠生出城外⑥，寻如来教迹。水东有佛晒衣处⑦。初，如来在乌场国行化⑧，龙王瞋怒，兴大风

---

① 周、孔、庄、老：指周公、孔子、庄子、老子。周公名姬旦，周文王子，辅佐武王灭纣。武王死，成王年幼，周公摄政。相传周代的礼乐制度都是周公所制订。孔子名丘，字仲尼，儒家学派的创始人。庄子名周，战国时期宋国人，老子学说的继承者。老子名聃，春秋时楚国人。道家学派的创始者。② 序：通"叙"。 ③ 管辂：三国魏平原人，字公明，通《周易》，善卜筮。 ④ 华陀：即华佗。字元华，汉末沛国谯人，以精于方药、针灸及外科手术著名，人誉之神医。 ⑤ 左慈：东汉末方士，庐江人，字元放，少居天柱山。得石室丹经，明六甲神术。 ⑥ 按，其城即乌场国旧都瞢揭釐城（Mangalapura），现在的 Manglaor，在 Svat 左岸。 ⑦ 水：此水指阿波逻罗龙泉（Apalāla），《水经注》称阿步罗龙渊。 ⑧ 行化：感化济度众生。此指化度恶龙。据《菩萨本行经》及《阿育王传》等载，从前迦叶波佛时，有龙名曰殑祇（Gangi），精通咒术，禁御恶龙，不令暴雨，国人赖之以蓄馀粮。为报龙的恩德，每户按时交一斗谷子给它。后来时间长了，有人拖欠不交。殑祇大怒，立下誓，愿成为恶龙。命终之后，变为此池的龙，暴行风雨，损伤地利。释迦如来由于怜悯这个国家的人民，降神至此，用金刚神杵击山崖，龙王震惧，最后皈依了佛祖。

雨，佛僧迦梨表里通湿①。雨止，佛在石下东面而坐，晒袈裟②。年岁虽久，彪炳若新③。非直条缝明见，至于细缕亦彰。乍往观之，如似未彻；假令刮削，其文转明。佛坐处及晒衣所，并有塔记。

水西有池，龙王居之。池边有一寺，五十馀僧。龙王每作神变④，国王祈请，以金玉珍宝投之池中；在后涌出，令僧取之。此寺衣食，待龙而济⑤，世人名曰龙王寺。

王城北八十里，有如来履石之迹⑥，起塔笼之。履石之处，若践水泥，量之不定，或长或短。今立寺，可七十馀僧。塔南二十步，有泉石。佛本清净，嚼杨枝⑦，植地即生，今成大树，胡名曰婆楼。

城北有陀罗寺，佛事最多。浮图高大，僧房逼侧⑧，周匝金像六千躯。王年常大会，皆在此寺，国内沙门，咸来云集。宋云、惠生见彼比丘戒行精苦，观其风范，特加

---

①僧迦梨：也作"僧伽梨"、"僧伽胝"，梵语Saṅghāṭi的音译，僧佛大衣名，为比丘所服"三衣"中的一种。进王宫和出入城镇村落时穿用。用九条布乃至二十五条布缝制而成。 ②袈裟：梵文Kaṣāya的音译，佛教僧尼法衣的总称。 ③彪炳：文彩焕发的样子。 ④神变：妙用无方、阴阳莫测的变化。 ⑤济：成功。这里指获得衣食。 ⑥迹：脚印。 ⑦杨枝：梵语Dantakāṣṭha，译曰"齿木"，取杨柳等的小枝，将枝头咬成细条，用以刷牙，所以称"杨枝"。 ⑧逼侧：同"逼仄"，密集，相迫近。

恭敬。遂舍奴婢二人，以供洒扫。

去王城东南，山行八日，〔至〕如来苦行投身饲饿虎之处。高山巃嵸①，危岫入云②。嘉木灵芝，丛生其上。林泉婉丽，花彩曜目。宋云与惠生割舍行资，于山顶造浮图一所，刻石隶书，铭魏功德。山有收骨寺，三百馀僧。

王城南一百馀里，有如来昔在摩休国剥皮为纸、折骨为笔处③。阿育王起塔笼之④，举高十丈。折骨之处，髓流著石，观其脂色，肥腻若新。

王城西南五百里，有善持山⑤。甘泉美果，见于经

---

① 巃嵸：山势险峻高耸的样子。 ② 岫：峰峦。 ③ 摩休：据沙畹《宋云行记笺注》，此所称摩休即玄奘《西域记》中的摩愉伽蓝（Masūra-Saṃghārāma），唐代称"豆寺"的地方。剥皮为纸，折骨为笔：据《大智度论》载，佛本生之名称曰爱法，十二岁遍阎浮提求知圣法而不能得，因为当时无佛，佛法亦尽，有一婆罗门对他说，我这里有佛法一偈，你如果真的爱法，你就用身上的皮作纸，用骨头作笔，用血和墨书写，这样我就把它传授给你。释迦果然按照婆罗门的话去做，因而得到了佛经。 ④ 阿育王：即古印度摩揭陀国孔雀王朝国王Aśoka，意译则为"无忧王"。其初信奉婆罗门教，即王位后，改奉佛教，为大护法。曾整理经、律、论三藏经典，佛教传播于国外，多赖其力。 ⑤ 善持山：即《魏书》所称檀特山，《西域记》则作弹多落迦山，为须大拏太子栖隐之所。

记。山谷和暖,草木冬青。当时太簇御辰①,温风已扇②,鸟鸣春树,蝶舞花丛。宋云远在绝域③,因瞩此芳景,归怀之思,独轸中肠④,遂动旧疹⑤,缠绵经月⑥,得婆罗门咒,然后平善。

山顶东南,有太子石室⑦,一口两房。太子室前十步,有大方石。云太子常坐其上,阿育王起塔记之。塔南一里,〔有〕太子草庵处。去塔一里,东北下山五十步,有太子男女绕树不去,婆罗门以杖鞭之流血洒地处,其树犹存。洒血之地,今为泉水。室西三里,天帝释化为师子,当路蹲坐遮嫚妊之处。石上毛尾爪迹,今悉炳然⑧。

----

① 太簇御辰:指农历正月。太簇,本为古音律名,即十二平均律中的第三律。古人将十二律与十二月相配以记月份,太簇配农历正月,所以太簇又用作正月的别名。 ②"温风"句:温风,原作"温炽",参考原本注文改。扇,吹扬。 ③ 绝域:极远的地方。 ④ 轸:通"紾",即心如扭捩,悲痛。 ⑤ 疹(chèn趁):病。 ⑥ 缠绵:指久病不愈。 ⑦ 太子:即须大挐太子。 ⑧ "去塔"十二句:此十二句所述,为须大挐太子施儿故事插曲。据佛经载,当太子以儿女施与鸠罗国婆罗门时,太子妃嫚妊有事进山未归。婆罗门用绳子绑住太子儿女打算牵走,孩子们以绳绕树拖延时间等母亲前来搭救,婆罗门用木棒抽打他们,以致流血及地。当时嫚妊在深山里突然感觉左脚心痒,右眼皮跳,并且两乳出汁,她就想到可能是孩子们出事了,于是赶回去看孩子。天帝释恐怕嫚妊这一回去会败坏太子善心,因此就变作狮子蹲坐在道路当中,挡住她的去路;等到婆罗门带孩子走远了,狮子才放她过去。

阿周陀窟及闪子供养盲父母处①,皆有塔记。

山中有昔五百罗汉床,南北两行相向坐处,其次第相对。有大寺,僧徒二百人,太子所食泉水北有寺,恒以驴数头运粮上山,无人驱逐,自然往还,寅发午至,每及中餐。此是护塔神湿婆仙使之然②。此寺昔日有沙弥,常除灰③,因入神定④,维那挽之⑤,不觉皮连骨离。湿婆仙代沙弥除灰处,国王与湿婆仙立庙,图其形像,以金傅之。

---

① 阿周陀:佛教人名,即目连。目连在檀特山时称阿周陀道人。闪子:即睒子,玄奘《大唐西域记》作"商莫迦"(Śamaka),皆一语之异译。睒子供养盲父母事见《六度集经》及《菩萨缘经》。据载,过去无数世时,迦夷国有夫妻俩目皆盲,有个十岁的儿子,名字叫睒子。睒子至孝仁慈,奉行十善,与父母入山,结草为庐,侍养不失时节。他的德行连禽兽都被感动了,以致它们也跑来与睒子一起作伎乐之音以娱其亲。后睒子被箭误伤,父母仰面呼天,天帝感睒子至孝,用药救活了他。这睒子就是佛身。 ② 湿婆仙:也称湿婆,梵语 Śiva 的音译,意译"自在"。婆罗门教和印度教主神之一。为毁灭之神、苦行之神、舞蹈之神。佛经中称为"大自在天",住色界之顶。湿,一本作"渥"。 ③ 沙弥:佛教称出家初受十戒的僧人为沙弥。 ④ 神定:指修行时安静而止息杂虑,定止心于一境,不使散动。 ⑤ 维那:寺院中管理总务的知事僧,寺中"三纲"(上座、维那、典座)之一。

隔山岭有婆奸寺,夜叉所造①。僧徒八十人。云罗汉夜叉常来供养,洒扫取薪,凡俗比丘,不得在寺。大魏沙门道荣至此礼拜而去,不敢留停。

至正光元年四月中旬,入乾陀罗国②。土地亦与乌场国相似。本名业波罗国,为嚈哒所灭,遂立敕勤为王③。治国以来,已经二世。立性凶暴,多行杀戮,不信佛法,好祀鬼神。国中人民,悉是婆罗门种,崇奉佛教,好读经典,忽得此王,深非情愿。自恃勇力,与罽宾争境④,连兵战斗,已历三年。王有斗象七百头,一负十人,手持刀楂⑤,象鼻缚刀,与敌相击。王常停境上,终日不归,师老民劳,百姓嗟怨。

宋云诣军,通诏书。王凶慢无理,坐受诏书。宋云见其远夷不可制,任其倨傲,莫能责之。王遣传事谓宋云曰⑥:"卿涉诸国,经过险路,得无劳苦也?"宋云答曰:

---

① 夜叉:梵语 Yakṣa 的音译。佛经中一种形象凶恶的鬼,能食人,后受佛教化成为护法之神,列为天龙八部神众之一。 ② 乾陀罗国:古国名。其地在乌场国之西,包有今巴基斯坦白沙瓦(Peshawar)及毗连的阿富汗东部一带地方。 ③ 敕勤:即"特勤"。突厥族称可汗的子弟为特勤。 ④ 罽宾:西域国名,梵语迦湿弥罗(Kāśmīra),其地在乌场东南,西与乾陀罗为邻,即今喀布尔河下游流域及克什米尔一带。 ⑤ 楂:树的杈枝。 ⑥ 传事:官名,相当于现在的翻译。

"我皇帝深味大乘①,远求经典,道路虽险,未敢言疲。大王亲总三军,远临边境,寒暑骤移②,不无顿弊③?"王答曰:"不能降服小国,愧卿此问。"宋云初谓王是夷人,不可以礼责,任其坐受诏书;及亲往复④,乃有人情,遂责之曰:"山有高下,水有大小,人处世间,亦有尊卑。嚈哒、乌场王并拜受诏书,大王何独不拜?"王答曰:"我见魏主则拜,得书坐读,有何可怪?世人得父母书,犹自坐读;大魏如我父母,我亦坐读书,于理无失。"云无以屈之。遂将云至一寺,供给甚薄。时跋提国送狮子儿两头与乾陀罗王⑤,云等见之,观其意气雄猛,中国所画,莫参其仪。

于是西行五日,至如来舍头施人处⑥。亦有塔寺,二十馀僧。复西行三日,至辛头大河⑦。河西岸上,有如来

---

① 味:体味……的旨趣。 ② 寒暑骤移:寒和暑很快地变易。也即时间很快地流逝、经历很多时日的意思。 ③ 顿弊:困顿疲弊。 ④ 往复:指言辞交往。 ⑤ 跋提国:嚈哒国都城拔底延(Baktria)的省译,即现在的 Balkh。 ⑥ 如来舍头施人:事见《菩萨本缘经》及《佛说月光菩萨经》。据载,北印度迦尸国有王名月光,乐善好施。有一老婆罗门请月光王以头见施,月光王答应了他。那婆罗门提王头发系之树上,手持利刀欲斩王头,由于菩萨及诸天神威德力呵护,刀误不及,斫伤树枝,而月光王却安然无损,回到宫中。这月光王就是佛的前身。 ⑦ 辛头大河:即今印度斯河(Indus)。

作摩竭大鱼,从河而出,十二年中以肉济人处①。起塔为记,石上犹有鱼鳞纹。

复西行三日,至佛沙伏城②。川原沃壤,城郭端直,民户殷多,林泉茂盛。土饶珍宝,风俗淳善。其城内外,凡有古寺。名僧德众,道行高奇③。城北一里有白象宫。寺内佛事,皆是石像,庄严极丽,头数甚多,通身金箔,眩耀人目。寺前〔有〕系白象树,此寺之兴,实由兹焉。花叶似枣,季冬始熟。父老传云,此树灭,佛法亦灭。寺内图太子夫妻以男女乞婆罗门像④,胡人见之,莫不悲泣。

---

①"有如来"三句:摩竭,梵语,也作"摩伽罗鱼"(mākārā),意译"鲸鱼"、"巨鳌"。如来作摩竭大鱼以肉济人事见《佛说菩萨本行经》卷下。经载:"佛在摩竭国言,我为舍尸王时,自以身肉供养病人,经十二年。为跛弥王(Padmaka)时,国中人民尽有疮病,医言当得鱼肉食之乃瘥,王即到水边,上树求愿作鱼,即从树上投身水中,便化成鱼,而有声,言其有病者来取我肉噉,病当除瘥。人民闻声,皆来取鱼肉食之,病尽除愈。" ②佛沙伏城:即玄奘《大唐西域记》中的跋虏沙城,在印度河西岸,今地为 Shahbaz garhi。须大拏太子曾居住此城。 ③道行:修养的功夫。 ④乞:与。

复西行一日,至如来挑眼施人处①。亦有塔寺,寺石上有迦叶佛迹②。

复西行一日,乘船渡一深水,三百馀步。复西南行六十里,至乾陀罗城③。东南七里,有雀离浮图。《道荣传》云:"城东四里。"推其本缘,乃是如来在世之时,与弟子游化此土,指城东曰:"我入涅槃后二百年④,有国王名迦尼色迦在此处起浮图⑤。"佛入涅槃后二百年,果有国王字迦尼色迦出游城东,见四童子累牛粪为塔,可高三尺,俄然即失。《道荣传》云:"童子在虚空中向王说

① 如来挑眼施人:《弥勒菩萨所问本愿经》载,往去世有王号月明,端正姝好。一次,月明王从宫中出来,见一盲人沿路乞讨,月明王可怜盲人,问有什么药能医好他的病。盲人说:"只有您的眼睛能医好我的病,能使我眼重放光明。"于是月明王挑出自己双眼,施与盲人。月明王即是佛身。据《大唐西域记》称,如来舍眼施人处在乾陀罗国布色羯逻伐底城北四五里地。　② 迦叶佛:也称迦叶波,身长十六丈,婆罗门种,父名德梵。为佛教"七佛"之一。　③ 乾陀罗城:即乾陀罗国都城,故址在今 Peshawar(白沙瓦)。　④ 涅槃:佛教名词。梵文 Nirvāṇa 的音译,又译"泥洹",意译"灭度"、"示寂"。即脱离一切烦恼,进入自由无碍的境界。后也称佛和高僧的死为"涅槃"。　⑤ 迦尼色迦:或作迦腻色迦,乾陀罗国王名。其先本月氏种,公元一世纪建贵霜王国,后入侵印度。色迦继位后创乾陀罗国,与阿育王并称印度名王,有功佛教。

偈①。"王怪此童子，即作塔笼之。粪塔渐高，挺出于外，去地四百尺，然后止。王更广塔基三百馀步。《道荣传》云："三百九十步。"从地构木，始得齐等。《道荣传》云："其高三丈，悉用文石为阶砌栌栱②，上构众木，凡十三级。"上有铁柱，高三百尺，金盘十三重，合去地七百尺。《道荣传》云："铁柱八十八尺，八十围③，金盘十五重，去地六十三丈二尺。"

施功既讫，粪塔如初，在大塔南三百步。时有婆罗门不信是粪，以手探看，遂作一孔，年岁虽久，粪犹不烂，以香泥填孔，不可充满。今有天宫笼盖之④。

雀离浮图自作以来，三经天火所烧⑤，国王修之，还复如故。父老云："此浮图天火七烧，佛法当灭。"

《道荣传》云："王修浮图，木工既讫，犹有铁柱，无有能上者。王于四角起大高楼，多置金银及诸宝物，王与夫人及诸王子悉在楼上烧香散花，至心请神，然后辘轳

---

① 偈：佛经中的颂词，梵语偈陀的简称。　② 栌栱：即斗栱，建筑物中柱上承托栋梁的弓形结构与方木。按，此句"阶砌"前原有"陛"字，周祖谟先生以为衍文而删之。　③ 围：计量圆周的约略单位，说法不一，一般以五寸为围。　④ 天宫：佛家语，意思是天人的宫殿。　⑤ 天火：指雷电等自然原因引起的火灾。

绞索①,一举便到。故胡人皆云四天王助之②,若其不尔,实非人力所能举。"

　　塔内佛事,悉是金玉,千变万化,难得而称。旭日始开,则金盘晃朗③;微风渐发,则宝铎和鸣。西域浮图,最为第一。

　　此塔初成,用真珠为罗网覆于其上④。于后数年,王乃思量,此珠网价直万金⑤,我崩之后,恐人侵夺;复虑大塔破坏,无人修补。即解珠网,以铜镬盛之⑥,在塔西北一百步掘地埋之。上种树,树名菩提⑦,枝条四布,密叶蔽天。树下四面坐像⑧,各高丈五。恒有四龙典掌此珠,若兴心欲取,则有祸变。刻石为铭,嘱语将来:若此塔坏,劳烦后贤出珠修治。

　　雀离浮图南五十步有一石塔,其形正圆,高二丈,甚

---

　　① 辘轳:相当于今天的绞车。　② 四天王:佛教中护法神名,分别居于须弥山四边,各护一方,因又称"护世四天王"。即东方持国天王多罗吒,身白色,持琵琶;南方增长天王毗瑠璃,身青色,持宝剑;西方广目天王毗瑠博叉,身红色,手绕缠一龙;北方多闻天王毗沙门,身绿色,右手持伞,左手持银鼠。俗称"四大金刚"。　③ 晃朗:明亮闪烁的样子。　④ 真珠:即珍珠。　⑤ 直:值。　⑥ 镬(huò获):古时指无足的鼎。　⑦ 树名菩提:按菩提树即荜钵罗树,梵文 Bodhidruma 的音意合译,相传释迦牟尼在荜钵罗树下证得菩提(觉悟),故称荜钵罗树为菩提树。　⑧ 四面坐像:指过去四佛坐像。

有神变,能与世人表吉凶①。以指触之,若吉者,金铃鸣应;若凶者,假令人摇撼,亦不肯鸣。惠生既在远国,恐不吉反②,遂礼神塔,乞求一验。于是以指触之,铃即鸣应。得此验,用慰私心,后果得吉反。

惠生初发京师之日,皇太后敕付五色百尺幡千口,锦香袋五百枚,王公卿士幡二千口。惠生从于阗至乾陀罗,所有佛事处,悉皆流布,至此顿尽。惟留太后百尺幡一口,拟奉尸毗王塔③。宋云以奴婢二人奉雀离浮图,永充洒扫。惠生遂减割行资,妙简良匠④,以铜摹写雀离浮图仪一躯,及释迦四塔变⑤。

于是西北行七日,渡一大水,至如来为尸毗王救鸽

---

① 表:明示,显示。 ② 反:同"返"。 ③ 尸毗王:又作"尸毗迦王",如来从前修菩萨行时之号。当时为求佛果,尸毗王曾割身救鸽。详下文注。 ④ 简:选。 ⑤ 释迦四塔:即《法显传》所称北天竺四大塔。其址一为佛割肉贸鸽处,二为挑眼施人处,三为以头施人处,四为投身饲饿虎处。变:佛教故事,这里指用铜摹写的故事。

之处①,亦起塔寺。昔尸毗王仓库为火所烧,其中粳米焦然②,至今犹在,若服一粒,永无疟患。彼国人民须药日取之③。

《道荣传》云:"至那迦罗阿国④,有佛顶骨,方圆四寸,黄白色,下有孔,受人手指,囟然似仰蜂窠⑤。至耆贺滥寺⑥,有佛袈裟十三条,以尺量之,或短或长。复有佛锡杖,长丈七,以木筒盛之,金箔贴其上。此杖轻重不定,值有重时,百人不举,值有轻时,一人胜之。那竭城

---

① 如来为尸毗王救鸽:故事见于《贤愚经》、《菩萨本生鬘论》及《大智度论》。据载,从前有国王名尸毗,所都之城号提婆底(也作提婆拔提 Devapati)。王仁慈爱民,乐求佛道,天帝释与大臣毗首羯摩打算试一试他的善心。于是,毗首变鸽,天帝变鹰。鸽子飞到尸毗王腋下以求藏避,鹰来到尸毗王面前索鸽还。尸毗王对鹰说:"我已立下誓愿,要度一切众生。现鸽子来投奔我,我决不会把它交给你。"鹰说:"大王您既然爱念一切,如果您不把鸽子交给我,断了我的食,那么我的性命也就难保了呀!"于是尸毗王取利刀把自己身上的肉割下来交与老鹰,以此换了鸽子的性命。这尸毗王就是佛的前身。 ② 焦然:烧焦。然即"燃"本字。 ③ 药:原作"禁",据吴琯本、汉魏本、真意堂本改。 ④ 那迦罗阿:国名,古籍中又作"那竭"、"那揭罗曷",都是梵语 Nagarahāra 的音译,其地在乾陀罗国西北,今阿富汗哲拉拉拔德(Jalalabad)地方。 ⑤ 囟(chù 触)然:众多的样子。 ⑥ 耆贺滥:梵文作 Khakkhara,原意是比丘行乞所持之杖。

中有佛牙、佛发①,并作宝函盛之②,朝夕供养。至瞿波罗窟见佛影③。入山窟,去十五步,西面向户遥望,则众相炳然④;近看,则瞑然不见。以手摩之,唯有石壁。渐渐却行,始见其相。容颜挺特,世所希有。窟前有方石,石上有佛迹。窟西南百步,有佛浣衣处⑤。窟北一里,有

---

① 那竭城:即那迦罗国的都城。佛牙、佛发:即释迦牟尼死后留下的牙齿与头发,佛教徒奉为珍宝,特予供奉。 ② 宝函:宝盒。 ③ 至瞿波罗窟见佛影:瞿波罗(Gopāla),本为大夜叉之名,此指瞿波罗龙。佛影故事见于唐玄奘《西域记》及梁僧祐《释迦谱》。据载,从前如来在世的时候,有个牧牛士由于供奉国王乳酪进奉失宜遭获谴责,他便买花供养并受记佛塔,立誓来生成为恶龙,破害国王及其国家。然后投身石壁而死。牧牛士死后成为大龙王,住在瞿波罗石窟里。正当它打算出洞去实现恶愿的时候,被如来觉察。如来怜悯这个国家的人民。于是他运神通力,从中印度来到龙窟。毒龙见到如来,害人之心便马上止息,并且接受了不杀的戒律,愿护正法。毒龙邀请如来常住在洞窟里。如来告诉它说:"我将要死了,为你留下影子吧。正法虽然隐没了,但事业不会衰微,你如果毒心奋怒,看看我的影子,毒心就会止息。"于是如来投身入石。那真容就好像明镜嵌在石壁里面,远远的能够望见,在跟前却什么也看不到。 ④ 相:佛家语,指佛身各部之相状。据佛经说,就佛之报身而言,相有八万四千;就化身而言,相有三十二。 ⑤ 浣(huàn 换):洗濯。

目连窟①。窟北有山,山下有七佛手作浮图②,高十丈。云此浮图陷入地,佛法当灭。并为七塔,七塔南石铭,云如来手书,胡字分明,于今可识焉。"

惠生在乌场国二年,西胡风俗,大同小异,不能具录。至正光三年二月③,始还天阙④。

衙之按:《惠生行记》事多不尽录,今依《道荣传》、《宋云家记》,故并载之,以备缺文。

【翻译】

闻义里有燉煌人宋云的住宅,宋云与惠生都是出使过西域的。孝明帝神龟元年冬季十一月,胡太后派遣崇立寺和尚惠生往西域去求取佛经,一共求得佛经一百七十部,都是大乘教义中的精妙典籍。

当初,宋云与惠生从京城出发,向西走了四十天,到

---

① 目连:又作目犍连、摩诃目犍连,梵文 Mahāmaudgalyāyana。佛教人名,佛释迦牟尼十大弟子之一,能飞上兜率天,被称为神通第一者。据佛经传说,其母死堕饿鬼道中,目连亲以十方威神之力,入狱使母得脱饿鬼之苦。今民间流传有"目连救母"故事。 ② 七佛:原作"六佛",据周祖谟先生意见改。七佛,指释迦牟尼及其先出世的六佛。即过去劫中三佛毗婆尸、尸弃、毗舍浮和现在劫中四佛拘留孙、拘含那牟尼、迦叶波与释迦牟尼。诸经中名号略异,系梵语转译之讹。 ③ 三:原作"二",据周祖谟先生意见改。 ④ 天阙:指北魏京城洛阳。

达赤岭。这就是我国的西部边界,我们大魏的关防正设在这里。赤岭这座山,既没有草,也没有树木,因此就以"赤岭"为名。那山上有鸟和老鼠同在一个洞穴里居住,不同种族的动物却共同属于一个类别,雄鸟与雌鼠互相交配。这就是所谓的"鸟鼠同穴"。

从赤岭出发,朝西走了二十三天,穿过沙漠,到达吐谷浑国。一路上天气十分寒冷,风雪很多;大风刮得沙尘飞扬,连小石子也被刮走。睁眼望去,满眼都是飞扬的沙砾。只有吐谷浑国都周围比其他地方暖和一些。吐谷浑国也有文字,人们衣着跟魏国差不多,但是风俗与政治方面多为外国的那一套。

从吐谷浑往西走三千五百里,到达鄯善国都城。鄯善城里本来自己立有国王,但鄯善被吐谷浑吞并了,现在城主是吐谷浑王第二个儿子宁西将军,他统领着三千部落,抵御西方的胡人。

从鄯善国朝西走一千六百四十里,来到左末城。左末城里居民大约有百来户人家。这里土地上缺雨,只能掘地取水种麦;人们也不知道使用耕牛,都是用耒耜耕田。城内画着佛与菩萨像,这些画像竟然没有一点胡人的相貌,询问年纪大的人,说是前秦的吕光讨伐胡人的时候画的。

从左末城向西走一千二百七十五里,到达末城。末城旁边都种了鲜花果木,就跟洛阳城一样;只是房屋是用土筑成的,上面是平顶,这一点与洛阳不同。

从末城往西走二十二里,到达捍弥城。捍弥城南面十五里远的地方有一座很大的寺院,寺院里三百多个和尚。里面有一座铜铸佛像,全高一丈六尺,仪表容貌超越同一时代的其他佛像甚远。佛像全身光彩夺目,面部始终朝东而立,不肯回头朝西看。老年人相传说:"这座佛像本来是从南方腾空飞来的,于阗国王亲自前来向佛像致礼叩拜,然后把它运载回去。在半路上夜里住宿的时候,佛像忽然不见了。派人寻找,原来佛像又回到了原来的地方。国王于是就在佛像所在处建起宝塔,并封给四百户人家替它洒扫。人们家中有人得了疾病,只要用金箔贴在佛像相应的部位,病就会不知不觉地好了。"后来人们在这座佛像旁边又造了佛像和各佛像的塔,竟达到几千座之多,悬挂的彩色丝绸做的旌旗华盖之类也数以万计。其中魏国的旗帜超过了一半。旗子上的字是用隶书写的,大多写着"太和十九年"、"景明二年"、"延昌二年"字样,只有一面旗子,看那上面的年号,是后秦姚兴时期的。

从捍弥城往西行走八百七十八里,到达于阗国。于阗王头上戴着金帽子,帽子形状像鸡冠,脑袋后面披着二尺长五寸宽的白绢作为装饰。仪仗有大鼓、画角、金钲，一副弓箭，两枝戟，五支长矛。左右佩刀的随从，不超过一百人。于阗的风俗，妇女下身穿裤子，上身穿短袖衣，腰间扎皮带，骑马奔跑，与男人没有两样。死了的人用火焚烧，然后把骨头收拾起来埋在地下，上面建起宝塔。在直系亲属丧期中守丧的人要剪去头发，用刀划破脸皮，以此表示哀伤悲痛。等到头发长到四寸长，就恢复到平时正常的样子。只有国王死了以后不焚烧，把他的尸体装进棺材里，远远地埋葬在荒郊野外，给他建立庙宇，根据季节的变换，按时祭祀，以表示对他的缅怀和追思。

从前，于阗国王不信仰佛教教义，有个经商的胡人带来一个名字叫毗卢旃的和尚，把他安置在京城南面的杏树下面。商人向国王告罪说："我擅自带来一名外国和尚在城南的杏树下面。"国王听说后勃然大怒，马上前去看毗卢旃。毗卢旃对于阗王说道："如来派遣我到贵国来，让你建造一座顶部圆拱如倒扣着的盆子那样的宝塔，这样就会使你的王位长盛不衰。"国王说："你让我见见真佛，我就会马上听从你的吩咐。"于是毗卢旃敲响大钟报告佛祖如来，如来就派罗睺罗变作佛的模样，在空中现出真形。于阗王双膝双手及头顶都着地行礼，然后就在杏树下面建造寺院僧舍，里面画着罗睺罗的像。罗睺罗像忽然自行毁灭了，于阗王又重新造了一幢精舍把那地方笼罩起来。如今宝塔的影子经常出现在屋外,看见的人没有一个不回转自己所修之功德,而专向于求成佛果或期与众生共成佛道。那里面有避支伽佛陀的佛靴,到现在还没有腐烂。靴子既不是皮革的,也不是丝缯的,没有人能够详实辨别它究竟是什么东西做的。查考于阗国家的疆域,从东到西长度不超过三千多里。

神龟二年七月二十九日,宋云与惠生进入朱驹波国。这里的人民居住在山上,麻、谷子、高粱、麦子、豆类非常丰富,人们吃的则是小麦面粉。不设置屠宰业,吃肉就吃牲畜自然死亡的肉。风俗与语言口音跟于阗国相类似,文字与婆罗门相同。朱驹波国的疆域大约五天就可以走遍。

八月初,宋云与惠生进入汉盘陀国地界。往西走六天,登上葱岭山。又往西走六天,到达钵盂城。再过三天,来到不可依山。那地方非常寒冷,无论冬天还是夏季都积满了冰雪。不可依山有座水池,有毒龙住在里面。从前有一次,有三百名商人在池边歇宿,正赶上毒龙发怒,毒龙使水涨溢,淹死了商人。汉盘陀王听说这件事后,就舍弃王位,把它交给王太子,自己去向乌场国学习婆罗门咒语。四年之中汉盘陀王把那些咒语全学会了,然后又回国重登王位,来到池边向龙念咒。毒龙变化成人的模样,面对着汉盘陀王忏悔自己的罪过。汉盘陀王就把它流放到葱岭山,离开这水池有二千多里。这位汉盘陀王就是现在国王的十三世祖。

　　从不可依山往西,山路倾斜不平,坡地长达千里,悬崖峭壁高有万仞,天下最险阻的地方,实在是在这里了。太行山、孟门山比起它来,就算不上险峻;崤山、陇山与它相比,则已算是很平坦的了。从葱岭出发,山势一步比一步高,这样走了四天,才能到达山顶。看起来好像是在山的中下部,实际上已经来在半天之上了!汉盘陀国正在这山顶上。从葱岭往西,河流都是朝西方流淌,世上人说这里的位置是在天与地的正中间。当地的人民都是掘地取水耕种,听说中国的田地要等天下雨然后耕种,他们都笑着说:"怎么可以跟天一起约定下雨的日子呢?"汉盘陀国都城的东边有条孟津河,朝东北方向流向沙勒。葱岭高峻,山上不长草木。这时正是八月,天气已经很寒冷,北风驱使大雁南飞,千里之内,大雪飘飘。

　　九月中旬,进入钵和国。这里山高谷深,道路险阻已是司空见惯。国王居住的地方,是依山而筑的小城。人们的服装,仅仅只有毡衣。由于地上十分寒冷,大家都居住在洞穴里;风雪十分猛烈,人和牲畜互相依偎取暖。钵和国的南部边界有座大雪山,山上冰雪早晨融化,晚上又凝结起来,远远望去,好像白玉雕成的山峰。

十月初到达嚈哒国。嚈哒国土地富饶宽广，放眼望去满眼都是山林与川泽。人民居住没有固定的城郭，就按方向不定临机应变的军队那样的办法去治理。他们用毡制的帐幕代替房屋，追随着水草居住，夏天迁移到凉爽的地方，冬天则往温暖的地方去。人们不知道自己的故乡在哪里，文字和礼乐教化全都缺乏。人们也不了解日月运转变化的度数，历法中没有平年闰年之分，也没有大月小月之别，只知道满十二个月是一年。嚈哒国接受许多国家的进贡，南面到牒罗，北面直抵敕勒，东面包括于阗，西面直到波斯，四十多个国家都前来朝拜进贡礼物。

嚈哒国王居住在大毡帐篷里，帐篷长宽各四十步，四周用氍毹作墙壁。国王身穿绣着大花纹的丝绸衣服，坐着金坐榻，坐榻用四只黄金镂刻的凤凰作榻脚。嚈哒王见到魏国使臣，拜了两拜，然后跪着接受了诏书。到了设置宴会的时候，一个人长声高呼，客人们就走上前去，到最后高喊一声，宴会就结束了。宴会上只有这种程式，没有见到有音乐。

嚈哒王的王妃也穿着大花纹的衣服，衣服八尺多长，有三尺拖在地上，让人捧着它；王妃头上戴一只木角，木角高三尺，上面装饰着玫瑰和青、黄、赤、白、黑五种颜色的珠子。王妃出行的时候用轿子抬，在官里坐金坐榻,坐榻雕塑成六牙白象的形状,四只榻脚刻成四只狮子。其余大臣的妻子们都跟随在王妃左右。王妃伞盖的顶端也好像有个角的样子,伞是圆形的,四周低垂,形状像宝盖一样。

看那嚈哒国人们的服装打扮,也分地位高低,上下有别。在四方夷人之中,嚈哒国最为强大。他们不信仰佛教教义,大多信奉火神天神。他们宰杀牲畜用以祭祀,器物用的是金、银、琉璃、玻璃、珊瑚、玛瑙、砗磲之类。各国都向嚈哒进贡,所以珍贵奇异的东西很多。根据查考,嚈哒国距离我国京城二万多里。

十一月初,宋云与惠生进入波知国。波知国的领土面积十分狭小,只要七天就能步行穿过。人民都居住在山上,资财产业贫乏。波知国的风俗凶暴轻慢,人们参见国王,没有礼貌。国王进进出出,只有几个随从跟随左右。波知国有水,从前很浅,后来山崩塌堵住水流,就形成两座水池。有毒龙藏在水池里,经常有灾害和反常的现象发生。夏天喜欢下暴雨,冬天里却又多积雪。行人打这里经过,常常会招致很多困难。那雪上有种白光,照射人的眼睛,使人眼睛睁不开,茫茫然什么也看不见。只有祭祀了龙王之后,眼睛才能恢复正常。

十一月中旬,宋云与惠生进入赊弥国。赊弥国离葱岭越来越远,这个国家土地瘠薄,老百姓大多很贫困。

道路又高又险,仅能容一人一马通过。境内有一条直路从钵卢勒国通向乌场国,路是用铁链子作桥,人的身体悬挂在半空中度过去。铁链子下边深不见底,旁边也没有什么可以用来牵引或把捉的,一不当心,一眨眼功夫人的身体就会跌落万仞深渊。因此,过路的人看见那气势就却步不前了。

十二月初,宋云与惠生进入乌场国。乌场国北面与葱岭接壤,南面跟天竺相毗连,境内气候暖和,土地面积见方几千里。人民众多,物产丰富,可以与临淄那样的中原地区相媲美;原野上的田地又肥又美,跟咸阳一带简直不相上下。这里是天性慈善的须大拏太子施舍儿女给婆罗门的国度,又是菩提萨埵投身饲饿虎的地方。旧日的习俗虽然在时间上离今天已经遥远,但当地固有的风气仍然继续保存着。乌场国王能行善道,不放纵自己,长年吃素食。他早晨晚上都要拜佛致礼。拜佛的时候,敲响大鼓,吹起法螺,还有琵琶、箜篌、笙、箫等乐器,样样齐备。中午以后,国王才开始治理国家大事。即使有人犯了死罪,也不处以杀刑,只是把他流放到荒无人烟的深山老林里,任凭他自己去寻找饮食。如果涉及到是非难辨的事情,就给当事者服下药物,是清白无辜还是确有罪过就能检验清楚。根据事情的大小,当时就可予以判决。这里土地肥沃甘美,人口物产丰富众多,稻、

闻义里

黍、稷、麦子与豆类全都丰收,各种果树繁多,果实累累。夜里听到钟声,好像充彻整个宇宙。土地上有许许多多奇异的鲜花,四季接连不断,佛门子弟和普通凡夫俗子把这些鲜花采来供献神佛。

乌场国王接见了宋云,听说是魏国的使臣来了,于是合掌加额,长跪而拜,接受了诏书。国王听说胡太后尊崇和信奉佛教,马上面向东方,双掌合拢,远远地向太后衷心致敬。国王派懂魏国话的人向宋云问道:"您是日出地方人吗?"宋云回答说:"我国东部边界处有大海,太阳从那里升起,确实如同你说的那样。"国王又问道:"你们那国家出不出圣人呢?"宋云一一叙说了周公、孔子、庄子、老子的德行;接着又叙说了蓬莱山上的银宫金殿,说是神仙、圣人都住在那上面;叙说了管辂善于卜卦,华佗擅长治病,左慈精于方术。像这一类的事情,都分别对国王一一说了。国王说:"如果像你所说的那样,那么你们国家就是佛所生之地,等我死了以后,希望能转生到你们国家去。"

宋云于是和惠生走出乌场国京城外,寻找如来行教的遗迹。阿波逻罗龙泉的东边有佛晒衣服的地方。当初,如来在乌场国感化济度龙王,龙王大怒,兴起狂风暴雨,如来的僧迦梨里外全部湿透了。大雨停止后,佛祖在大石的下面朝东坐着晒袈裟。距离现在年代虽然已经久远了,但是那石头上的袈裟布纹依然文彩焕发,如同新的一样。不仅仅袈裟的条缝明显可见,甚至连袈裟上的细麻线也十分清晰。初去看时,好像还不很清楚,假使用东西刮削一下,袈裟的纹理就鲜明起来。佛祖坐的地方和晒衣服的地方,都有宝塔和碑记。

阿波逻罗龙泉的西面有座水池,龙王居住在水池里。水池边有一所寺院,五十多个和尚。每当龙王显现奥妙无穷阴阳莫测的变化时,国王就向它祈祷请求,同时把金玉珍宝投到池子里;这些金玉珍宝在水池后面涌出水面,就让和尚把它们拿了去。这个寺院的衣食,都是靠着龙王获得的,所以世上的人把它称作"龙王寺"。

京城北面八十里远的地方有如来踩在石上的脚印,已经建起宝塔把它笼罩起来了。如来踩石之处,脚印的明晰就好像踩在水里泥里一样,而且量度起来没有定准,脚印有时长,有时短。现在那地方建了寺院,大约有七十多个和尚。宝塔南面二十步远有山水、园林佳胜之处。佛祖本来很清洁干净,他嚼杨柳枝以清洁牙齿,嚼过的树枝插在地上马上就成活了,现在已经长成大树,那树的外国名字叫"婆楼"。

京城北面有座陀罗寺,这里佛教的东西最多。宝塔又高又大,僧房密密相连,四周的铜铸佛像有六千座,国王每年按常例举行的大会,都是在这所寺院里。开会时,国内的和尚与尼姑们全都像飞云赴壑一样前来集合。宋云与惠生看到那里的和尚们恪守戒律的操行十分精诚艰苦,见了他们的风度与规矩,对他们格外恭敬。于是施舍了两个奴婢,以供寺院洒扫清洁之用。

宋云与惠生离开京城,朝东南方向走了八天山路,来到如来修苦行投向岩下喂饿虎的地方。这里险峻的群山巍巍高耸,挺拔的峰峦直插云霄,那上面聚集生长着名贵的木材与灵芝仙草。山上树林与泉石十分秀美,各种各样的花儿色彩纷呈,鲜艳夺目。宋云与惠生施舍部分旅行费用,在山顶上修造一座宝塔,并且用隶书刻了石碑,石碑上刻写着魏国的功德。山上有座收骨寺,寺里三百多个和尚。

京城南面一百多里,有如来从前在摩休国为了缮写经文剥皮作纸折骨作笔的遗址。阿育王修起一座宝塔把那地方罩起来了,宝塔全高十丈。如来折骨的地方,骨髓流出来滴落粘附在岩石上,看那石上脂肪的颜色,又肥又腻,好像新鲜的一样。

京城西南五百里的地方有座善持山,那里甘甜的山泉与鲜美的果子,佛经上都有记载。那山谷气候暖和,冬天里草木仍是一片青绿。宋云与惠生去的时候正是孟春正月,然而和煦的春风已习习吹起,鸟儿在春天的树上歌唱,蝴蝶在鲜花丛中飞舞。宋云身在那极遥远的异国土地，由于看到如此美丽的景色，想要回归故乡的情怀，使他独自悲痛得心如扭捩，于是旧病发作，延续了几个月。得到婆罗门为他念咒，然后才平安康复。

善持山山顶的东南面，有须大拏太子住过的石室，石室一扇门，两间房。太子石室门前十步远的地方，有块硕大的正方形石头，据说须大拏太子以前经常坐在那上面，阿育王已经在那地方造了座宝塔纪载这件事。宝塔南面一里远的地方，有须大拏太子所住草庵的遗址。距离宝塔一里，朝东北方向山下走五十步，那里有须大拏太子把自己的儿女施舍给婆罗门为奴婢时，儿女们用绳子绕树，不肯离开，而婆罗门用棍棒抽打他们流血洒地的遗址。那棵树仍然还存活着，洒血的地方，现在是一汪泉水。石室西面三里地，是天帝释变成狮子蹲坐在道路当中拦阻嫚妭的地方，石头上狮子蹲坐时留下的毛、尾巴和爪子的印迹，现在全都还清清楚楚。阿周陀道人洞窟以及睒子供养瞎子父母的地方，也都建了宝塔、立了碑记。

善持山上有从前的五百罗汉坐榻(分南北两行相向而坐)的遗址，两行的次序互相对称。山上有一所规模很大的寺院，寺院里二百个和尚。须大拏太子所饮用泉水的北面也有所寺院，经常用几头驴运粮上山，驴没有人驱赶，都是自己来自己回去。每次寅时出发，午时到达,常能赶上吃中饭。这是护塔神湿婆仙让它们这样的。这所寺院里从前有个小和尚经常打扫灰尘。因为入了神定,寺院里管理总务的维那用手去拉他,想不到皮还连在上面骨头却分离开来。湿婆仙代替小和尚打扫灰尘的地方,国王给湿婆仙修了庙宇,庙里画着湿婆仙的画像,并且在画像上贴了金箔。

隔山的山岭上有座婆奸寺,这是夜叉修建的。寺院里有八十个和尚。据说罗汉、夜叉常常来供献神佛,洒扫清洁,拾取柴火,罗汉与夜叉来的时候,世俗之人与和尚不能呆在寺院里。魏国和尚道荣到这里来的时候,致礼拜佛以后马上就离开了,不敢停留。

到孝明帝正光元年四月中旬,宋云与惠生进入乾陀罗国。乾陀罗国的土地也与乌场国差不多。它本来叫业波罗国,后来被嚈哒消灭了,于是立了可汗的子弟作国王。自从可汗子弟治国以来已经两代了。国王秉性凶狠残暴,经常杀人,不信仰佛教教义,喜欢祭祀鬼神。乾陀罗国的人民全都是婆罗门种姓,崇仰信奉佛教,喜欢读佛教经典,忽然遇上这样的国王,心中实在很不乐意。乾陀罗王仗恃自己勇力,与罽宾国争疆界,军队连续作战已经三年了。国王有作战的大象七百头,每头大象驮十个人,每个人手上拿着刀和树枝,大象的鼻子上也绑刀,和对方互相搏斗。国王经常呆在边境上,整天整天地不回去,结果弄得军队士气衰落,人民十分劳苦,老百姓都嗟叹怨恨。

宋云到乾陀罗国军队里去宣读诏书,乾陀罗王凶暴轻慢,没有礼貌,他坐着接受诏书。宋云看他是边远地方的夷人,没有什么办法可以制服他,因此就任凭他傲慢无礼,不能责备他。乾陀罗王派翻译官对宋云说:"您经历了许多国家,走过了不少险路,大概很劳苦了吧!"宋云回答说:"我国皇帝深深领会到大乘佛教的旨趣,派我们来远方求取佛经典籍,道路虽然险阻,但我们不敢说疲劳。大王您亲自率领军队,远远地来到边境,经历很多时日,您难道不劳顿疲弊吗?"国王回答说:"我不能使小国降服,对你的这一问很感到惭愧。"宋云起初认为王是夷人,不能用礼去责备他,所以任凭他坐着接受诏书;等到亲自和他言辞交往,发觉他竟然懂得人情世故,于是责备他说道:"山头有高有低,水流有大有小,人生活在世间也有尊贵与卑贱。嚈哒与乌场国王都是跪着接受诏书,大王您为什么单单不下拜呢?"乾陀罗王回答说:"我见了魏国国君就下拜,接到诏书只能坐着读,这有什么可奇怪的呢?世上的人接到父母的书信尚且还坐着阅读,魏国就如同我的父母一样,我也坐着读魏君的诏书,这在道理上没有什么过失。"宋云也没有什么话能折服他。于是把宋云领到一所寺院里,供给很差。当时嚈哒都城拔延底送了两头小狮子给乾陀罗王，宋云等人见到了那狮子，看到它们意态气概雄壮威猛，而中国所画的狮子，没有参照它们的威仪。

于是宋云与惠生又朝西走了五天，到了如来把自己的人头施舍给别人的地方。这里也有宝塔寺院，寺院里二十多个和尚。又朝西走了三天，来到辛头大河。河的西岸上，有如来变作鲸鱼从河水中跃出，在十二年里把鱼肉周济病人的遗迹。这里建了宝塔，立了碑记，石头上至今还留有鱼鳞的纹理。

又朝西走了三天，到达佛沙伏城。这里原野上土壤肥沃，城郭端正笔直，老百姓人户众多，山林泉水也很茂盛。土地上出产很多奇珍异宝，民风习俗淳朴美好。城内城外，皆有古老的寺院。那些有名望有德性的和尚，他们的道行均高深奇妙。城北一里远的地方有座白象宫，寺院里面的佛像都是石头像，装饰得极其美丽。佛像有许多尊，全身都贴了金箔，光彩耀眼夺目。寺院门前有棵系白象的树，这所寺院的兴起，实在是由于这棵树的缘故。那树的花和叶子好像枣树，十二月果实才成熟。老年人相传说：这棵树没有了，佛法也就灭亡了。白象宫里面画着须大拏太子夫妇把儿女施舍给婆罗门的画像，胡人见了这画像，没有不悲伤哭泣的。

再往西走一天，到了如来把自己双眼挑出来施舍给别人的地方,这里也有宝塔与寺院,寺院的石头上有迦叶佛的足印。

再往西走一天,宋云与惠生乘船渡过了一条很深的河流,河流有三百多步宽。又朝西南方向走了六十里,到达乾陀罗国都城。乾陀罗城东南七里有座雀离宝塔。《道荣传》说:"雀离宝塔在乾陀罗城东四里。"推究这座宝塔的来由,原来是如来在世的时候,与弟子周游各地化度众生来到这地方,如来用手指着城东方向说:"我死后二百年,有个名字叫迦尼色迦的国王要在这里修建宝塔。"如来佛祖圆寂后二百年,果然有个名迦尼色迦的国王出游到城东,看到有四个少年在那里把牛粪堆积起来作宝塔,宝塔大约叠到三尺高的时候,四位少年忽然一下子不见了。《道荣传》说:"少年在空中向迦尼色迦王说偈。"迦尼色迦王对这四位少年感到很奇怪,于是就马上就造座宝塔把少年堆的牛粪塔给笼罩起来。牛粪宝塔渐渐增高,挺到了国王所造宝塔的外边来;等距离地面四百尺以后,牛粪塔才停止增长。国王又扩展塔基三百多步,《道荣传》说:"三百九十步。"从地上架设木头,然后国王所造宝塔才得以与牛粪塔一样高。《道荣传》说:"那宝塔高三丈,全部用有花纹的石头做台阶,而斗拱上面架设很多木头,宝塔总共有十三级。"宝塔顶端安有铁柱,铁柱高三百尺,还有十三层铜盘,总共距离地面七百尺。《道荣传》说:"铁柱高八十八尺,粗八十围,铜盘十五层,总共距离地面六十三丈二尺。"

大塔施工完毕以后,粪塔又恢复原先一样大小,在大塔南面三百步远的地方。当时有个婆罗门不相信小塔真的是牛粪,他就用手去探取来看,于是那地方成了一个小洞,年代虽然已经久远了,那牛粪还不腐烂,用香泥填那小洞,总是不能填满。现在有座天宫把粪塔覆盖在里面。

雀离宝塔自从建造以来,经过三次天火焚烧,国王重新修整了它,使宝塔恢复到了原先的样子。老年人说:"如果这座宝塔被天火焚烧七次,佛法就应消亡了。"

《道荣传》说:"国王修建宝塔,木结构的工艺完成以后,还剩有一只铁柱子没有什么人能把它架上去,国王于是在四角建起高大的楼台,楼台上摆设着很多金银和各种各样的宝物,国王与夫人以及各位王子全都在楼上烧香散花,虔诚地敬请神灵。然后用辘轳绞索牵引铁柱,一次就架设到位。所以胡人都说是护世四天王帮助了他们,假如不是这样的话,那铁柱子实在不是凭人的力量所能举起来的。"

雀离宝塔内部的各种佛物,全都是用黄金与美玉制成的,造型千变万化,很难用言语表达。旭日刚刚从东方升起,塔上的铜盘金光闪烁;微风徐徐吹来,则铜铃鸣声相应。西域一带的宝塔,雀离宝塔要数第一。

  这座宝塔刚刚修建成功的时候,用珍珠编织成网子覆盖在宝塔上面。几年以后,国王心里想,这条珍珠网价值万两黄金,我死了以后,恐怕要被别人强占了去;又考虑大塔残破毁坏以后没有人修补。于是就解下珍珠网,把它装在铜瓮里,在雀离宝塔西面一百步远的地方挖坑埋了它,然后在上面栽上树。这棵树的名字叫菩提树,它枝条向四面分布,密密麻麻的叶子遮蔽了天空。菩提树下面有过去四佛的坐像,每尊坐像高一丈五尺。经常有四条龙在掌管看护这铜瓮里的珍珠,如果谁起心要挖走它,就会有祸患与灾变。国王又用石头刻了铭文,嘱咐告诉将来的人:如果这座宝塔毁坏,有劳后世的贤人取出这些珍珠来整修。

  雀离宝塔南面五十步远的地方有一座小石塔,它是正圆形的,高二丈,很有神奇的变化,能够向世间人明示吉凶。人们用手指去碰一下它,如果是吉,宝塔上的铜铃就会鸣响应和;假如是凶,即使是人去摇撼它,塔上的铜铃也不肯响。惠生身在远方之国,担心不能顺利返归,于是他就向神塔叩拜行礼,请求给一应验。于是他用手指碰了碰宝塔,铜铃马上就鸣响应和。惠生得到这个好征兆,因而私下心中感到很快慰,后来他果然能很顺利地返回故国。

惠生当初从京城洛阳出发的时候，胡太后命令交给他一千面五彩百尺旗、五百只用锦制的香袋以及两千面王公卿士的旗帜。惠生从于阗到乾陀罗，所有有佛教活动的地方，全都发散布施。到这里时一下子都发完了，只留下一面胡太后的百尺旗，惠生打算把它献给尸毗王塔。宋云把两名奴婢献给雀离宝塔，让她们永远担任洒扫清洁工作。惠生于是也省出一部分旅行费，精心地挑选了手艺高超的工匠，用铜摹刻了一座雀离宝塔的模型与有关北天竺释迦四大塔的佛教故事。

于是宋云与惠生又朝西北方向走了七天，渡过一条大河，来到如来佛祖作尸毗王的时候救鸽子的地方，这儿也建了宝塔与寺院。从前尸毗王的仓库被大火烧毁，仓库中的粳米烧焦了，烧焦的粳米至今还在那里，如果吃一粒那焦米，就会永远不得疟疾，那国家的人们需要治疟疾药时就去那里取。

《道荣传》说："到那迦罗阿国，那里有块佛的顶盖骨，周围四寸大小，颜色黄中带白，下端有小孔，每只小孔可容纳人的手指，小孔很多，就好像仰着的蜂窝。到者贺滥寺，寺里有十三条佛披的袈裟，用尺去量它的时候，袈裟有时长有时短。寺里又有佛的禅杖，禅杖长一丈七尺，用木筒装着它，上面贴着金箔。这支禅杖轻重没有定准，碰上它重的时候，上百的人也抬不起来，遇上它轻的时候，一个人就能拿得动。那竭城中有佛留下的牙齿与头发，都做了宝盒把它们装在里面，早晨晚上向它们供献祭品。到瞿波罗洞窟，可以见到佛的影子。进了山中的洞穴，距离十五步远，面朝西对着门远远望去，就会看到佛身各部的相状都光彩焕发的样子；走近去看，却黑洞洞的什么也看不见。用手去摸它，只有一堵石壁。慢慢倒退着往回走，才又看见那相状。佛像容貌英挺特出，是世间所少有的。瞿波罗洞窟前面有块正方形石头，石头上有佛祖留下的脚印。洞窟西南方向一百步远，有佛祖洗衣服的遗址。瞿波罗洞窟北面一里远有座目连窟。目连窟北面有座山，山下面有毗婆尸、尸弃、毗舍浮、拘留孙、拘那含牟尼、迦叶波和释迦牟尼等七佛亲手修建的宝塔，宝塔高十丈。说是这些宝塔陷入地下，佛法就会灭亡。总共是七座宝塔。这七座宝塔南面的石刻铭文，据说是如来佛祖亲手书写的，那铭文上外国字清清楚楚，到现在还能辨认。"

　　惠生在乌场国生活了两年，西方各国的风俗大同小异，不能全部一一记录。到正光三年二月才返回京城洛阳。

　　杨衒之按：《惠生行记》中对事情很多都没有全部记录，现在依据《道荣传》、《宋云家记》，所以把它们同时一起登载出来，以补充《惠生行记》中缺少的文字。

后　记

　　这本小册子是我二十多年前写的,初版于 1991 年,出版者是巴蜀书社。至今我还清晰地记得当年我送书稿第一次踏上天府之国时的情景。这次承蒙凤凰出版社予以再版,心中颇为意外,更是感到欣慰。翻阅着二十年前的作品,颇有恍若隔世的感觉。这本小书是我初登学术殿堂时耕耘的成果之一。《洛阳伽蓝记》作为一部以记载佛寺为纲的历史文献,里面涉及很多佛教典故与传说,以及中外历史地理方面的知识。要想注释和翻译这样一部著作,需要很深的佛学根底和史学修养。这一工作对于当时的我来说,自然很难胜任。但那时自己年轻气盛,视困难如无物,不仅主动承担了这一工作,而且居然在不算太长的时间内完成了。尽管自认为撰写此书也颇费了一番心力,但毕竟学力有限,在今天看来,无论是在学术方面,还是就语言表达而言,许多地方都还显露出稚嫩之气。这次再版,其一是时间不允许,其二也是想留住一点年轻时的风貌,所以只改正了一些明显的错字,内容和行文方面则没有多作改动。另外还须说明的是,《洛阳伽蓝记》书中出现很多中外地理方面的名词,对这些地名的解释,也是根据当时的研究成果和行政区划的具体情况而定的。但二十多年来,许多地名发生了改变。尤其是在中国,自从改革开放之后,城镇化进程很快,许多乡镇变成了县,县易名为市;而且某些地名的归属也有所变化。这些情况都无法一一在这次再版时反映出来,这是需要请读者原谅和理解的。

值此小书再版之际,我要对我师章培恒教授表示最诚挚的谢意。当年,他不仅逐字逐句为我审阅了全部书稿,而且在审读过程中,多次把我叫到跟前,跟我讨论书稿中的问题。他观察问题的独特视角,他的敏悟,既使我折服,更给我以启迪,使我从中悟出不少做学问的方法。1991年那个炎热的夏天,是我最难忘的一个夏天。遗憾的是,先生他如今已重病在身,以后恐怕无法再像以前一样为我字斟句酌地审读书稿了。

我还要感谢全国高等院校古籍整理工作委员会,感谢凤凰出版社,感谢他们给了这本小书再版的机会。

韩结根
2010 年 11 月 16 日
识于复旦大学

《古代文史名著选译丛书》编纂始末[①]

马樟根　安平秋

今年1月,《古代文史名著选译丛书》已经出到100种101册(其中《史记》为2册)。4月份,最后的33种也已交稿。这样,全书133种即将呈献在读者面前。[②] 一项服务当前、造福子孙的普及优秀古代文化、进行爱国教育的大工程将宣告完工了。回想

[①]《古代文史名著选译丛书》由全国高校古籍整理研究工作委员会主持,古委会直接联系的18个古籍整理研究所为主要承担机构,章培恒、安平秋、马樟根任主编。本文于1992年4月,在《中国典籍与文化》杂志发表时题目是《衣带渐宽终不悔——〈古代文史名著选译丛书〉编纂始末》。这次将此文作为2011年修订版附录时,去掉原正标题,以原副标题为正式题目。　[②] 至1994年4月最后定稿时,全书为135部。2011年修订版出版时,全书为134部。

这一套丛书动员18所院校，投入100余人，从1985年筹划，1986年起步，到今天已度过了六七年的岁月，个中甘辛令人难以忘怀。

一、北大·苏州·北大
——酝酿与筹划

编纂这样一套丛书，起因于1981年7月。当时陈云同志派人到北京大学召开了小型座谈会。来人告诉与会人员陈云同志最近在考虑两个问题：一个是粮食，一个是古籍整理。对古籍整理，特别讲到陈云同志说："整理古籍，为了让更多的人看得懂，仅作标点、注释、校勘、训诂还不够，要有今译，争取做到能读报纸的人多数都能看懂。有了今译，年轻人看得懂，觉得有意思，才会有兴趣去阅读。今译要经过选择，要列出一个精选的古籍今译的目录，不要贪多。"这就是后来收入《陈云文选》的那段话。1981年9月，中共中央关于整理我国古籍的文件中一字不差地强调了这段话。1983年，教育部成立了全国高校古籍整理研究工作委员会（简称古委会）。古委会主任周林同志根据中央和陈云同志意见，提出了组织力量今译古籍。但在当时，经过"文革"后的古籍整理工作百废待兴,加之一些学者对今译重要性的认识远非今日之深,这一工作一拖便是两年。

1985年5月,全国高校古委会在苏州召开了一届二次会议。周林同志在会上作了"人才培养和古代文化遗产普及问题"的专题发言,他分析了"解放三十多年来,由于'左'的路线干扰,特别是'文化大革命',几乎使我们的民族文化到了中断的边缘,出现了对古代文化知之不多,或知之甚少的状况",要教育界的同志"做好普及古代文化知识的工作",搞好古籍的今注今译就是其中的一项重要任务,"高校古委会要在这方面多下功夫","高校古籍研究所无疑应担负起这个任务"。他针对当时一些人轻视古籍的今注今译思想,呼吁"我们对于选本、今译等有利于教育普及的东西,应承认它的学术价值","《昭明文选》、《唐诗三百首》、《古文观止》等是地道的选本,流传几百年,发生那么大的影响,能说没有水平?""专家们深入浅出的在对古文献研究基础上的译注,对普及古代优秀文化作出重大贡献,算不算高水平的成果呢?""古文既要译得恰当、准确,又要通畅易懂,难度是很大的","为了社会主义精神文明建设,古籍整理这方面也要作出应有的贡献"。一石激浪,沉寂了几年的今译古籍的话题又重新活跃起来。会上作了一番认真讨论。

　　经过这样的酝酿,1985年7月,全国高校古委会科研项目评审组的专家们聚集在北京大学勺园,筹划编纂一套古籍今译的精选本。初步定名为《古籍今译丛书》,议定了收书范围、内容,开列了65种书的选目。并决定由科研项目专家评审组召集人、复旦大学古籍所所长章培恒教授和参加过陈云同志在北大召开座谈会、当时古委会主管科研工作的副秘书长安平秋同志共同负责,与秘书处同志一起具体筹划。经几个月的筹备,决定由古委会直接联系的18个高校古籍研究所承担这一工作,组成编委会,并开列出89种书的选目,对选译的进度、规划亦作了设计。此时,几家出版社闻讯而至,表示愿意出版这套丛书。最早与我们联系的巴蜀书社的段文桂社长以其强烈的事业心和对古籍今译的高度重视感动了我们,于是决定邀请巴蜀书社编辑参加第一次编委会议。

二、从柳浪闻莺到桂子山上

——第一批书稿的产生

　　第一次编委会于1986年5月在杭州柳莺宾馆

召开。宾馆因位于西湖十景之一的柳浪闻莺而得名。全国高校18个研究所的24名学者和有关人员聚集在这风景胜地,无心观柳,亦无从闻莺,紧张地工作了三天。会上确定了这套普及读物的读者对象是具有中等以上文化程度的广大群众,收书范围是中国历代文史名著,在名著之中选精。所选书目,在原拟89种基础上,调整为116种,以形成系统性。书中选篇之下分提示、原文、今译、注释四部分,以译文为主,书前有一前言,书中加入必要的插图。每一种书约10—15万字。书名确定为《古代文史名著选译丛书》。即由到会的24位学者组成丛书编委会①,由章培恒、马樟根、安平秋三人任主编。于是,编委会立即分成三个工作小组,在会上分头拟出丛书《凡例》、《编写、审稿要求》和《文稿书写格式》,经讨论修改而形成了正式文字以供遵循。在

---

① 编委会成员按姓氏笔划排列为:
马樟根　平慧善　安平秋　刘烈茂　许嘉璐　李国祥
金开诚　周勋初　宗福邦　段文桂　董治安　倪其心
黄永年　章培恒　曾枣庄(以上为常务编委)
王达津　吕绍纲　刘仁清　刘乾先　李运益　杨金鼎
曹亦冰　常绍温　裴汝诚(以上为编委)

自报的前提下,会上确定了由18个研究所承担前40部书的今译任务,要求当年年底完成。古委会主任、丛书顾问周林同志对编委会的认真精神、紧张工作和显著效率十分赞赏,他说:"有这样一个编委会,有这样一个阵容来做选译,使中国历史文化不成为专属于少数人的知识,使能看报纸的人都读懂自己民族的名著,从而树立爱国主义、建设有民族特色的精神文明,其意义之深远将会在今后愈益显露出来。"于是,有1000余万字的大工程便从这里开始了。

当年年底各研究所的今译书稿经作者完成后,由在该所的编委审改,到1987年5月和7月,先后在复旦大学、北京大学两次召开编委审稿会。这种审稿会,说是审稿,实际上是边审边改,字斟句酌,每部书稿必须经一位编委、一位常务编委审改把关,经过这样两道工序,汇总到主编手中,40部书稿通过了25部。其中部分书稿赶印了样稿征求意见。于是周林同志于7月6日在北大临湖轩邀请了在京十几位专家与正在审稿的编委一起研究样稿,探讨如何提高这套今译丛书的质量。

根据编委审稿发现的问题和在京专家们的意

见,丛书亟需在已定体例的框架中条列细则;而出版单位巴蜀书社又希望所出版的第一批书为50种以便形成格局,需要布置各研究所承担新的今译任务。这样,1987年10月在华中师范大学再次召开了编委会,又请了詹锳、周振甫、刘乃和、郭预衡等先生到会指导。

  这次编委会是在审看了40部书稿后,发现了一大批问题亟待解决,又是在需要布置下一步任务的状况下召开的,是一次承上启下的编委会。会议初期人们的心情和会上的气氛都带有一股子严峻与急切。会议从5日到8日开了三天半。但是在4日晚上开预备会的时候,主编章培恒先生尚未到会,亦无他是否已从上海出发的信息。5日上午就要开会了,主编不到怎么行呢?5日一早,我们还在沉睡之中,忽听有人敲门,进来的竟是章培恒!一向风神儒雅、衣装考究的章培恒先生,此时却是一身尘灰、满脸疲惫地站在我们面前。原来他从上海出发前,未能买到机票或船票,而上海到武汉又没有直达火车,只好先从上海坐火车到长沙,为了不误5日上午开会,他只好买了一张无座票,夜间从长沙出发一直站到武昌。一向走路辨不清方向的章培恒竟然在夜色未退之前一人从车站摸到了华中师大专家楼，也算是奇迹。

这次编委会，从体例的具体要求、书中选篇是否合适、每篇中的提示如何写、注释的繁简和语言的通俗性，到今译的信达雅如何把握，例如李白的"床前明月光，疑是地上霜，举头望明月，低头思故乡"这样通俗的诗是否要翻译，在在都有热烈的争论。感谢编委们的努力和学术判断力，最后终于形成了一个《细则》，一切争论都统一在这个《细则》之上。编委们在思想明确、分得新的任务之后，显出了少有的轻松与喜悦。会议结束正逢中秋节，华中师大的专家楼坐落在武昌桂子山上。入夜，桂子山上举行了赏月茶会，几张方桌，围坐着全体编委和特邀到会专家。天上明月如盘，清辉洒地，眼前桂树葱茏，桂花飘香，华中师大古籍研究所的青年们活跃席间，引得王达津先生即席赋诗，刘乃和先生清唱京戏。这气氛预示着《古代文史名著选译丛书》克服了当前的困难，第一批50种书稿有如母腹中的胎儿，快要降生了。

三、华清池畔的愁云与人民大会堂的欢欣
——第一批书出版的柳暗花明

1988年10月，编委们再一次聚会，审定第一批

50种中的最后十几部书稿、修改第二批50种中的大量书稿。这次审稿是在"东枕华山、西拒咸阳"的骊山脚下、华清池滨的一家招待所。这里古朴而不豪华，食宿低廉却又实惠，审稿之余，左近有风景可观，有古迹可寻，房内有43℃的温汤沐浴，编委们平日在校教学、科研工作劳累而生活清苦，如今有这样的环境与条件，感到少有的惬意。我们作为主编觉得这也是对编委们两年来辛勤编书的一点补偿。但这种适意之感很快就被两件事所驱散。一件事是书稿的质量。几十部书稿交来，一经审看，从注译到体例完全合格的只有寥寥可数的三四部，余下的，或需小改，或需大改，或根本不合格需退回重作。另一件事是出版发行成了问题。到会的巴蜀书社副社长黄葵同志向大家通报了即将印出的16本书征订情况，最多的为2000册，且只有一种，其他的只有800册、600册，甚至还有200余册。征订不佳，销路不畅，出书要赔钱，出版社为难，编委们又无计可施。此时哪还有心思去观赏"骊山云树郁苍苍，历尽周秦与汉唐"？也无心绪登上骊山，在烽火台前怀古。且正值"楼台八月凉"的节令，只有华清池畔秋雨飘零，秋风瑟瑟，落叶满地，不禁愁从中来。

愁则愁，还得面对现实。书稿质量不高，靠到会近20位编委十余天的逐字逐句修改，终于改定合格17部。至于出版发行问题，巴蜀书社的朋友费心经营，重新设计了封面，改进装帧，将第一批50种装成一个大礼品盒，成盒出售。从中又得到了国家新闻出版署、四川省出版局、国家教委有关司局和各省市教委的大力支持与帮助，发行面得以扩大，到了1990年下半年，首印的17000套书销售已尽，而问讯、索购者不绝，出版社决定再印30000套以供读者需要。中央领导了解到这套丛书受到读者欢迎，欣然为丛书题辞，江泽民总书记的题辞是"做好我国古代文史名著的传播普及工作，使其古为今用，以发扬爱国主义精神"，李鹏总理的题辞是"弘扬民族优秀文化，激励爱国主义精神"。李瑞环同志也为丛书题了辞。

1990年8月22日在北京人民大会堂召开了《古代文史名著选译丛书》出版座谈会。国家领导人李铁映、胡乔木、李德生、陈丕显、廖汉生、王汉斌、王光英出席，古委会主任周林同志主持会议，到会各阶层代表在发言中从不同角度肯定了这套书对促进青少年了解历史、了解国情、了解中华民族优秀传统文化、进行爱国主义教育的作用。时值盛夏,却逢喜雨,洗却了编委和出版社同志心中的忧虑,参加大会堂座谈会的13名常务编委会后又聚集在北京大学讨论深入认识编纂这套丛书的重大意义,研究审改好第二批书稿的具体措施。

四、从舜耕山庄耕作到乐山脚下
——第二批书稿审定之艰辛

第二批书稿50种50册,是1987年10月布置的。1988年10月在西安审改合格的17部书稿都已放入第一批中以替换原已通过的第一批中质量较差的书稿。这样,第二批书稿当时余下的已完成的有20余部,却都不合格,只能要求译注者和编委再行修改。一年之后,编委会汇总来重新改好和新译注交来的第二批书稿44部,1989年10月于济南千佛山下的舜耕山庄召开了常务编委审稿会。

这次审稿,发现的问题较多。有的选目不当,如有的史书重要人物的传不选却选入无关紧要而又无学习价值的人物传,有的名家的文章名篇不选却选入既无文学价值又无借鉴意义的篇章。有的选译所依据的底本不当,舍弃现有的精校本却用校勘不善的本子。有的虽有根据地改动正文却只在注释中说"原作……据别本改",而不指明据何本改。有的注释过繁,不利于一般读者阅读;有的注释极简,该注释的地方不注,使广大读者看了译文仍无法理解全文的精妙;而更多的是注释不准确,对一字一词增字为训而歪曲了原意的毛病也较普遍。译文问题更多,有的语义不清,佶屈聱牙,把"三顾频烦天下计,两朝开济老臣心"译为"三顾茅庐频烦为天下大计,两朝事业开济尽老臣忠心",有的为追求通俗生动把"君何往"中的"君"译为"老兄"。每篇的提示,有的写得很长变成了文章赏析,有的虽短却不中肯綮,用了类似"文革"期间的语言扣几顶大帽子了事。看这样的稿子都觉头痛,改这样的稿子更感艰难。审稿历时12天,参加审稿、当时63岁的黄永年先生向我们诉苦:"头发掉了一把!"有的编委说,千佛山古称历山,传说舜在这里开垦耕耘,十分艰辛,我们住在舜耕山庄,预示着我们为这套丛书垦荒笔耕,也要历尽千辛。这次审稿,经过审改之后,有10部书稿合格,有11部需会后再作小的修改方能通过,余下的均需作大的改动或另请人译注。

这次审稿还研究了所选戏曲部分的曲辞如何今译问题,如规定了念白中出现的诗句只注不译,上、下场诗只注不译,注而不译的文字在译文中应予保留以便参读。

　　到1990年12月,丛书常务编委在广州研究丛书如何体现批判继承精神、如何提高第二批书稿质量时,又有18部书稿完成交来。为了保证书稿质量,使1991年上半年召开的常务编委审稿会得以顺利进行,我们三个主编从广州匆匆赶到北京,用了一周时间审看了这18部书稿,通过了7部,11部退改。当我们看完最后一部书稿碰头研究时,已是12月31日。在1990年一年内,我们仅仅通过了这7部书稿。加上1989年在舜耕山庄通过的10部,也仅有17部,尚差33部方足第二批的50部。

　　1991年5月,常务编委来到古称嘉州的乐山市,在乐山山腰的八仙洞宾馆继续审改第二批书稿。改稿时间只有十天,要力争将50部推出,其繁重可知。我们在改稿过程中,不禁想到明万历年间嘉州知州袁子让的诗句"登临始觉浮生苦",想到这套丛书从起步到这次审改已历时5年,当初怎么也没有想到完成这套丛书会是如此的艰辛,真是登临始觉笔耕苦啊!

这次乐山审稿,通过了13部书稿。好在余下的20部书稿只须小改即可在会后交稿,终于在1991年8月将这20部书稿全部改定交巴蜀书社。第二批50部历时近四年终于定稿了。

五、在金陵古都作光辉的一结
——第三批书稿的完成

1990年12月据出版社的要求,这套丛书出齐当为150种,到乐山会上又修正为110种至125种,最后数字的确定根据最后一次审稿结果而定,合格的即入选,不合格的不再修改选入。根据这一共识,今年4月中旬,我们一部分常务编委聚集到六朝古都南京,从已经交来的35部书稿中选择经小改合格的书稿。经过十一天的劳作,选择、改定33部,由到会的常务编委、巴蜀书社的段文桂总编和编委、巴蜀书社的刘仁清副编审带回成都,将经由他们的继续辛苦而使《古代文史名著选译丛书》以133部、1500万字之数呈献给热爱中华文化的读者。

这套丛书从1986年5月起步,历时整整六年,平日繁细工作不计,仅编委大小审稿会就开了12次之多。丛书的发起人、顾问、古委会主任周林同志先后参加了8次审稿会,每次都自始至终和大家在一起,听取审稿情况,了解遇到的问题;当我们遇到困难的时候他为我们鼓劲,当我们感到欣喜的时候他提醒我们不可大意。这次他又和我们一起来到虎踞龙蟠的石头城下,为我们督阵,看我们能否为这套丛书作出光辉的一结。

此时此刻,我们与这次会议的东道主、丛书常务编委、南京大学的周勋初先生漫步在中山陵旁,想到今译丛书已基本完成,自然感到如释重负,但理智却使我们不敢轻松,我们期待着全书133部出齐之后专家、读者的评头品足。

1992年4月26日

(原载《中国典籍与文化》1992年第1期)

古代文史名著选译丛书(修订版)总目

丛书主编:章培恒　安平秋　马樟根

书　名	译注者		审阅者		定价/元
老子注译	张玉春	金国泰	安平秋		16.00
庄子选译	马美信		章培恒		18.00
荀子选译	雪　克	王云路	董治安	许嘉璐	19.00
申鉴中论选译	张　涛	傅根清	董治安		18.00
颜氏家训选译	黄永年		许嘉璐		15.00
论语注译	孙钦善		宗福邦		28.00
孟子选译	刘聿鑫	刘晓东	黄　葵		20.00
墨子选译	刘继华		董治安		14.00
韩非子选译	刘乾先	张在义	黄　葵		19.00
新序说苑选译	曹亦冰		倪其心		25.00
论衡选译	黄中业	陈恩林	许嘉璐		22.00
管子选译	缪文远	缪　伟	董治安		18.00
列子选译	王丽萍		周勋初	倪其心	19.00
韩诗外传选译	杜泽逊	庄大钧	董治安		24.00
盐铁论选译	孙香兰	刘光胜	黄永年		13.00
诗经选译	程俊英	蒋见元	刘仁清		19.00
楚辞选译	徐建华	金舒年	金开诚		15.00
贾谊文选译	徐　超	王洲明	安平秋		17.00
司马相如文选译	费振刚	仇仲谦	安平秋		11.00
文心雕龙选译	周振甫		黄永年		17.00
庾信诗文选译	许逸民		安平秋		18.00

书　名	译注者		审阅者		定价/元
嵇康诗文选译	武秀成		倪其心		18.00
谢灵运鲍照诗选译	刘心明		周勋初		18.00
陈子昂诗文选译	王　岚		周勋初	倪其心	14.00
李白诗选译	詹　锳	等	章培恒		22.00
高适岑参诗选译	谢楚发		黄永年		23.00
元稹白居易诗选译	吴大逵	马秀娟	宗福邦		21.00
柳宗元诗文选译	王松龄	杨立扬	周勋初		18.00
李贺诗选译	冯浩菲	徐传武	刘仁清		20.00
杜牧诗文选译	吴　鸥		黄永年		14.00
李商隐诗选译	陈永正		倪其心		19.00
唐五代词选译	亦　冬		董治安		16.00
唐文粹选译	张宏生		周勋初		18.00
晚唐小品文选译	顾歆艺		平慧善		15.00
黄庭坚诗文选译	朱安群	等	倪其心		18.00
辛弃疾词选译	杨　忠		刘烈茂		24.00
元好问诗选译	郑力民		宗福邦		20.00
宋四家词选译	王晓波		倪其心		16.00
黄宗羲诗文选译	平慧善	卢敦基	马樟根		15.00
吴伟业诗选译	黄永年	马雪芹	安平秋		20.00
方苞姚鼐文选译	杨荣祥		安平秋		20.00
明代散文选译	田南池		马樟根		22.00
顾炎武诗文选译	李永祜	郭成韬	刘烈茂		23.00
张衡诗文选译	张在义 韩格平	张玉春	刘仁清		16.00
汉诗选译	张永鑫	刘桂秋	金开诚		19.00

书　名	译注者		审阅者		定价/元
阮籍诗文选译	倪其心		刘仁清		15.00
三曹诗选译	殷义祥		刘仁清		22.00
诸葛亮文选译	袁钟仁		董治安		16.00
陶渊明诗文选译	谢先俊	王勋敏	平慧善		16.00
杜甫诗选译	倪其心	吴鸥	黄永年		17.00
王维诗选译	邓安生	等	倪其心		20.00
刘禹锡诗文选译	梁守中		倪其心		20.00
孟浩然诗选译	邓安生	孙佩君	马樟根		18.00
韩愈诗文选译	黄永年		李国祥		20.00
欧阳修诗文选译	林冠群	周济夫	曾枣庄		20.00
曾巩诗文选译	祝尚书		曾枣庄		19.00
苏轼诗文选译	曾枣庄	曾弢	章培恒		23.00
李清照诗文词选译	平慧善		马樟根		15.00
陆游诗词选译	张永鑫	刘桂秋	黄葵		24.00
朱熹诗文选译	黄珅		曾枣庄		20.00
文天祥诗文选译	邓碧清		曾枣庄		20.00
袁枚诗文选译	李灵年	李泽平	倪其心		20.00
王安石诗文选译	马秀娟		刘烈茂	宗福邦	18.00
二程文选译	郭齐		曾枣庄		25.00
范成大杨万里诗词选译	朱德才	杨燕	董治安		26.00
萨都剌诗词选译	龙德寿		曾枣庄		28.00
王阳明诗文选译	吴格		章培恒		18.00
徐渭诗文选译	傅杰		许嘉璐	刘仁清	17.00
李贽文选译	陈蔚松	顾志华	李国祥	曾枣庄	17.00

书 名	译注者		审阅者	定价/元
三袁诗文选译	任巧珍		董治安	17.00
王士禛诗选译	王小舒	陈广澧	黄永年	13.00
龚自珍诗文选译	朱邦蔚	关道雄	周勋初	13.00
尚书选译	李国祥 谢贵安	刘韶军 庞子朝	宗福邦	14.00
礼记选译	朱正义	林开甲	宗福邦	22.00
左传选译	陈世铙		董治安	22.00
国语选译	高振铎	刘乾先	黄 葵	22.00
战国策选译	任 重	霍旭东	李国祥	21.00
吕氏春秋选译	刘文忠		董治安	17.00
吴越春秋选译	郁 默		倪其心	19.00
史记选译	李国祥 张三夕	李长弓	安平秋	29.00
汉书选译	张世俊	任巧珍	李国祥	22.00
后汉书选译	李国祥 彭益林	杨 昶	许嘉璐	24.00
三国志选译	刘 琳		黄 葵	18.00
晋书选译	杜宝元		许嘉璐	15.00
宋书选译	漆泽邦	孔 毅	李国祥	19.00
南齐书选译	徐克谦		周勋初	18.00
北齐书选译	黄永年		安平秋	16.00
梁书选译	于 白		周勋初	17.00
陈书选译	赵 益		周勋初	17.00
南史选译	漆泽邦		安平秋	22.00
北史选译	习忠民		段文桂	20.00

书　名	译注者		审阅者	定价/元
周书选译	黄永年		安平秋	15.00
魏书选译	杨世文	郑　晔	周勋初	22.00
隋书选译	武秀成	赵　益	周勋初	20.00
新唐书选译	雷巧玲	李成甲	黄永年	16.00
旧唐书选译	黄永年		章培恒	16.00
新五代史选译	李国祥 姚伟钧	王玉德	周勋初	18.00
旧五代史选译	贾二强		黄永年	17.00
宋史选译	淮　沛	汤　墨	曾枣庄	20.00
辽史选译	郭　齐	吴洪泽	曾枣庄	21.00
金史选译	杨世文 李文泽	祝尚书 王晓波	曾枣庄	21.00
元史选译	樊善国	徐　梓	马樟根	25.00
明史选译	杨　昶		李国祥	20.00
清史稿选译	黄　毅		章培恒	22.00
贞观政要选译	裴汝诚	王义耀	黄永年	18.00
史通选译	侯昌吉	钱安琪	周勋初	16.00
资治通鉴选译	李　庆		黄永年	16.00
续资治通鉴选译	徐光烈		安平秋	24.00
通鉴纪事本末选译	谈蓓芳		章培恒	21.00
洛阳伽蓝记选译	韩结根		章培恒	22.00
梦溪笔谈选译	李文泽		曾枣庄	20.00
徐霞客游记选译	周晓薇	等	黄永年　马樟根	17.00
宋代笔记小说选译	朱瑞熙	程君健	金开诚等	19.00
关汉卿杂剧选译	黄仕忠		刘烈茂	24.00

书　名	译注者		审阅者		定价/元
明代文言短篇小说选译	黄　敏		章培恒		23.00
六朝志怪小说选译	肖海波	罗少卿	刘仁清		21.00
世说新语选译	柳士镇	钱南秀	周勋初		23.00
水经注选译	赵望秦 张艳云	段塔丽	许嘉璐		19.00
唐人传奇选译	周　晨		曾枣庄		24.00
唐五代笔记小说选译	严　杰		周勋初		21.00
大慈恩寺三藏法师传选译	贾二强		黄永年		18.00
宋代传奇选译	姚　松		周勋初		22.00
聊斋志异选译	刘烈茂 欧阳世昌		章培恒		22.00
阅微草堂笔记选译	黄国声		安平秋		16.00
清代文言小说选译	王火青		周勋初		23.00
历代名画记图画见闻志选译	周晓薇	赵望秦	黄永年		17.00
容斋随笔选译	罗积勇		宗福邦		20.00
唐才子传选译	张　萍	陆三强	黄永年		24.00
西厢记选译	王立言		董治安		20.00
元代散曲选译	彭久安		刘烈茂	金开诚	21.00
日知录选译	张艳云	段塔丽	黄永年		22.00
桃花扇选译	张文澍		章培恒	段文桂	15.00
牡丹亭选译	卓连营		章培恒		14.00
长生殿选译	戚海燕		董治安		20.00